全国教育科学"十三五"规划2017年度教育部重点课题

《研学旅行课程的整合设计与协同实施研究》(课题批准号：DHA170402)研究成果

行无疆　学有道

—— 研学旅行课程的整合设计与协同实施

钱　澜　查人韵　著

上海三联书店

序　在游历中成长

　　《行无疆　学有道》这本书，记录了太仓实验小学自 2004 年以来倾心尽力投入"研学旅行"课程开发与实施的心路历程。研学旅行的过程，本质上是在游历中成长的过程，是求知与践行相互玉成且融为一体的过程，也是现时代人"行万里路、读万卷书"的过程。

　　北魏时期，郦道元为了获得真实的地理信息，到过许多地方考察，足迹踏遍长城以南、秦岭以东的中原大地，积累了大量的实践经验和地理资料。《水经注》名义上是注释《水经》，实际上是在《水经》基础上的再创作。明代徐霞客一生志在四方，足迹遍及大半个中国，"达人所之未达，探人所之未知"，所到之处，探幽寻秘，记录观察到的各种现象、人文、地理、动植物等状况，经 30 年考察撰成了 60 万字地理名著《徐霞客游记》。李白、杜甫等众多诗人能写出脍炙人口、千古流传的动人诗篇，与他们跋山涉水、遍访名山大川的游历不无关联。尽管董其昌的"读万卷书，行万里路"一语，原意是指读书为了进京赶考，金榜题名，最终走入仕途，但而今被普遍解释为努力学习、才识过人，知行结合，学以致用。

　　位于娄江之东的太仓，是古代江南"八府一州"的那个"州"。被"水"的灵气孕育出来的富庶的"粮仓"，富有的不仅仅是物质，更是"饭稻羹鱼"文化滋养下繁荣璀璨的精神沃土。吴国在这里屯粮建仓，元朝于此地开创"漕运文化";文学先驱王世贞独主文坛 20 年,史学骄子张溥领导的复社声震朝野;汤显祖的《牡丹亭》在这里首演亮相,李时珍《本草纲目》由此地董声海外;戏曲大师魏良辅在这里始创昆曲,音乐家张野塘于此地演化江南丝竹,"四王"(王时敏、王鉴、王翚、王原祁)画派名扬华夏,更有浓缩明清园林之盛的"太仓园林甲东南"⋯⋯在今天,娄东文化当之无愧地成为太仓实验小学孩子们跨出校园便能徜徉其中的文化宝库。

太仓实验小学的师生们,十分珍惜太仓这一文化宝藏,提出了"寻访娄东"的研学课程计划,从"校本""跨校"和"在地"三个层面提出了这一课程版块的研学方案。在此基础上,陆续开发出"行走中国"和"迈向世界"的研学课程版块,以一种"圈层扩展"的方式,逐渐形成了研学旅行课程的整合式内容体系。在国家课题的支撑之下,从校内、家校、校际和校社多维关系意义上,展开了研学旅行课程的协同机制探寻。为了确保研学课程的科学设计与有效实施,还从目标与效用、模式与内容、方法与工具等方面探索了研学旅行的评价体系。

"行无疆,学有道",研学旅行的时空确实是没有止境的,而研学之"道"究竟"藏"在哪里? 太仓实验小学的钱澜校长和查人韵校长,带领教师团队在本书的写作过程中进行了回溯式的"寻道"。18 年历程中研学旅行逐阶段发展"升级",首先是在古今中外游学中寻"道",解读"万里路"上的"无字之书";在研学试点中寻"道",从主题探究中提炼课程育人价值;在课题研究中寻"道",聚焦生活中的真实问题,并探寻其背后的事理逻辑。

事实上,从教育学的视角来看,研学旅行背后最大的"道"是行知关系之道。明代心学家王阳明,不仅在龙场悟出了"天理""人欲"之道,即天理即人欲,人欲即天理,没有存一个灭一个的道理,而且提出"知者行之始,行者知之成"的"知行合一"学说。陶行知先生曾深以为然,但他在 20 世纪三四十年代生活教育的长期实践中转变了观念,提出与阳明先生"知行合一"理论相"反转"的新论,即"行是知之始,知是行之成"。不仅如此,在意蕴上也有扩充。阳明心学讨论的"知行"是道德认识与道德实践,而行知先生的"行知",泛指一切学习过程中的认识与实践。若需区分,不妨称阳明先生的学说为"知行合一",而称行知先生的学说为"行知合一"。从人类认识是一个"长程"的意义上看,从知到行、从行到知的顺序都在特定条件下成立。不严格地说,学校里的学科课程及课堂教学,大抵是从知到行、先知后行;走出校门的研学旅行,则多半是由行而知,或即知即行。合二而一,共同构成"从生动的直观到抽象的思维,并从抽象的思维到实践"这认识真理、认识客观实在过程中的两次"飞跃"。

犹记得我们团队与太仓实小乃至实小联盟学校的老师校长们在一起共商课例、共享沙龙、共谋论坛、共研课题和共撰书稿的日子。双方知无不言、言无不尽的真诚表达与交流,营造出中小学文化对话大学文化的和谐氛围。场景历历在目,情谊念念不忘,因为那是"自由的灵魂"在"行动的脚步"中经历和体验着"生命的创造"。

董其昌在《画禅室随笔》中说:"不行万里路,不读万卷书,欲作画祖,其可得乎?"今天的我们,不在万里路中读"万卷书",可从万卷书中悟得"万里路"? 惟行中有知、知中有行、即知即行、且行且思,方能走出每个人精彩的人生之路!

壬寅季春识于桂林

目　录

导　言

　　研学旅行在国外被称作为"修学旅行",经由欧美国家引入中国并逐渐盛行。自 2013 年以来,为了帮助青少年身心得到更好地发展,我国开始将研学旅行活动正式列入中小学教育计划,并作为原有课外活动的一种新颖补充模式。

　　2016 年 12 月,《教育部等 11 部门关于推进中小学研学旅行的意见》正式发布,各省市相继出台研学旅行相关政策,从点到面开展了一系列的尝试和实践,研学旅行为学校进一步实施素质教育带来了全新的契机。

一、研究缘起

(一) 研学旅行的时代背景

　　十九大报告指出,要"优先发展教育事业","落实立德树人根本任务,发展素质教育,培养德智体美全面发展的社会主义建设者和接班人。"中共中央办公厅、国务院办公厅印发《关于深化教育体制机制改革的意见》中指出,要"注重培养支撑终身发展、适应时代要求的关键能力。在培养学生基础知识和基本技能的过程中,强化学生关键能力培养。培养认知能力,培养合作能力,培养创新能力,培养职业能力。"开展研学旅行教改实验,正是响应国家政策,强化四大关键能力培养的要求下落实立德树人根本任务,发展素质教育的具体实践。

同时,作为第一批研学旅行试点城市,开展研学旅行试点,正是苏州教育改革的一个重要方面。2012年,苏州、合肥、西安被确定为国家首批试点城市。2013年,苏州市11所中小学校首批列入研学旅行试点,太仓市实验小学便是其中之一。建设研学旅行课程,率先探索中小学开展研学旅行的完善经验,正是实现苏州教育先行先试,实现教育创新的重要途径。太仓市实验小学响应政府号召,贯彻"自主自由、亦深亦广"的教学理念,以科研指导教育教学实践,做好适合小学教师水平的草根化研究,实现"自由成长和社会责任相伴、民族情怀与国际理解融通"的教育。

"研学旅行课程的整合设计与协同实施研究"就是在这一背景下,通过学校课程改革实践,根据学生的特点,根据研学旅行的特点,通过整合设计与协同实施两个环节,校本化实施国家课程,探索有效开展研学旅行的经验。

（二）研学旅行的政策背景

随着国家对现代旅游业教育属性认识的不断深入,与研学旅行相关的各类政策和文件在近十年中渐进式发布。

2013年2月,国务院办公厅印发《国民旅游休闲纲要（2013—2020年）》,提出要"逐步推行中小学生研学旅行",这表明,国家已经开始意识到中小学开展研学旅行活动课程的重要性。《国家教育事业发展"十三五"规划》中也倡导在条件适宜的地区实施小学研学旅行,并打造一批研学旅行基地,为其他地区开展研学旅行起好示范带头作用。

2014年3月4日,教育部《关于进一步做好中小学生研学旅行试点工作的通知》把"研学旅行"界定为:"面向全体中小学生,由学校组织安排,以培养中小学生的生活技能、集体观念、创新精神和实践能力为目标,是基础教育课程体系中综合实践活动课程的重要组成部分。"同年7月,教育部又发布《中小学学生赴境外研学旅行活动指南（试行）》,为整个境外研学活动划定了基本标准和规则。八月,国务院发布《关于促进旅游业改革发展的若干意见》(国发[2014]31号),其中也强调了要"积极开展研学旅行"。

2015年8月,国务院办公厅发布《关于进一步促进旅游投资和消费的若干意见》,提出要"支持研学旅行发展,把研学旅行纳入学生综合素质教育范畴。"从国家层面上将"研学旅行"作为拓展旅游发展空间,促进旅游消费的一项重要举措。

2016年1月,国家旅游局进一步挖掘研学旅游资源,公布首批10个"中国研学旅游目的地"和20家"全国研学旅游示范基地",强调将青少年研学旅游培育成为各地旅游发展创新的增长点。2016年11月30日,教育部、发改委、旅游局等11部门联合发布《关于推进中小学生研学旅行的意见》(教基一[2016]8号)《关于推进中小学生研学旅行的意见》,对各地教育行政部门的要求,即对中小学开展的研学旅行提供合理的指导和必要的帮助,"各中小学要结合当地实际,把研学旅行纳入学校教育教学计划,与综合实践活动课程统筹考虑,促进研学旅行和学校课程有机融合。"将研学旅行置于落实立德树人教育任务的战略新高度。

2017年8月17日,教育部发布的《中小学德育工作指南》(教基[2017]8号)文件指出应组织研学旅行,把研学旅行纳入学校教育教学计划,促进研学旅行与学校课程、德育体验、实践锻炼有机融合,利用好研学实践基地,有针对性地开展自然类、历史类、地理类、科技类、人文类、体验类等多种类型的研学旅行活动。要考虑小学、初中、高中不同学段学生的身心发展特点和能力,安排适合学生年龄特征的研学旅行。要规范研学旅行组织管理,制定研学旅行工作规程,做到活动有方案,行前有备案,应急有预案,明确学校、家长、学生的责任和权利。

2018年11月,教育部发布《教育部办公厅关于公布2018年全国中小学生研学实践教育基地、营地名单的通知》,正式官方公布了2018年全国中小学生研学实践教育基地377个单位、营地26个单位名单。

2019年10月18日,教育部发布文件《普通高等学校高等职业教育

(专科)专业目录》增补专业"研学旅行管理与服务",专业代码 640107,标志着中小学研学旅行将固定下来和语数英基础学科同等重要长期执行。

从总体上看,在众多文件中所提到的学校组织开展"研学旅行",几乎都要求我们必须根据本班学生实际情况,有针对性地开展研学旅行,而不是盲目跟风。这些政策文件的发布,成为学校开展各级各类研学旅行活动的航向标,成为学校研学旅行活动课程发展的根本要求。

然而,就目前来看,当下中小学研学旅行活动课程的开发与实施,均有待进一步完善。

（三） 研学课程的发展背景

研学旅行是旅游和教育相结合的一种新型教育实践方式,得到了各个地区和国家的高度重视。

在我国,研学旅行作为新兴的教育方式,对培育小学生的社会主义核心价值观、发展小学生的综合素质具有重要意义。然而,调查显示,在实际开设过程中,几乎都没有将其真正纳入中小学的教学计划和课程体系之中,仍然以暑期和周末休息时间所开展的冬令营、夏令营或社团活动等为主要形式,普遍存在着缺乏系统性和持续性,流于形式、疏于管理的问题,针对性不足、实效性不强、操作性不够等问题比较突出。至于完整的课程体系更是一种奢望,因此,校本研学旅行课程,无论是在课程目标、课程内容、课程实施和课程评价等方面均有待进一步完善。

早在上世纪三十年代,太仓市实验小学便开展了"整个教育"实验,提出培养"整个人"的理念并一直传承至今。进入二十一世纪,我们从"草根化"校本研究——草根文化建构——草根情怀教育,一路走来,形成了较为系统的课程体系,课程建设聚焦"本土"与"国际"两个维度,开发了具有独创性的研学特色课程。跨文化的游学课程开发强调"陌生体验",生活化学科主题课程开发落实"行知统一",娄东文化校本课程的开发追求"生命寻根",成为学校特色建设的突破口,探索了一条具有一定普适意义的素质教育实践路径。

二、研究综述

在当前教育的大背景下,独生子女家庭的培养大多以圈养为主,缺乏走向社会的实践途径。同时,校园相对封闭的育人环境,也导致了我们的教育必然是一种较为封闭的教育方式,然而新课程又呼唤我们要走出课堂,走出校园,走向社会,培养一种全面发展的现代人。

这就促使我们必须认真思考,我们到底需要怎样的人才,我们到底需要怎样的教育方式,我们该如何真正从"室内"走向"户外",接触自然,接触社会,接触更多元的文化。

研学旅行,为我们打开了一扇窗。

(一) 研学旅行的相关理论

1. 杜威:课程即经验

一切教育都是通过个人参与人类的社会意识而进行的,唯一真正的教育是通过对儿童能力的刺激而来的,这些要求刺激他,使他以集体的一个成员去行动,不断地发展个人的能力,熏染他的意识,形成他的习惯,锻炼他的思想,并激发他的感情和情绪。经验的连续性原则是以习惯的事实为基础的。

对于教育者来说,如何正确利用自然和社会的环境,从中抽取一切有利于建立有价值的经验的东西,这是评价其专业工作效能的重要维度。经验的连续性与交互性作用是彼此不可分的。

研学旅行课程正是充分利用各种生活资源和环境,帮助学生在游中学、在生活中丰富经验,获得成长。

2. 陶行知:生活教育理论

"生活即教育"是陶行知生活教育理论的核心。陶行知先生提出:"没有生活做中心的教育是死教育,没有生活做中心的学校是死学校,没有生活做中心的书本是死书本。"

"生活即教育"的基本含义:第一,"生活即教育"是人类社会原来就有的,自有人类生活产生便有生活教育,生活教育随着人类生活的变化而变化。第二,"生活即教育"与人类社会现实中的种种生活是相应的,生活教育就是在生活中受教育,教育在种种生活中进行。第三,"生活即教育"是一种终身教育,与人生共始终的教育。

陶行知先生的生活教育理论启示我们,将教育和生活联系起来,改变教学做分离的状态,开展研学旅行实际上是让学生回到生活情境中去,让学生在自然生活中学习,既是生活又是学习。

3. 克伯屈:主学习、副学习、附学习理论

克伯屈认为,儿童的学习过程,可以同时包含三种学习:主学习、副学习和附学习。

主学习是指掌握教学大纲所指定的知识和技能;副学习是指学习者在学习过程中,不经意间获得的知识和技能;附学习是指伴随着主学习过程而形成的态度,所收获的一系列的感受、体验或经验。研学旅行过程中游和学是相辅相成的,实际上是一种主学习与附学习之间的关系。

在游学过程中开展的综合性活动,同样整合了不同学科的学习要求,包含了主学习、副学习和附学习。例如学生参观动物园,设计动物名片,了解动物知识是主学习,掌握美术设计是副学习,获得热爱自然的感受是附属学习。

4. 布卢姆:教育目标分类学理论

教育目标是指预期的学生学习结果。布卢姆把教育目标分为认知、情感和动作技能三个目标领域,并按照由低到高、由简到繁的顺序把每个目标领域再细分为多个层次和水平。

认知领域分为六级:知道、领会、应用、分析、综合和评价。情感领域分为五级:接受或注意、反应、评价或价值化、组织和价值与价值体系的性格化。技能领域的分为七级:知觉、定向、有指导的反应、机械动作、复杂的外显反应、适应和创新。

在设计研学旅行课程的时候,同一个地方,不同年段的学生有何不同

的学习要求,就要通过目标分类学区分难易程度,合理设计。

与此同时,我们还通过对卢梭的教育旅行思想"游历的价值不仅在于研究学问、获得知识,也是为了研究人、摆脱偏见。"及其自然教育理念"教育是受之于自然,受之于人,或受之于物,从而使人的才能和器官获得内在发展。"进行了深度解读,逐步了解了研学旅行的理论基础,明确了研学旅行要面向自然、联系生活、关注个人的经历和体验,并最终指向人的发展。

(二) 研学旅行的发展历史

研学旅行,在国外又称为修学旅游、教育旅游。在 16—17 世纪的欧洲地区,兴起的"大游学(GrandTour)"运动是教育旅行的前身,不少国家开始崇尚"漫游式修学旅行",第二次世界大战后,欧美国家发展营地教育,日本于 1946 年发展修学旅行,到 1960 年修学旅行已成为日本中小学校的常规教育活动。迄今为止,已有许多国家将研学旅行作为学校系统内能拓展大中小学生视野、提高跨文化理解能力的一种教育方式,并且积累了有益经验。【刘璐,曾素林.国外中小学研学旅行课程实施的模式、特点及启示[J].课程·教材·教法,2018,38(4).】

英国是现代旅行业诞生地,一直以来就有崇尚研学旅行的风气。被称为"大陆游学"的 the Grand Tour,实际上就是研学旅行。英国的"大陆游学"随着社会的发展,从最初的贵族化活动转变为大众化的教育活动。【李碧静:《英国研学旅行 从贵族化走向大众化》】

"世界童子军"的说法也肇始于英国,之后才逐渐在世界各地逐步开展起来。其中美国也是世界上童子军运动最为发达的国家。通过各式各样的活动,如露营、徒步旅行、水上活动、社区服务等,在"做中学"的过程中获得技能与知识,培养和满足青少年的兴趣,实现其促进品德发展、公民素养和个人身心健康这三个基本目标。【傅丽纯:《美国童子军的课程与教学》】

现代"修学旅行"一词则源于日本,明治维新时期经济上"殖产兴业",

文化上"文明开化",发展现代教育,鼓励中小学生研学旅行,培养现代化人才。教学大纲规定中小学生借助当地的文化资源,从本市到全国、直至世界范围每年做一次为期数天的社会学习,提高文化修养,谓之"修学旅行"。【徐褒琳:《研学旅行研究进展与启示》】

从世界范围来看,英国的研学旅行是发展最早的国家,从最初的成人游学到后来针对儿童游学的童子军,均有主题、有目标、有实践。同时,另外两个发达国家:美国和日本也都为发展孩童的各种素养而进行研学,甚至规模和类别都在英国的基础上有了赶超。这是国外孩童研学旅行发展史的源头。

从国内研学历史来看,中国文人自古便有游学之风。春秋时孔子携弟子周游列国宣传礼乐考察风情,唐玄奘把西行取经途中所见所闻写下《大唐西域记》,北魏郦道元《水经注》"因水以证地,即地以存古"描述当时全国的地理情况,北宋沈括所著《梦溪笔谈》被称为"中国科学史上的里程碑"。及至明朝,著名的地理学家、旅行家徐霞客,从20岁开始,便告别家乡、开始了长达30多年的科考之旅,在探幽寻秘之际,他将各种人文、地理现状记载下来,著成《徐霞客游记》一书。

近代人民教育家陶行知坚持"教学做合一",倡导研学旅行,积极推动"新安小学长途研学旅行团"。强调学生要广泛参加各项社会实践活动,倡导学生亲近自然,倡导学生走进社会,强调青少年在真实客观的环境中自我体验、自我感悟、自我成长。

2003年,首个"修学旅行中心"于在上海成立,该中心还组织专业人员编写出版了《修学旅行手册》,倡议江苏、浙江、安徽等地区联合打造华东研学旅行文化游黄金线路。

2006年山东曲阜举办了"孔子修学旅行节",这是第一个修学旅行节庆活动,借此弘扬中国儒家文化。伴随着新课程改革的深入,研学旅行逐步纳入学校教育的课程视野。

2008年,教育改革的先行省份——广东省,率先把"研学旅行"写进中小学的教学大纲,并将"研学旅行"作为中小学的必修课程之一。

（三）研学旅行的课程建设

研学旅行属于综合实践活动课程,是以探究为主要方式,以旅行为载体,以拓展学生视野、培养生活情趣、培养学生基本生存能力、培养创新精神和实践能力、培养社会责任感的一门综合性实践活动课程。

国外的研学旅行实践大致分为以下4类:(1)依靠自然优势开展野外教育探险、自然历史古迹游学、自然中的动植物观察和景观观赏等活动来实现对学生的自然教育,通过自然教育使学生受教于自然,尊重自然,发展关键技能、知识和个人素质;(2)生活体验类,不同于学校的课堂教学实践,学生在真实的环境中实践学习,满足学生动手动脑、学会生存的需要,使学生在真实的情景中学习知识获得经验;(3)文化考察类研学旅行实践主张多元文化的交互教育,让学生亲身接触历史文化遗迹、名人故居、顶尖历史名校,近距离感受文化的渲染,培养文化自信心;(4)交换学习类,交换学习类研学旅行实践可以使学生实现城市互访和学校交流,增进地区间语言、自然、人文沟通和学术交流。【刘璐,曾素林.国外中小学研学旅行课程实施的模式、特点及启示[J].课程·教材·教法,2018,38(4).】

从国内研究者的视角出发,研学旅行课程与地理学科相结合的研究最为多见,丁运超在《地理核心素养与研学旅行》中主要阐明了研学旅行课程与地理课程核心素养中的实践能力、区域认知能力、综合思维相结合,在研学旅行课程中培养学生人地协调观的理论依据。【丁运超.地理核心素养与研学旅行[J].中学地理教学参考,2017(3):18—20.】蒋谊芳基于体验学习理论将地理研学课程分为自然风景类、名胜古迹类、民俗风情类、知名高校类和科技类,并阐明了各类研学旅行的特点和采取的研学方法。【蒋谊芳.基于体验学习的地理研学旅行研究[D].桂林:广西师范大学,2019.】梁美盈和周玉琴基于具身学习视角设计了"走读长江水,品悟三峡情"的研学旅行课程,并尝试开发了相关的活动评价内容。【梁美盈,周玉琴.基于具身学习视角的研学旅行设计研究——以"走读长江水,品悟三峡情"为例[J].地理教学,2020(1):56—60.】姜严在 STEAM 教育原理指导下设计了以三峡为主题的研学旅行课程,研学内容包含地质地貌、水文、植被、土壤、气候,重点围绕土壤进行了 STEAM 教育内容的设计。【姜严.STEAM 教育理念在研学旅行设计与实施中的应用初探——以"三峡地区研学实践活动"为例[J].地理教学,2019(18):49—51.】

刘璐,曾素林在综合国外研学经验和我国中小学校特点的基础上,对如何进一步推进我国中小学研学旅行提出了自己的建议:一是丰富教育空间,拓展多元化研学旅行实施模式;二是转变教师角色,引导学生在亲身体验中开放学习;三是延伸育人格局,实施全过程、全员、全方位育人策略。

三、概念界定

(一)研学旅行课程

"研学"一词,最早来源于"游学"。所谓的"游学",是指学习者离开自己相对熟悉的环境,前往新环境中进行学习和旅行,以拓宽学习者视野、扩展知识储备、感受文化差异、提高综合素质和能力的过程,是素质教育的重要组成部分。【陈福秋:《中小学游学:意义、内容与实施》】

教育部《关于进一步做好中小学生研学旅行试点工作的通知》中对"研学旅行"的定义是:"面向全体中小学生,由学校组织安排,以培养中小学生的生活技能、集体观念、创新精神和实践能力为目标,是基础教育课程体系中综合实践活动课程的重要组成部分。"《教育部等 11 部门关于推进中小学生研学旅行的意见》这样界定:"中小学生研学旅行是由教育部门和学校有计划地组织安排,通过集体旅行、集中食宿方式开展的研究性学习和旅行体验相结合的校外教育活动,是学校教育和校外教育衔接的创新形式,是教育教学的重要内容,是综合实践育人的有效途径。"《意见》同时还指出:"要精心设计研学旅行活动课程,做到立意高远、目的明确、活动生动、学习有效。"明确指出要将研学旅行作为一门课程进行开展,要有具体的课程计划安排。

国家教育部基础教育一司司长王定华首先提出了研学旅行的定义："学生集体参加的有组织、有计划、有目的的校外参观体验实践活动"，研学要以年级为单位，以班为单位进行集体活动，同学们在老师或者辅导员的带领下，确定主题，以课程为目标，以动手做、做中学的形式，共同体验，分组活动，相互研讨，书写研学日志，形成研学总结报告。【2014年4月19日，国家教育部基础教育一司司长王定华在第十二届全国基础教育学校论坛上发表了题为《我国基础教育新形势与蒲公英行动计划》的主题演讲时所提出】

何善亮教授提出，研学旅行课程是通过让学生自主选定旅行主题、参与活动计划与组织管理，在自然和社会生活中亲自体验与感悟，从而丰富学习内容，提升学习效果的体验式课程。研学旅行课程对于学生认知能力的提升、情感体验的丰富、价值观念的构建以及主体性的形成有着重要的教育价值。该课程关注知行合一、回归生活世界和注重综合学习的理念，同时凸显了真实性、综合性、整体性等特征。在具体实施中应坚持合理制订课程目标、科学整合课程资源以及实现"为了学习的评价"。【周旋，何善亮：《教育参考》2017年第6期76—81，共6页】

国内学者朱立新认为，研学旅行有着广义和狭义的理解。从广义上看，研学旅行是指"旅游者出于文化求知的需要，暂时离开常住地，到异地开展的文化性质的旅游活动。"从狭义上看，研学旅行特指"由学校组织、学生参与，以学习知识、了解社会、培养人格为主要目的的校外考察活动"。【朱立新：《研学旅行：撬动素质教育的杠杆》】

由此，我们把研学旅行课程定义为由学校有计划集中安排、集中旅行、集中食宿，融社会调查、参观访问、文化体验、资料搜集、教师引导、集体活动、同伴互助、文字总结等为一体的综合性社会实践的活动课程。

我们认为，研学旅行课程作为综合实践活动课程的一种具体表现形式，是综合发展学生核心素养的实践类活动课程，是一种全新的、走出象牙塔的开放式课堂，是促进学生全面发展的，基于学生身心发展特点和需求的以多种方式既游且学的活动课程。

（二）研学旅行课程的整合设计

所谓研学旅行课程的整合设计，是根据研学旅行集中安排、集体旅行、集中食宿、研究学习和旅行体验相结合的特点，梳理整合学科、课时、教师、学生、教材、教学资源等课程要素，明确教育目标，形成有具体课程计划、课程安排和课程评价内容，成系统的研学旅行校本课程。基于"深度学习"理论和小学阶段特点开展研学旅行课程的整合性设计，实现了"游、学、研、思、创"的有机结合，这是课程设计上的创新。

我们认为，必须把研学旅行课程建设纳入学校课程建设的整体规划之中，和国家课程综合实践研究高度整合，进一步丰富班级和社团课程内容，以保证课程实施的时间与空间。在研学过程中，教师引导学生主动参与研学旅行课程的设计，把问题研究、成果表达方式的选择权和学习成效的评价权还给学生。

从整合设计的视角开发研学旅行校本课程，一方面强调学习方式的整合，"游、学、研、思、创（行）"五种学习方式的整合，体现出研学旅行体验的丰富性和多样性；另一方面强调了学科与学科间的跨学科融合学习，学科中的知识，到研学活动中体悟，研学中体悟的知识，再次促进学科的学习。

同时，我们还进一步观照到了研学活动与班级/校级活动的有机整合。学生的学习和研究从游玩走向研学，从单一学科课程走向整合课程，从他律走向自律，将"游、学、研、思、创（行）"有机结合起来，把多门学科、多种学习方式、不同学习内容进行整合设计，做到游中有学，学中有研，学研结合，激思导学，最终实现学生的深度学习。

（三）研学旅行课程的协同实施

所谓研学旅行课程的协同实施，是指在整合设计的基础之上，协调两个或多个不同的主体，有计划地实施课程，协同一致地达成研学旅行课程的预设目标。在实施过程中,做到学校与家庭协同,学校与社会协同,班级与社团协同。

多主体的协同参与,可以积极推进学校与家庭和社会的协同共育,同时积极争取政府支持,并与旅行社、保险公司、博物馆、科技馆、游乐园等社会机构对话、沟通、协作,在研学旅行的实施机制上予以沟通和协同,确保研学旅行活动的顺利开展。校内和校外的协同,责任共承,风险共担,课程共研,形成学校主导、师生投入、家长参与、社会支持、政府保障的实施策略。

"整合设计"与"协同实施"是"研学旅行"课程有效实施的双翼,各有重点,前后关联,相辅相成,互为融通。

围绕上述核心概念,构成本研究的主题——"研学旅行课程的整合设计与协同实施研究":研究对象即"研学旅行"为主题的校本课程,通过"整合设计"与"协同实施"两个方面,探索"研学旅行"与学校内部学科学习、校园活动的课程融合、开发与实施序列,开展基于校本的中小学研学旅行课程开发与实施研究。

四、研究旨趣

从研学旅行的实际看,当前存在几个普遍的问题:

第一,原来的研学旅行,是一种活动的拼合,呈碎片化的。这种现象非常多,导致研学旅行课程不规范,不成系统,随意性大,影响了研学旅行的教育效果。因此,要对研学旅行进行课程的整合。

第二,以成人的思维代替学生的思维,禁锢了学生的情感、思维与心灵世界,无法培养学生的实践能力与创新思维。目前来讲,很多研学旅行带有强烈的成人思想。小学生的身心发展的特点,决定了小学研学旅行的问题,我们以成人的思维代替学生思维。学生眼中的"玩""游"和成人眼中的不一样,很多研学旅行的设计是从成人的思维出发的,造成小学生在研学旅行过程中无趣、无感、无获。

第三，关注学生集体观光旅游，忽略了学生以小组为单位自主参与、体验与探究。当前的研学旅行，在行的设计上比较多，而在学的方面思考不够。不少研学旅行常常搞成了一个热闹的活动，而学生在这过程中学到了什么、获得什么收获，缺少思考，缺少对实情的了解。

第四，研学旅行作为一种逐步推行的新生事物，目前还缺少针对中小学生研学旅行课程设计与实施方面的系统的研究。太仓实小作为苏州市研学旅行试点学校，在这一方面先行先试，正在探索相对成熟的校本化的研学旅行课程经验。

基于以上四个问题，我们要通过课程整合的方式确定适合小学生特点的研学旅行课程目标，建构一个系统、规范的研学旅行课程体系。正确的处理好研学旅行过程中，学与行的关系，学和思的关系，知与行的关系。在探索实践的基础上，形成比较规范的研学旅行课程标准、实施纲要、课程资源和各年段研学课程实施的系列案例，为太仓及区域乃至全国推广研学旅行形成成熟可行、可借鉴的经验。

太仓市实验小学的研学旅行，源于 2003 年与新加坡德义小学开始的，至今近 20 年的跨国深度研学互动，形成了以"瓶罐小花园"为典型的国际研学旅行课程，并逐步拓展到与意大利、英国、日本多所国际友好姊妹学校的系列学习。2007 年，实验小学托管九曲、直塘小学期间所倡导的城乡一日体验活动课程，形成了以"春夏秋冬"为题的四时农事系列课程和古镇深度游系列课程，都为研学旅程新课程的整合设计和协同实施，奠定了基础。

（一）研究的目标

我们希望，通过研究能开发和构建一套具有示范性的"研学旅行"课程（包括标准、纲要等），提供研学课程的实践案例，课程设计多元、丰富、富有个性。

我们希望，通过研究还能促进学生培育和践行社会主义核心价值观，培养学生开放精神,促进书本知识和生活经验的深度融合,锻炼学生自主交往、吸收接纳的能力,加深对本土文化的理解,实现"自由成长和社会责任相伴、民族情怀与国际理解融通"的教育。

最后,我们还希望,能够探索出学校国家课程与"研学旅行"课程整合与实施的一系列机制与策略,真正落实研学旅行课程的跨学科整合设计与协同实施。

(二)研究的内容与框架

1. 研学旅行的课程原理及政策依据研究

首先,开展研学旅行课程原理研究。研学旅行的基本原理:①学习理论,如布鲁诺关于学习的迁移理论,布卢姆的学习目标分类学,克伯屈的主学习、副学习、附学习理论,通过对上述学习理论的研究,梳理出研学旅行中学与行、学与思、知与行的关系。②课程理论的研究,如泰勒的课程理论等,通过对课程理论的研究指导研学旅行课程目标体系的构建、研学旅行课程纲要的整合设计、研学旅行课程的协同实施与评价,使学校研学旅行课程符合课程的基本规范。③旅游学的基本原理,通过研究学习,指导研学旅行课程的协同实施。

其次,开展研学旅行政策研究。研学旅行课程的设计与实施本着知行结合、体验为主、综合育人的宗旨,学生有需求、教师有基础、上级有要求。为更好引领课题发展方向,对上级部门的游学政策进行研究,根据学校课题研究基础和现实情况开展研学旅行的可行性分析,并不断调整完善研学旅行课程的设计与实施研究。

2. 研学旅行课程目标体系的构建研究

研学旅行课程的建构,首要的是目标体系的构建。运用布鲁姆的教育目标分类,结合课程理论,通过大量问卷调查和实际访谈,构建有本校特色的研学旅行课程目标体系。这一课程目标体系分纵向和横向两个维度构建。纵向维度构建是指从小学1—6年级按照年段分低、中、高三个年段,分别确定课程目标。横向维度构建是指在确定年段课程目标以后,参照中共中央办公厅、国务院办公厅印发《关于深化教育体制机制改革的意见》中："认知能力，合作能力，创新能力，职业能力"四大关键能力，对某个年段的关键能力进行具体细化。可以利用布鲁姆的学习目标分类学原理确定具体的教学目标要求。

3. 研学旅行课程纲要整合设计的研究

研学旅行课程纲要的设计研究，是指每一个具体化的课程的实施纲要。如"家在娄东"课程、"一日体验"课程、"跨国游学"课程课程纲要等。每个课程纲要又包含具体的课程理念、目标、内容、实施路径、评价等。该课程纲要，可以指导教师形成具体的课程实施方案。

根据本校研学旅行的已有基础，将研学旅行课程分成"跨学校整合"课程纲要；跨区域整合课程纲要；跨国界整合课程纲要。每一个课程纲要包含3—5个课程模块。例如跨区域整合课程纲要中，包含穹窿山研学旅行整合课程、三国城研学旅行整合课程、科技馆研学旅行整合课程等。同时，每一个课程纲要又对应低中高不同年段学生的研学旅行目的地、内容和要求。

每一个课程纲要在整合设计视角，应充分关注以下几个方面：①学习方式的整合研究。在"研学旅行"课程中，通过"游、学、研、思、创（行）"等环节，整合方式包括横向整合，如儿童生活经验、学科知识的整合；纵向关联，如依照学校年段把多个主题活动系列化。②与学科学习的整合研究。在"研学旅行"课程开发过程中，把课堂学习带到游学过程中，实现课堂与课外的打通；把游学过程中遇到的困难与发现的问题与学科教学内容联系起来，开发为教学资源；将课堂倡导的自主、合作、探究的学习方式延展到生活空间中，并在游学过程中促进学科技能的真正形成。③与校内班级、校级活动的整合研究。利用学校内的活动课程整合"研学旅行"的主题活动，按照游前、游中、游后三个阶段开发若干微型课程，探索研学主题活动与校内不同课程活动的合理整合。

总之，研学旅行课程的课程纲要力求把多种学习方式、多个学习主题、不同学习内容、多个学科，多个参与主体等整合设计，做到游中有学，学中有研,学研结合,激思导学。

4. 研学旅行课程协同实施的路径研究

站在协同的视角看,研学旅行课程是一个多方主体间的协同合作。这种协同合作既是一种过程,又是一个结果。在"前期准备——主题设计——行程监控——反思总结"等各个课程实施阶段,都需要学校、师生、家庭、社会多方主体的协同合作,像图书馆、旅游局、科技馆、博物馆等机构,青少年活动中心、青少年实践基地,都是课程开发与实施的资源和平台。研学旅行课程的实施需要多方主体的协同合作,形成学校主导、家庭参与、社会支持、互动共生的协同模式。

由于研学旅行课程的类别不同,实施的路径也不相同。因此,本子课题首先在学校开展大量研学旅行课程实践经验基础上,通过文献研究、经验总结等方法,对多种不同类型的研学旅行课程实施路径进行研究。例如对跨学校整合课程、跨区域整合课程、跨国界整合课程进行具体研究,分析梳理这类课程实施过程中参与的部门有哪些,研究不同类别中各参与部门的定位、作用、资源运用、参与经验,并以课程参与主体不同对研学旅行课程的实施进行分类。

其次,在形成分类基础上,研究各类课程在协同过程中的规律。研究不同主体的研学旅行课程协同实施的路径与机制,总结课程协同实施的基本流程,各部门间的作用及相互整合情况。尤其关注学生在参与研学旅行课程设计与实施过程中的定位、作用及活动经验。

5. 研学旅行课程实施的效能及评价研究

在开展研学旅行课程设计及协同实施的基础上,研究课程实施的效能分析。采用问卷、调查、访谈、案例等多种方式,搜集反映研学旅行课程实施的效果,可以从学生评价、家长反响、国际友好学校反馈等方面进行梳理,形成一个对本课题研究的阶段性综合评价。

在研学旅行课程纲要的整合设计和协同实施过程中,尝试进行多形式、多维度、多主体的课程评价研究。以学生关键能力为基础,逐步把学生评价从传统评价方式转向综合性、达标性评价,把自理自立、安全教育、文明素养等多种维度纳入研学旅行课程设计与实施的评价视野,推动学生自评、生生互评、家长参评等的多元主体的评价发展。

在课题组及全体老师的共同努力下,我们完成了《太仓市实验小学研学旅行课程纲要》,明晰了研学旅行课程的目标、课程性质、课程理念、设计思路、课程内容,提供了实施原则以及评价建议等,形成了太仓市实验小学1—6年级完整的研学旅行课程行动指南。

研学旅行课程以开展研学旅行的时间阶段为纵轴,分为行前课程、行中课程和行后课程;以学生涉足区域距学校的路程为横轴,分为身边的世界、不远的世界和远方的世界,纵横交叉,形成条块清晰的课程结构。我们精心设计并完善了序列化、主题化、多元性和开放性的小学研学旅行课程体系,包括了《漫步校园》、《家在长三角》、《美丽中国》、《走近世界》四大板块,十六个主题的研学旅行课程的整体建构,供不同年段的学生选择。

表1　研学旅行课程整体建构

	漫步校园	家在长三角	美丽中国	走近世界
研学旅行前	自护自理课程:安全自护、物品整理、清洗打扫等 媒体运用课程:运用媒体辅助学习及制作发布学习内容 主题遴选课程:16个主题遴选、研制研学目标、方法、分工、成果形式等 习俗了解课程:游学目的地文化、本土文化、他国文化 礼仪规范课程:住宿、观赏、乘车、就餐、学习 汇率理财课程:预算、记账、汇率、退税等 语言准备课程:生活用语、文化传播			
研学旅行中	校园拾趣 生态探秘 跨校交友	走近圣贤 老街寻古 园林亲美	走进新农村 红色追踪 科技畅想 登高望远 对话历史 动物世界	地标建筑 特色美食 人物印象 物候特征
研学旅行后	我为学校代言	我是家乡小导游	我是自豪中国人	我是地球村小公民
	文化传播课程:小导游、大讲堂 感悟提升课程:游记、摄影、主题班会 问题探究课程:研究成果汇报 成果创意课程:以集体的形式,各科融合,进行STEAM创意			

（三）研究的策略与方法

太仓市实验小学围绕学生研学旅行课程的开发与实施,主要采取了两条有效策略:课程设计,采取的路径是整合;课程实施,采取的路径是协同。

具体来说,一是期望通过研究,能开发和构建一套具有示范性的"研学旅行"课程(标准、纲要),并形成一批可资借鉴的研学课程实践案例,课程设计强调多元、丰富、富有个性。二是期望通过研究,促进学生培育和践行社会主义核心价值观,培养学生开放精神,促进书本知识和生活经验的深度融合,锻炼学生自主交往、吸收接纳的能力,加深对本土文化的理解,实现"自由成长和社会责任相伴、民族情怀与国际理解融通"的教育。三是期望通过研究,能探索一套国家课程与"研学旅行"课程整合与实施的机制与策略。并在探索实践的基础上,形成比较规范的研学旅行课程标准、实施纲要、课程资源和各年段研学课程实施的系列案例,为太仓及区域乃至全国推广研学旅行形成成熟可行、可借鉴的经验。

具体表现为:①确定目标,以有效开展研学旅行为目标,以课程的整合设计、协同实施为途径;②分析现状,通过文献研究、观察、访谈及问卷,了解学生与家长的真实需要;③开发课程,整合学校教育资源,构建有效开展研学旅行为目标的课程内容;④组织实施,研制《游学手册》,组织游学活动,让学生通过"游、学、研、思、创(行)"五大行动,完成不同级别的游学任务;⑤评价反馈,探索开展研学旅行的科学的评价机制,创新游学课程评价方式,以学生核心素养为基础提炼具有育人价值及综合养成特征的评价体系,优化课程实施。

课题的研究方法,主要以文献法、调查法、行动研究法和案例分析为主。所谓文献研究,即以"研学旅行""课程整合"为关键词搜集国内外相关研究理论,分析研究进展,确定本课题的研究价值、研究目的、研究内容。所谓调查分析,即通过设计学生、家长调查问卷,了解学生与家长的需要,汇总出学生已有游学活动经历、家庭近期出游计划及学生对世界的

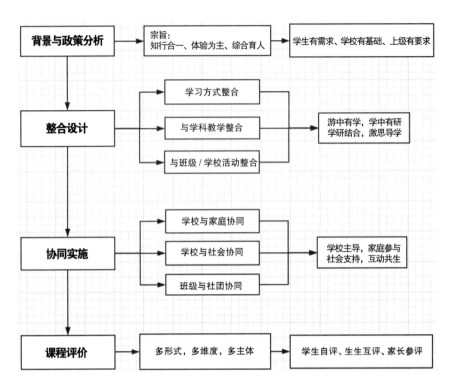

图 1　研学旅行课程研究框架

了解的渴望,并进行数据的分析和汇总。所谓行动研究,即在课程的设计和实施过程中,一边实践一边研究,发现问题,分析、改进,解决问题,循环往复,推进研学课程的有效实施。所谓案例研究,就是采用案例研究的方法,对研学旅行的实施过程进行研究,总结典型案例,总结开展研学旅行的有效经验。

(四) 面临的问题和展望

以往诸多学者关于研学旅行活动课程的研究,不仅丰富了我们对研学旅行的认识,而且为研学旅行活动课程的发展提供了理论指导和实践经验。但是关于研学旅行活动课程的研究仍存在着一些问题。主要包括以下五个方面:

一是安全问题:教育主管部门因噎废食发文禁止中小学举办夏令营、春游、秋游等,研学虽然在形式上与之有所区别,但在安全问题上,却是同样很难迈过去的一个坎。

二是经费问题:禁止乱收费早等同于不能收费,学校一方面希望扩大研学的范围,另一方面却不得不面临严重的经费问题,完美的研学设计,或许会花完每一位孩子的所有人头经费。

三是时间问题:研学重要,但上课是否更重要？一个是校本化的课程实施,但另一个却是国家规定课程的规定学习时间,若仅仅利用教学时间,则难免会与国家课程的实施相冲突,若利用寒暑假,组织与管理上的难题,仍然一箩筐,无法完全解决。

四是资源问题:去哪里游,游什么？怎么游,怎么学？谁来支持？一系列问题,已经不是一所学校所能解决,我们只能在利用自己的能力组织课程实施的基础上,概括和总结经验,并不断向社会推广,以期取得上级肯定、家长理解、社会支持,或许,未来的日子会好过些。

五是课程内容问题:研学课程的内容设计,更多取决于教师的"视野"和"智慧",如何让每一位学生都能够在研学课程中获益,是一个值得我们反复思考的重大课题,精心设计的背后,仍然需要体现"为每一位儿童提供丰富适切的课程"这一课程核心理念。

同时,我们更对研学旅行课程未来的发展充满期待——

研学,就是希望我们能给孩子一个有别于学校学习的另一种生活方式,必须是一种回归儿童本质的生活;研学,其主战场必定是从家的周围为起点,从认识自己的邻居开始,走进社区,从了解自己家周围一公里范围内的人文环境着手,逐步放开视野,走向国际。

研学,是一种体验,学生在学校所学知识以间接经验为主,因此我们更需要为儿童的成长提供获取直接经验的场所,因为一个人若没有足够的直接经验,那么他对这个世界的理解必然是表面的。

因此,研学的本质,是为孩子提供更多书本之外的知识和技能,更多的知识和经验的获得,都需要他们自己的实践、思考和判断。

一个梦想:

让每一位孩子都有至少一次研学经历,让每一位孩子都有一次接待和被接待住家的经历,城区的孩子把乡下的孩子接回家住上三五天,城区的孩子也到乡下农家住上个三五天。如果每个孩子都能在自己的童年有一次接待外国小朋友住家的经历,并且自己也有一次出国研学入住外国家庭三两日的经历,那么对自己的"国际视野"和"乡土情怀"必然有着不一样的深刻理解。

第一章

课程定位

　　研学旅行是面向中小学,由学校有计划地集中安排,通过集体旅行、集中食宿方式开展的研究学习和旅行体验相结合的校外教育活动。从课程角度看,研学旅行属于综合实践活动课程,是以探究为主要方式,以旅行为载体,以拓展学生视野、培养生活情趣、培养学生基本生存能力、培养创新精神和实践能力、培养社会责任感的一门综合性实践活动课程。开发研学旅行校本课程,对于丰富学校课程内容,促进素质教育的实施具有鲜明的价值,应利用生活情境,发现、发掘课程资源;应善于通过课程整合创生课程;研学旅行活动的组织具有多主体性,因此要在协同实施中优化实施机制、改造课程;在研后课程实施过程中,要通过学生成果的展示丰富课程内容、提升课程规范。

　　研学旅行课程目标是整个课程设计的关键,可依据三个方面来确立研学旅行的课程目标:首先,聚焦学生发展的关键能力;其次,响应国家立德树人的根本任务;第三,根据地方特色确立研学旅行课程目标。从培养认知、合作、创新和职业四大关键能力的落实,到响应国家立德树人的政策,有效落实研学旅行的根本任务,再到适应本土特色的要求,坚持儿童立场,从儿童中来,回到儿童中去,可从认知目标、行为目标、情感目标三个维度,建构研学旅行课程目标。研修旅行课程学生培养总目标可概括为五个关键词：自由、坚毅、情趣、合作、创造。以学校为圆心，学生可以涉足的距离为半径，设计研学旅行四大板块，每个板块按照低中高年段又分解出不同的阶段目标。

第一节　课程特征

研学旅行表现出综合性实践、研究性学习、合作性经历、过程性体验四方面的特点，作为一门课程，它融"学"于"行"具有鲜明的实践性，寓"教"于"乐"充满趣味性，体现了"教学做合一"的特征。太仓市实验小学学生研学旅行课程是以学校为本位、由学校根据地方性、特色性而确定，体现实验小学草根文化精神引领的一门校本课程；是以研学旅行为主要内容的体现学生整体参与的校本课程；是一门在教师的指导下，由学生自主进行的综合性学习实践活动课程。

一、研学旅行课程的性质

研学旅行是面向中小学，由学校有计划地集中安排，通过集体旅行、集中食宿方式开展的研究学习和旅行体验相结合的校外教育活动。2016年《教育部等 11 部门关于推进中小学生研学旅行的意见》对研学旅行的解释为："中小学生研学旅行是由教育部门和学校有计划地组织安排，通过集体旅行、集中食宿方式开展的研究性学习和旅行体验相结合的校外教育活动，是学校教育和校外教育衔接的创新形式，是教育教学的重要内容，是综合实践育人的有效途径。"研学旅行课程是由学校有计划集中安排、集中旅行、集中食宿，融社会调查、参观访问、文化体验、资料搜集、教师引导、集体活动、同伴互助、文字总结等为一体的综合性社会实践的活动课程。

研学旅行属于综合性实践活动课程，是以探究为主要方式，以旅行为载体,以拓展学生视野、培养生活情趣、培养学生基本生存能力、培养创新精神和实践能力、培养社会责任感的一门综合性实践活动课程。在《太仓市实验小学研学旅行课程纲要》中,我们对"研学旅行"课程性质作了如下定位:"太仓市实验小学学生研学旅行课程是以学校为本位、由学校根据地方性、特色性而确定,体现实验小学草根文化精神引领的一门校本课程;是以研学旅行为主要内容的体现学生整体参与的校本课程;是一门在教师的指导下,由学生自主进行的综合性学习实践活动课程。"研学旅行课程的性质,主要概括为:综合性实践、研究性学习、合作性经历和过程性体验。

综合性实践,是指研学旅行课程是实践活动,不同于学科教学。它也不是一般的实践活动,是带有综合性的实践。也就是说,研学旅行课程是活动课程与分科课程的联结。分科课程有什么弊端?就是每个学科都教会自身学科的内容,学段越往上,分科的倾向越明显,也离生活越远,所以小学阶段需要综合化的生活化的课程。因为孩子的生活中,他的学习是完整的,是不会分学科的,综合部分的课程设计与实施是非常有难度的,学校对综合性实践的研究目前还是在摸索的阶段。因此,研学旅行课程作为综合实践课程就有了它的独特的价值。

研究性学习,是说研学旅行课程就是将"课堂"放置于大千世界中,通过对研究主题的确立、研究工具的选择、研究团队的组合和研究成果的呈现与评价来完成真正意义上的学习。而非是局限于教室之内的知识积累,甚至狭隘为作业操练。在研学旅行课程的设计中,体现为学习方式的整合,即"游、学、研、思、创(行)"五种学习方式的整合,体现研学旅行体验的丰富性和多样性。体现为与学科学习的整合,即学科中的知识,到研学活动中体悟,体悟的知识,再次促进学科的学习。

合作性经历,对学生而言,实现了真正意义上的合作。因为研学旅行,有集中旅行、集中食宿的特点,这样的旅行不只是形式上的合作,而是在共同生活经历中学会合作、交流成长。太仓市实验小学作为苏州市国际理解项目的组长单位,有国际国内多条多日的游学路线,教师们在和学生相伴多日的研学旅行的项目中,都有深切体会。在团队中交往意识和合作能力强的同学,却未必是那些"学优生",反而是那些个性随和、学有所长、生活能力比较强的学生。对项目而言,协调两个或多个不同的主体,有计划地实施课程,合作达成研学旅行课程的预设目标。在实施过程中,做到学校与家庭协同,学校与社会协同,班级与社团协同。

过程性体验,是说研学的经历对学生来说,更重视他们过程中的体验。这样经历更多是与个人情感高度相关的体验,而不仅是理性的判断。这样的经历会沉淀在学生成长生涯中,作为未来成长的精神储备而存在,而不是量化的指标与数据。

综上所述,研学旅行课程整合设计与协同实施是根据研学旅行集中安排、集体旅行、集中食宿、研究学习和旅行体验相结合的特点,梳理整合学科、课时、教师、学生、教材、教学资源等课程要素,明确教育目标,形成有具体课程计划、课程安排和课程评价内容,成系统的研学旅行校本课程并进行实施。探索"研学旅行"与学校内部学科学习、校园活动的课程融合、开发与实施序列,开展基于校本的中小学研学旅行课程开发与实施研究。

研学旅行的教育意义在于学生通过对周围的世界、近处的世界、远方的世界的行走,超越学习的知识技能学习的层面,培养有自尊、有胸怀、有格局、有社会担当的群体,把乡情乡愁、家国情怀和国际视野都沉淀到学生生命的底色之中。剖析"研学旅行"的内涵,"研"体现的是研究性和趣味性,"学"体现的是教育性和体验性,"旅"体现的是过程性和情境性,"行"体现的是实践性和创造性。

二、研学旅行课程的基本特征

(一)融"学"于"行"

研学旅行课程是一种身临其境,充满现场感的学习。捷克著名教育家夸美纽斯,是西方自然主义教育的系统构建者,他主张旅游与体验的教育方式是一个人从小到大都非常重要的学习方式。因为,通过旅游体验,学生可以了解并探索自然本质以及人类所创造的事物的规律与特点。研学旅行活动强调学生广泛参加各项社会实践活动，亲近自然，走进社会，在真实的客观环境中自我体验、自我感悟、自我成长。在研学旅行活动中，学生通过真实的体验，可以获得快乐、增长知识、训练技能、增长才能。

我们常常听到这样熟悉的话："人的身体或者心灵，至少有一个，要行走在路上。"一方面是旅行，一方面是阅读，构成了人精神世界成长的双翼。旅行过程中的所见所闻和内心感悟，都会化为学生精神成长的力量。研学旅行活动巧妙地融于自然景观，融于人文社会，学生身心获得解放，学生忘我的陶醉于山水之中。在"学"与"游"的融合活动中，学生个体从大自然，从大社会获得丰富多彩的信息素养和永生难忘的心灵感悟。

在组织研学旅行的过程中，我们可以思考，每个学科可以贡献出"力量"，设计出符合学科视角的综合性实践活动，给学生带来更多样的直观体验。再以去野生动物园为例，在"游中学，学中游"的阶段，可以有以下学科活动：【数学】每个同学跟着导游和老师游览动物园时，记住走了什么路线，经过了哪些动物场馆。【美术】每个小队举着自行设计绘制的动物标识小旗，寻找到最喜欢的动物，举着小旗和最喜欢动物合影。【英语】游览时，关注动物标牌上的英文介绍，试着记住几个。而"餐后休闲时光"活动中则渗透了以下学科活动：【语文】"谜语猜猜猜"：用完午餐后，分四人小队活动，每组由组长抽取四张谜语，四人猜出来后把答案写在纸条。小组长收集后，交给老师。看哪组猜对的多？【英语】"动物单词说说说"：回忆自己看到了哪几种动物，用英语说出来，看哪一组说得最多。【体育】"动物仿仿仿"：模仿在野生动物园里看到的动物的动作，如跳、爬等。

总之，研学旅行在注重集体性之外，还特别关注学生的个人体验，能够给予孩子们更丰富的体验感受，这是家庭和学校课本不能给予的。"在研学旅行当中，教师应该倡导让孩子用自己的眼睛观察社会，用自己的心灵感受社会，用自己的方式探究社会"。①

---

① 康丽.研学旅行需要"知行合一"[N].中国教师报，2017—07—12(2).

（二）寓"教"于乐

中国古代，一向有游学之风，读万卷书，行万里路。从孔子携学生周游列国，到徐霞客行走山川，在历史的长河中，游学折射出其作为教育传统的温润光泽。《论语侍坐》中，曾析言说自己的志向："莫春者，春服既成，冠者五六人，童子六七人，浴乎沂，风乎舞雩，咏而归。"孔子喟然叹曰："吾与点也。"而曾析所描绘的情景，就是研学旅行学习的理想场景。研学旅行将"学"与"游"融合一体，重新回到原初意义的学习方式，研学旅行借助自然事物，激发学生强烈的好奇心，激发学生内在的求知欲，让学生自主地运用已知去探求未知的过程，实际上人类自古所接触的全部知识，都是自然的整体的存在于世界之中。当学生全身心地投入研学旅行中的时候，大自然便活灵活现地向学生呈现所蕴含的知识。

研学过程要注重受众身心体验，注重"寓教于乐、润物无声"的原则，充分利用"听、观、触、演、感"全方位立体化、不同模式进行教育。同时，体验用动手的方式解决问题，有一定复杂性，体验多学科智能整合，挑战学生的高阶思维。

针对研学旅行课程寓教于乐的特点，要避免带有过多的成人思维。学生眼中的"玩""游"和成人眼中的不一样，很多研学旅行的设计是从成人的思维出发的，造成小学生在研学旅行过程中无趣、无感、无获。因此，我们要关注研学旅行的趣味性，切不可因为"学"而失去了"游"的乐趣，把学生向往的快乐实践活动变成变相的游学手册的填写或者是习作活动。我们可以设计趣味性的活动，如学生去野生动物园，可以让学生设计绘制个性化动物标识小旗；分组讨论自己最喜欢的动物。最喜欢什么动物，做个头饰、小旗或首饰，作为小组的标志。在正式活动之前，美术老师上一堂课，教学生怎样设计小旗等。

（三）"教学做合一"

"事怎样做便怎样学，怎样学便怎样教。教而不做，不能算是教，学而不做,不能算是学。教与学都以做为中心"。人民教育家陶行知坚持"教学做合一""生活即教育"。陶行知的理论启示我们,开展研学旅行实际上是让学生回到生活情境中去,让学生在自然生活中学习,既是生活又是学习。相对于课堂教学,研学旅行则更注重培养学生解决实际问题的综合实践能力,在一定程度上可以起到匡正当前学校课程过于偏重书本知识、偏重课堂讲授、偏重让学生被动接受学习的弊端,弥补学生经验狭隘、理论脱离实际的缺陷。①

自主性较强的研学旅行,为学生提供了许多探究、解决问题的机会。在确定研学旅行主题时,学生首先遇到的问题就是如何选题,这就要求学生善于思考,积极捕捉来自身边的问题并进行界定、甄别、筛选和整合。学生需要对研学旅行可利用的课程资源进行分析、综合、比较与评估,以设定较为合理的研学旅行方案。研学旅行过程中随机生成的许多问题,可能会是学生不曾预料到的,故需要学生通过探索甚至试错加以解决。

比如,在学生出行前,研学课程研究组的教师就进行如下内容的讨论:

---

1. 本次秋季研学地点的选定在哪里?

2. 研学的研究主题如何选择?(外出美食的研究、游乐园的建筑研究、公园广告牌的研究、动物研究、绿植的研究、服装与服饰研究、户外游戏研究、安全防护研究、有趣的数字研究……)

3. 研学的工具准备哪些?(相机、手机、笔、录音机、眼睛、鼻子、耳朵、嘴巴……)

4. 集体外出研学如何组织?和谁协同实施?如何协同实施?

5. 研学如何评价?成果如何体现?(学习成果的产品意识如何体现?如果要举办"研学旅行成果展示创意节",该怎么做?)

这样的讨论,对研学旅行的主题选择、工具准备、实施方法和评价展示都做了充分的预设,这就是研学旅行课程研究性的体现之一。

而同时,我们要尝试进行多形式、多维度、多主体的课程评价研究。以学生关键能力为基础,逐步把学生评价从传统评价方式转向综合性、达标性评价,把自理自立、安全教育、文明素养等多种维度纳入研学旅行课

---

① 丁运超.研学旅行:一门新的综合实践活动课程[J].中国德育,2014(9):3.

程设计与实施的评价视野,推动学生自评、生生互评、家长参评等多元主体的评价发展。通过评价,来更多促成研学旅行创造性成果的催生,而这种创意成果的呈现是可以多样化的:产品制作、艺术呈现、调查研究等等,甚至于主题论坛,都可以成为研学旅行课程创造性的体现。比如,太仓市实验小学的"草根论坛"是作为教师专业发展的交流平台,同时可以作为研学旅行课程学生成果的展示平台。邀请学生游学体验宣讲,2018 年暑假出游英国、意大利、澳大利亚、新加坡和日本五个国家,就游学过程、国家文化、互动交流、课程体验、同伴交往、研学故事、研学建议等等方面选择 1—2 个切入点来交流,而由此产生的相关研学旅行的产品,就是研学旅行课程实践性和创造性的体现。

第二节 课程理念

开发研学旅行校本课程,对于丰富学校课程内容,促进素质教育的实施具有鲜明的价值,因为研学旅行课程实施过程中,处处可学,实现了学习场景的拓展。学生参与研学旅行,成为活动的主体,人人会学,促进了学习方式的变革。学生在研学旅行过程中获得充分的学习时空,时时在学,不断探究实践,促进了课程内容的创造。开发研学旅行课程,应利用生活情境,发现、发掘课程资源;应善于通过整合创生课程;研学旅行活动的组织具有多主体性,因此要在协同实施中优化实施机制、改造课程;在研后课程实施过程中,要通过学生成果的展示丰富课程内容、提升课程规范。

一、研学旅行课程开发的价值

(一) 处处可学,实现学习场景的拓展

从中国传统游学中寻找价值。中国人民大学教授刘玉叶认为,中国传统的游学活动可划分为以下五种:有先秦游士之游学,重在求师访道,实现政治理想;有后人辗转求师之游学,伴随了私学的发展;有重在维系人际关系,结交师友之游学;有畅游自然,修身比德之游学;也有稽古访志等以学术研究为宗旨的游学。国人熟悉的孔子、庄子、李时珍、徐霞客、李白等著名历史人物,都是传统游学的受益者,是饱读诗书与行走云游相结合完善自己人生历程的历史典范。如今的孩子"读万卷书"早已成为可能,"行万里路"还没有真正启动。"行万里路"与"读万卷书"的有机结合,是增长知识锻炼才干的最佳途径。

(二)人人会学,促进学习方式的变革

从完善素质教育培养目标中寻找价值。新课改走过了十多个年头,越来越多的基础教育工作者开始重视儿童的全面素质教育。"全人教育"理念正悄然流行,成为一些改革先锋学校办学的核心理念。一些整合型、实践型、体验性课程越来越受到基层学校的欢迎。游学课程的整体建构也许可以减少目前课程门类,而达成原来很多课程才能达成的目标。游学课程的整体建构与国家课程统整,可以直抵素质教育的核心,为培养综合人才、复合型人才奠基。

(三)时时在学,促进课程内容的创造

研学旅行课程的开发,为学生创造一个从课堂延展向课外生活的学习时空,有利于学生将所学运用于生活情境中,实现一种沉浸式学习。游学活动中形成丰富的课程资源,可以为国家课程所利用;学科课程中学到的知识也可以在游学中去实践运用。两者相互补充,相互促进。

其次,根据研学旅行课程开发的不同阶段,学生展开各有侧重的学习活动,使学生的学习呈现出阶段性、连续性。在研学之前,教师可以组织学生搜集信息、发现问题、确定主题、分工组合、开展研前准备、设计研究方案;研学过程中,学生开展小组合作学习,围绕预定的探究方案现场参观、观察、访问、记录、测量,对现场学习进行分析和评估,进行研学内容整理、调整……研学之后,教师组织学生开展学习成果展示,学生以团队为单位,结合研学前制订的任务,通过摄影、演讲、习作、情境表演等多种形式分享自己的学习收获,形成学生成果分享为主的课程内容。可见,整个研学旅行课程开发过程中,不论是空间的扩展,还是时间的延伸,学生沉浸学习之中,促进了课程内容的创造。

所以把游学课程建设作为学校素质教育的亮点或者燃点,或许会催生适合时代需要的教与学的方式,其价值不可低估。

二、研学旅行课程开发的理念

(一) 在生活情境中发现课程

研学旅行课程的开发与实施,学习更为丰富和个性化,打通了学科教师往往以学科为本位的壁垒,审视自身教学的目光更加开阔,促进老师从单科教学向综合教学的转变。因此教师要善于在研学旅行过程中发现生活情境中所蕴藏的课程资源和课程要素,善于发现课程并引导学生在以生活为情境去尝试体验,主动学习和探究,使他们保有兴趣,又有所得的,获得不同的成长体验。

以新加坡研学旅行为例,当研学旅行的同学参观新加坡植物园的时候,他们惊奇地发现热带的植物尤其是花卉与自己日常所生活地区的花卉截然不同,以这个为重要的课程资源,教师引导学生进行热带花卉的观察与对比,于是学生就在游览欣赏植物园花卉的同时注意记录相关的花卉介绍标牌,及时进行拍照整理,回到本国以后,他们与当地常见的同一季节的植物进行了相关的对比和归类,并且发现了热带植物的共同特点以及他们的美学价值。在设身处地的研学旅行的生活情境中,课程的资源无时不在,无处不在,只要善于发现课程资源稍加利用,就能够形成具有独特性的学生感兴趣的,而且是富有教学意义的优质的课程。

(二) 在学科整合中创生课程

研学旅行课程属于综合实践活动课程范畴,它是一门交叉性学科。

它可以整合、融入、渗透到其他学科课程之中,同时也具有自身独立的课程形态。从这个意义上说,研学旅行课程是一门跨学科课程。我们学校的研学旅行课程,强调整合设计,并在整合中实现课程创生。

以"整合"的立场设计"研学旅行"课程。将"研学旅行"作为一个生活化主题活动课程,实现自身的生活化主题的整合,与学科学习整合,与校内班级、学校层面活动整合,从而实现"研学旅行"课程主题、学习方式、知识内容、参与主体的整合。要求学生在玩中做,做中思,思中创,让学生在综合实践活动课程中获得身心发展。

整合主要体现为:(1)学习方式的整合。"游、学、研、思、创(行)"五种学习方式的整合,体现研学旅行体验的丰富性和多样性。(2)与学科学习的整合。学科中的知识,到研学活动中体悟,体悟的知识,再次促进学科的学习。(3)和班级/校级活动的整合。

（三）在协同实施中改造课程

研学旅行课程的实施环境拓展到了学校以外,在实施研学旅行课程过程中,课程的"环境"要素内涵得到丰富。第一,人员包括:教师、学生、家长、研学目的地工作人员、导游机构、其他相关人员。第二,教学地点除了校园,包括公园、场馆、景区、村镇等。第三,教学资源除了学校学科资源,还增加了地方资源,网络资源等。以"协同实施"的策略探索"研学旅行"课程的有效实施,尝试把图书馆、博物馆、公园、古镇等社会公益机构纳入到研学课程中来,形成学校主导、师生投入、家长参与、社会支持四种主体整合的实施策略,是一种创造性尝试。

可根据研学旅行目的地、研学旅行研究任务、参与学生年龄特点等因素,尝试创生研学旅行课程协同实施的类型,如:

1. 学校与家庭协同。在学生参与研学旅行活动之前,学校与家庭进行充分的沟通与联系,为学生进行研前准备课程,准备充分的资料,也可以在研学旅行过程中,家庭参与学校的研学旅行活动,部分家长参与到研学旅行的组织和教学活动中。

2. 学校与社会协同。学校开展研学旅行过程中可与社会进行充分的沟通联系,例如在开展场馆内研学旅行过程中,可提前与相关管理的政策进行协同,如博物馆可有效的进行前期联系,设定研学旅行教学内容,教学资源,为所参观的学生提供符合他们年龄特征以及研究任务特征的教学内容,为他们提供丰富的课程资源。另外相关的社会机构也可以为学校组织开展研学旅行,提供必要的后勤保障,安全服务等。

3. 班级与社团协同。以班级为单位的授课制,强调的是整体性,而以社团为形式的学习活动,往往突出小组的研究特征,因此在研学旅行课程教学过程中,可以合理地搭配班级教学与社团教学的比例,同时还可以充分地发挥社团的课外活动特点,与课堂内的教学相互协同,为学生提供充分的时空,让他们在社团活动中进行综合性实践性探究。

（四）在研后反思中提升课程

研学旅行课程是一种整合性的综合实践活动课程,它的学习主要是和实践探究相结合的,因此不能孤立地让学生进行枯燥的学习,而打破了研学旅行的独特价值。在"研学旅行"课程中,通过"游、学、研、思、创（行）"等环节,实现学习要素的整合,如儿童生活经验、学科知识的整合,从而促进学生学习。尤其要重视的是,在延续旅行后的课程开发中,注意从尊重学生的主体特性,引导学生进行积极的学习反思,进而让其从已有的丰富的感性的经验中获得理性的思考、思辨和体悟。在课程实施的过程中,可以重视学生研后课程的成果展示综合汇报交流点评等活动,引导学生在这系列的活动中反思已有的活动内容,收获体验,进而总结发现自己所获得的感悟。

第三节　课程目标

研学旅行课程目标是整个课程设计的关键,可依据三个方面来确立研学旅行的课程目标:首先,聚焦学生发展的关键能力;其次,响应国家立德树人的根本任务;第三,根据地方特色确立研学旅行课程目标。

　　太仓实小从培养认知、合作、创新和职业四大关键能力的落实,到响应国家立德树人的政策,有效落实研学旅行的根本任务,再到适应本土"草根化"的要求,力求在研学旅行的课程目标设计中体现草根文化的精神引领。经过反复学习、研讨,坚持儿童立场,从儿童中来,回到儿童中去,从认知目标、行为目标、情感目标三个维度,建构了研学旅行课程目标。研修旅行课程学生培养总目标概括为这样五个关键词:自由、坚毅、情趣、合作、创造。以学校为圆心,学生可以涉足的距离为半径,设计研学旅行四大版块,第一版块是"漫步校园,跨校一日体验"课程,第二版块是"探访娄东,家乡风土寻根"课程,第三版块是"美丽中国,开放主题探索"课程,第四版块是"走近世界,多元文化理解",每个版块按照低中高年段又分解出不同的阶段目标。

一、研学旅行课程目标确立的依据

　　研学旅行的课程目标是指导整个课程设计最为关键的准则,对课程设计和实施具有导引性意义。我们可依据三个方面来确立研学旅行的课程目标,首先,聚焦学生发展的关键能力,实现研学旅行的育人价值;其次,响应国家立德树人的政策,落实研学旅行的根本任务;此外,还要根据地方性来确立研学旅行的特色目标,以太仓市实验小学为例,即适应本土"草根化"的要求,力求在研学旅行的课程目标设计中体现实验小学草根文化的精神引领。

　　(一)聚焦学生发展的关键能力,实现研学旅行的育人价值

　　为了大力发展中小学生的关键能力,国家大力支持研学旅行,近年来发布多项重要文件,要求为学生创造更丰富的研学旅程,创造更安全的研学环境。2016 年 11 月 30 日,教育部发布《教育部等部门关于推进中小学生研学旅行的意见》,明确了研学旅行的重要性。文件强调中小

学生研学旅行是一种研究性学习和旅行体验相结合的校外教育活动，是学校教育和校外教育衔接的创新形式，是教育教学的重要内容，是综合实践育人的有效途径。2017 年 1 月 10 日，国家旅游局发布《研学旅行服务规范》，对人员配置、产品分类、服务改进、安全管理提出了明确的要求。2017 年 8 月 22 日，教育部发布《中小学德育工作指南》，指出中小学生的综合素质培养刻不容缓。《指南》主要明确学校组织开展研学旅行，以推进中小学生综合素质的提升。2017 年 9 月 25 日，教育部发布《中小学综合实践活动课程指导纲要》，将综合社会实践活动纳入中小学必修课程中。

最值得关注的是，2017 年 9 月，中共中央办公厅、国务院办公厅印发《关于深化教育体制机制改革的意见》，在意见中充分肯定了校外资源的育人功能，明确提出要注重培养支撑学生终身发展、适应时代要求的四大关键能力：认知能力、合作能力、创新能力、职业能力。[1]"课程是培养学生的介质，课程目标必须系统地反映出对学生素质的培养。"[2]在确立研学旅行的课程目标时，应该聚焦学生发展的四个能力维度，实现研学旅行的育人价值。

1. 培养学生的认知能力

研学旅行活动课程目标的选取应包含认知能力维度，因为学生有认知的需求及必要，且校外资源是促进认知的重要内容。所以在选取研学旅行基地、规划研学旅行主题、设计研学旅行活动的过程中，需要包含有助于实现学生拓展视野、丰富知识、学会学习的课程内容。

2. 培养学生的合作能力

合作能力的培养是研学旅行活动课程的重要目标之一，在培养学生

---

① 新华社中共中央办公厅，国务院办公厅印发. 关于深化教育体制机制改革的意见［EB/OL］. http://www. gov. cn/xinwen/2017—09/24/content_5227267. htm，2017—9—24.

② 何玉海. 培养学生核心素养需要修正"三维课目标"［J］. 湖南师范大学教育科学学报，2016(05)：35.

基础知识和基本技能的过程中,引导学生把握住集体生活的珍贵机会,学会自我管理,学会与他人合作,学会过集体生活,学会处理好个人与社会的关系,遵守、履行道德准则和行为规范。

3. 培养学生的创新能力

在研学旅行活动中激发学生的好奇心、想象力和创新思维,鼓励他们勇于探索、大胆尝试、创新创造,从而培养学生的创新能力。以此为课程目标,设计一系列含有创新思维的研学旅行活动。

4. 培养学生的职业能力

"对中小学生来说,发展学生的职业能力是越来越被重视的一个维度。"①因此,培养学生的职业能力是研学旅行活动课程的重要目标。在培养学生基础知识和基本技能的基础之上,注重职业认知、实践与体验,引导学生适应社会需求,树立爱岗敬业、精益求精的职业精神,践行知行合一,积极动手实践和解决实际问题。

因此,在确立研学旅行课程目标时,要聚焦学生发展的关键能力,实现研学旅行的育人价值。

（二） 响应国家立德树人的政策,落实研学旅行的根本任务

中国共产党十八大报告指出,立德树人作为（是）教育的根本任务。十八届三中全会进一步提出,要坚持立德树人。在某种程度上讲,立德树人的主体是教师,立德树人是对"培养什么人"以及"怎样培养人"的一种积极回应。"立德树人"从字面上可以这样理解,即为:立德和树人。

何谓"立德"? 意思为树立德业。《左传》载"太上有立德,其次有立功,其次有立言,虽久不废,此之谓不朽。"人生最高的境界是立德有德、实现道德理想;其次是事业追求、建功立业;再次是有知识有思想、著书立

---

① 曾素林,刘璐.基于关键能力的中小学研学旅行活动课程开发的挑战与对策[J].教育探索,2019(01):30.

说。这三者是人生不朽的表现。"立德"居于人生三不朽之首。当代,"立什么德"具体表现为培育和践行社会主义核心价值观,弘扬中华优秀传统文化,进行爱祖国、爱劳动、爱学习的"三爱"教育以及人文、审美素养的培养等等。

何谓"树人"？意思是培养人才。《管子·权修》:"一年之计,莫如树谷;十年之计,莫如树木;终身之计,莫如树人。""十年树木,百年树人"。立德是树人的前提和基础。青少年学生时代,是逐步形成人生观、世界观、价值观的关键时期,"扣好人生的第一粒扣子"非常重要。根据新时期的特点,"树什么人"具体表现为在培养学生高尚的道德情操、扎实的科学文化素质、健康的身心、良好的审美情趣的同时,突出强调要使学生具有中华文化底蕴、中国特色社会主义共同理想和国际视野,成为社会主义合格建设者和可靠接班人,力求使立德树人的方向性、民族性和时代性更加鲜明。

古有孔子率众弟子周游列国,今有教育工作者充分发挥研学旅行在立德树人中的重要作用。教师应当响应国家立德树人的政策,将研学旅行作为实现"立德树人"的实践载体,"重视培养学生的思想品德,培养学生的社会情绪"[1],有效落实研学旅行的六项根本任务。

1. 道德养成教育

研学旅行是中小学生有组织的集体性、探究性、实践性、综合性活动,是对中小学生进行集体主义教育、生活教育、行为习惯养成教育的有效载体,可以帮助中小学生学会生存生活,学会做人做事,促进中小学生形成正确的世界观、人生观、价值观。

2. 社会教育

组织中小学生走进社会、融入社会,有助于中小学生更加深刻地了解社会、认识社会,感受社会的进步与发展,明确社会进步的方向,培育中小学生的社会责任感。

---

[1]　顾明远. 在社会和大自然的课堂里学习[J]. 中国教师,2017(05):19.

3. 国情教育

组织中小学生走出校门,走进乡村、走进社区、走进工厂、走进科研院所,可以帮助中小学生了解国情,了解改革开放以来祖国取得的伟大进步,引导中小学生增长知识、开阔眼界,培育中小学生的国情意识。

4. 爱国主义教育

走进祖国名山大川,走进革命圣地,走进改革开放现场,引导中小学生感受祖国大好河山,领略革命先烈的英雄事迹,体验改革开放的伟大成就,能够激发学生对党、对国家、对人民的热爱之情,引发中小学生的民族自豪感,培育中小学生强烈的爱国主义。

5. 优秀传统文化教育

组织中小学生走进我国传统文化、红色文化、当代文化"现场",走进历史"现场",能够引导中小学生更加真切地感受中华文化的源远流长、博大精深,从内心激发中小学生对民族文化由衷的崇敬之心、敬畏之情、践行之志。

6. 创新精神和实践能力培养

实践能力只有在实践中才能养成,创新精神只有在创新活动中才能培育。研学旅行有助于学生动手动脑、发现问题、研究问题,进而培养他们的创新精神和实践能力。

因此,在确立研学旅行课程目标时,要响应国家立德树人的政策,有计划地进行道德养成教育、社会教育、国情教育、爱国主义教育、优秀传统文化教育、创新精神和实践能力培养,有效落实研学旅行的根本任务。

（三）适应本土"草根化"的要求,确立研学旅行的特色目标

研学旅行课程是人文性、实践性和研究性于一体的综合性实践课程,是以学校为本位,根据地方性、特色性而确定的一门校本课程。不同的学校,有不同的学情,不同的理念,也应该有不一样的研学旅行课程目标。

江苏省太仓市实验小学充分适应本土"草根化"的要求,力求在研学旅行的课程目标设计中体现实验小学草根文化的精神引领。

太仓市实验小学创办于 1922 年,近百年的办学历程积淀了深厚的文化底蕴。学校依托江苏省教育科学"十五"规划重点课题《"草根化"校本研究》,彰显学校"草根化"办学特色,"草根文化"的内涵不断丰富,"坚韧、质朴、灵动、舒展"的草根精神成为激励全校师生的文化核心。同时,学校还确立了"办有生命力的草根情怀教育,为每位师生提供更多发展可能性"的办学理念,提出了塑造"有文化修养的儿童教育工作者"和"有教养的和谐发展的现代小公民"的师生培养目标。学校坚持课程就是儿童成长的土壤,适切的丰富的学校课程就应是水分充足、温度适宜的土壤,可以造就幸福童年,并为儿童的一生奠基。将其作为课程规划与建设的准则,先后开发了草根文化建设系列校本课程、"学生经典阅读"系列校本课程、娄东文化系列校本游学课程、国际理解课程、国际游学课程等。课程的日趋丰富进一步推动了学校新课程建设和实施的步伐。

"草根化"是一种形象的比喻,表明学校的校本研究是一种扎根于教育实践,扎根于学校,扎根于教师的研究。它成活的土壤是学校的教育实践,它与学校的生存发展,与校长、教师的专业发展紧密相关,富有鲜明的本土化、校本化特征。它就像草根一样,虽然很平凡、很普通,却具有非凡的扎根能力和旺盛的生命活力。草根化的校本研究具有"平民性",它使教育科研走向每一位老师,人人都是研究者;草根化的校本研究具有"实践性",教育研究"根"在实践中;草根化的校本研究,具有"个性化",教师通过个性化的教育研究,形成自己独特有效的个性化教学;草根化的校本研究具有"生命力",是一种基于学校实际的教师自己的真正有活力的科研方式;草根化的校本研究具有"共生性",教育研究是人人参与,共同发展;草根化的校本研究更有一种"内生性",是发自教师内心的自身力量的迸发。草根化的校本研究,更关注学校内在的发展力量,更关注学校文化和品质建设,更关注教师的个性化发展研究,更重视基于教师自身实践的自下而上的研究。研学旅行这一校本课程的开发,符合我校(其课程目标应该体现实验小学)"草根化"的理念,这样对课程的开发与研究者(教师)、课程的体验者(学生)都有益处。

总之,在确立研学旅行课程目标时,要聚焦学生发展的关键能力,实现研学旅行的育人价值;响应国家立德树人的政策,落实研学旅行的根本任务;适应本土"草根化"的要求,确立研学旅行的特色目标。

二、研学旅行课程的总目标

作为一种综合性实践活动课程,研学旅行课程的总目标是通过组织学生以集体旅行、集中食宿的方式走出校园,以培养学生关键能力为导向,让学生从自然、社会和个人生活中获得丰富的实践经验,逐步形成并提升对自然、社会和自我之内在联系的整体认识。

(一)课程目标的结构

联合国教科文组织将教育定义为:培养自由的人和创造思维,最大限度地挖掘每一个人的潜力。研学旅行课程可以把大千世界作为课堂,可以把地球资源当作学习资源,把游中学、边游边学的体验历程作为一种独特的成长方式,是国家倡导的、弥补校内教育不足、为培养学生实践能力和创新能力的德育活动、户外教育和综合实践活动的总和,是对原有国家课程的有益补充,其课程目标是其他学校课程无法替代的。我们从培养认知、合作、创新和职业四大关键能力的落实,到响应国家立德树人的政策,有效落实研学旅行的根本任务,再到适应本土"草根化"的要求,力求在研学旅行的课程目标设计中体现草根文化的精神引领,经过反复学习、研讨,坚持儿童立场,从儿童中来,回到儿童中去,明确了研学旅行课程目标的结构。以下从三个目标维度,即认知目标、行为目标、情感目标,来说明研学旅行课程目标的结构。

表1-1 研学旅行课程目标与能力指标分析表

目标维度	能力指标
认知目标	1. 了解一定的自然科学知识、社会科学知识,感受社会的进步与发展; 2. 促进书本知识和生活经验的深度融合,加深学生与自然和文化的亲近感; 3. 提升对自我和他人的认识; 4. 掌握研学旅行过程中的安全知识,树立安全意识。
行为目标	1. 能够获取、收集、处理研学旅行相关的信息; 2. 在团队协作中完成研学旅行相关的任务; 3. 积极动手实践,解决研学旅行过程中遇到的生活问题; 4. 大胆尝试、创新创造与研学旅行相关的作品; 5. 借助多媒体、作品展示等方式,分享自己的研学旅行感受。
情感目标	1. 了解事物存在的多样性、共生性,识别事物的好坏、是非、美丑,甄别先进、落后的价值观,促进学生培育和践行社会主义核心价值观; 2. 加深对本土文化的理解,培植学生对家乡的认同感与自豪感; 3. 走进文化"现场",感受中华文化的源远流长与博大精深,激发中小学生对民族文化由衷的崇敬之心、敬畏之情、践行之志,培育学生的爱国意识; 4. 开拓学生视野,引导学生理解、尊重、接纳多元文化,实现民族精神教育与国际理解的融通; 5. 在研学旅行实践中,感受"坚韧、质朴、灵动、舒展"的草根精神引领。

研学旅行课程目标主要指向学生的认知、行为和情感的发展。当然,并非每一次研学旅行都要包括这三方面的目标,而是可以在不同学段、不同主题的研学旅行之中各有侧重。

(二)学生培养总目标

认知目标、行为目标和情感目标,这三个方面构成了研学旅行课程的总目标。在此基础上,我们还把研修旅行课程的学生培养总目标概括为这样几个关键词:自由、坚毅、情趣、合作、创造。

1. 自由:学生离开了校园这一熟悉的学习场所,走向校外的体验空间。他们的活动空间增大了,身体的自由度增大了,手、脚、眼、耳、鼻、口等感官都被解放了,进而带来了心理空间的拓宽与心灵自由度的增强。与校内学习不同的是,研学旅行的学习应该在保障安全的前提下,不给学生太多的禁锢与限制,让学生享受自主自由带来的快乐与无限可能。当然,研学旅行的自由不是绝对,而是在一定规范下的自由,是相对校内学习的自由,是在遵守社会公德的基础上不影响他人的一种积极的自由,是一种有作为、有收获的自由。研学旅行的自主主要体现在研学空间、交往伙伴、学习内容、研究方式、成果表达等方面的自主选择上。当然,也体现在生理需求方面的自主,自由享受美食、自由活动、自由如厕等。它的自由度随着学生年龄的增长和自我约束能力的增强而逐渐增大。要达成"自由"的目标,可以开发的课程有安全自护、文明出行等。

2. 坚毅:坚毅是形容人的品格的一个词汇,在心理学上解释为"刚毅坚定,有意志力"。通俗地讲,就是肯吃苦,能做事,敢于挑战自我,超越自我。研学旅行活动,既要进行研究性学习,又要外出旅行,对孩子的体力和智力都是一种挑战,坚毅的个性品格培养是不可缺少的。我国现在的孩子集几代人的宠爱于一身,吃不起苦,善于"即兴思维"缺少"长时间思考"的习惯与能力。再加上身处信息爆炸的时代,在学习上往往会出现"说说好像都知道,做做到处是漏洞"的现象,对新鲜事物非常感兴趣,但探究却有始无终,这也是西方学者诟病我们基础教育的痛处。研学旅行活动课程的实施,为孩子们提供了实践体验与体能锻炼的机会,是培养学生坚毅品格的一种有效途径。外出旅行,准备工作再充分,也会有预设不到的困难出现,如堵车、口渴、找不到食物、迷路、长时间不能到达目的地等等,这都需要坚毅的意志品格去面对可能发生的困难。同时,外出研究性学习,不是靠一次就可以完成的,观察、分析、探究……需要付出时间与精力,进行持续研究和长时间的思考才会有高品质的成果,这种持续的付出和静下心来的长时间思考也需要有坚毅的品格来支撑。针对这一目标,可以开发的研学旅行课程有环境适应、徒步行走;登高望远、长途跋涉和军营体验、挑战极限等。

3. 情趣:情趣是对某事物有意向而产生的情调与趣味。情趣有高雅和低俗之分。高雅情趣体现了对美的追求与向往,是一种审美能力的具体表现;低俗情趣往往使人经受不住不良诱惑,贪图安逸享乐,精神颓废。教育部《关于加强和改进中小学艺术教育活动的意见》指出:引导学生树立正确的审美观念,帮助学生培养健康的审美情趣,陶冶情操,提高感受美、鉴赏美、表现美、创造美的能力,促进学生全面发展。研学旅行,通过游览大好河山发现美、欣赏美、探究美,从而培养学生从小养成正确审美观、审美习惯和高雅的情趣。情趣的培养可以分三个层次:有趣、乐趣和志趣。先培养小学生对某事物的兴趣,让其感到好玩有趣;接着让学生持续去触摸、观察、欣赏让其产生乐趣;然后让学生有意向持续探究并获得一种较长时间的心理愉悦。可以开发的研学情趣课程有寻找四季、园林亲美、名胜古迹、场馆鉴赏、名人名城和壮美山河等,帮助学生练就一双发现美的"眼睛",描绘美的"嘴巴"与"双手"和创造美的"头脑"。

4. 合作:合作是全球化背景下不可避免的涉界潮流和价值取向,前联合国秘书长安南曾经说过:"不论今后你们选择什么样的职业,都要学会与人合作相处。"对于现代的学生而言,具备合作意识、学会合作技能、掌握沟通技巧,建立团队合作精神都是个人生存和发展的必备素质之一。纵观独生子女产生的这段时间,学生合作意识逐步下降,如果孩子从小就有合作意识与合作能力,可能就会缓解这样的现象发生。合作能力的培养是通过人与人之间的交往而达成的。学生研学旅行时和同学们生活在集体大家庭中,有别于跟父母出去的家庭旅行,一定会碰到与同学、与师长、与社会中其他成人的合作交往、合作探究、协同活动的具体问题。从研学地点的选择到主题化学习项目的细化与分工,再到最后研学旅行成果的创意化表达,都需要学生、教师、家长、社会的合作。因此这种合作是多方位的合作,是有综合性任务需要达成的合作,合作的目标指向安全、活动、研究等多个方面。特此值得一提的是,跨学科整合学习和解决生活化问题的深度学习是我们合作的关键点与出发点。把握了这个核心与本质,课程设计时我们可以让各科老师从自己学科出发贡献对研学课程的建设性意见;可以让学生按照研学任务的不同需求来自由组建合作学习小组,如从学科特长出发组建学习小组,组内要体育、音乐、宠物、摄影等各种爱好者,成果展示也可以更关注强调职业的基础性与综合性。这样,可以改变我们学科教学纵向挖得过深,而学科横向不够打通的局面,也为培养全面发展的人提供了更多机会。

　　5.创造:创造就是把以前没有的事物给产生出或者造出来,创造的一个最大特点是有意识地对世界进行探索性劳动。研学旅行课程是培养学生综合素质的跨学科实践性课程。跨学科综合学习,需要调动学生已有的生活经验和书本上学的知识,灵活地创造性地运用。需调动多种感官,进行混合式学习。因此,研学旅行活动给了学生创造的机会与可能。研学旅行课程比较符合 steam 课程的理念——兴趣、分享与造物。研学旅行活动课程的体验与参与,可以激发学生创造有形或物化的学习产品。研学的学习产品,不需要一次一个成果,一一对应,加重学生的学习负担,让学生陷入"只学不玩"的境地,对研学旅行产生厌倦。可以通过一个阶段的研学旅行,用协作的方式集体展示成果。在伙伴的帮助下,共同创意,做出研学旅行的"学习产品"。小学生在研学旅行方面的创造性,体现在游前、游中和游后。特别是游后,研后的回味课程学生会有更多的创造机会。与学校的庆典与仪式课程、文化节活动结合起来,老师与学生会带给我们无限的可能性。譬如,研学情景剧表现,这是我们游上海迪斯尼乐园的"游学产品";种子课程和极速小蜗牛是低年级学生游太仓生态植物园的"研学产品";五洲同乐运动会入场秀是我校十年来国际游学的"学习产品"。诸如此类的活动,都充满了研学带来的创新元素。对原有事物的新想法、调动多感官创新学习、书本知识在旅行过程中的迁移与运用、研学后对某事物的进一步探究、用自己喜欢的方式再现研学的收获等等,都是属于小学生的创造表现。随着研学旅行机会的增多,从单一的作品展示可以走向主题式的博览会,从个体创造走向群体创造,从单项活动走向某种职业技能的展示。创造并不是科学家的专利,研学旅行走向"诗与远方",独特的户外体验,学生的"脑洞"打开,创造的潜能容易被激发。

　　当然,研学旅行课程的这五个学生培养目标并不是独立存在的,它们是相互依存的有机整体。自主、坚毅、情趣和合作都是为创造服务的,其后面隐藏着无限的可能性。自由是创造的基础,有了坚毅才能持续创造、有了情趣才能进行美的创造,合作是为了更多的创造。黑格尔认为,美的特质就是"自由"与"无限"。印度教育家克里希那穆提认为"教育就是解放心灵"。朱光潜先生认为,最无限、最自由的莫如心灵,最高的美就是心灵的表现。社会主义核心价值观的重要的关键词之一就是"自由"。研学课程是一门能够解放心灵,让孩子们发现美、创造美,从而获得自由与尊严的中国特色的大课程课程,用"自主"的活动解放学生的身心,用"坚毅"的品格支撑学生的研究,用"情趣"的高雅引导学生的审美,用"合作"的精神改变学生的学习方式,从而实现最终的学习方式的变革,使我们的师生能够走向"创造"的无限可能性。

三、研学旅行课程的阶段目标

太仓市实验小学学生研学旅行课程以学校为圆心,学生可以涉足的距离为半径,共有四大版块构成,第一版块是"漫步校园,跨校一日体验"课程,第二版块是"探访娄东,家乡风土寻根"课程,第三版块是"美丽中国,开放主题探索"课程,第四版块是"走近世界,多元文化理解"。

（一）"漫步校园,跨校一日体验"版块目标

以党带团、团带队的形式,依托太仓市实验小学课程与教学联盟平台,与太仓市科教新城实验小学、南郊小学、新区第四小学、沙溪镇第一中心小学、港城小学协同开展陌生化体验活动,体验家乡教育、社会发展的变化。强调学生亲身经历,要求学生积极参与联盟各校提供的特色课程中去,更多体现学生参与活动的自主性,注重"看""做""学"的过程中,体验和感受不同地域文化、不同环境下的学习和生活,进一步拉近城乡学生之间的距离,让城乡学生在互帮互学互助中体验友谊的珍贵,并进一步学会尊重,提升自主、协作、创新与实践能力的发展

（二）"探访娄东,家乡风土寻根"版块目标

娄东文化寻根,旨在让学生了解家乡、认识家乡,在寻访本土文化的

过程中,加强对本土文化的认同感与自豪感,使学生与家乡血脉相通、骨肉相连,成为身心有所寄托精神有所皈依的"有根的人"。

(三)"美丽中国,开放主题探索"版块目标

进一步开拓学生的视野,从对家乡太仓的认识扩展到对苏州及周边地区的了解,使学生在更大范围的研学旅行过程中,亲近自然、接触社会、走到陌生的自然、社会环境中去游历,去学习,去感受不区域文化的多元与包容,拓展研学旅行课程的广度与深度。

(四)"走近世界,多元文化理解"版块目标

在教育逐步走向国际化的进程中,通过开展国际修学旅行,让学生有机会走出国门,步入世界发达国家,领略异国他乡的旖旎风光,接受不同生活方式的洗礼,体验多元文化观念的冲击,从而成长为"具有国际视野和民族情怀的现代小公民"。

各版块对应的具体阶段目标如下:

表1-2 研学旅行课程各版块年段目标

课程主题	年段	具体目标
漫步校园 跨校一日体验	低	了解不同学校的校史、校风、校貌,能表达出不同学校的不同点,体会出在不同学校生活、学习的不同感受。
	中	观察不同学校的不同点,体验各校的特色课程,以图文结合的方式谈感受,并在研学旅行的过程中结交新朋友,体会友情的珍贵。
	高	通过对不同学校学习环境与生活环境的观察,体验家乡教育、社会的变化,并在研学旅行的过程中提高学生自主管理、协作创新的能力。
探访娄东 家乡风土寻根	低	了解家乡的名称,学习家乡的方言,学唱家乡童谣,了解更多关于家乡的风俗。
	中	了解家乡的人口、区域、文化,学习家乡方言,寻访娄东名人,加深对故土的认同感与自豪感。
	高	寻访娄东名人、家乡老人,了解娄东画派、娄东名胜、娄东文化,激发学生的故土情怀。

（续表）

课程主题	年段	具体目标
美丽中国 开放主题探索	低	了解太仓周边的城市环境，亲近自然，创意记录，表达自己在研学旅行过程中的感受。
	中	了解太仓周边城市的环境，走进博物馆或各种体验馆，感受社会、人文、革命历史文化等，创意表达小组和个人的收获为成果。
	高	游历太仓周边的城市，体会不同区域的文化，对不同文化的发源、发展有新的认识，并能在对比中感受不同地域不同文化的相同与差异，在研学旅行中提高团队协作能力和有主题的项目化研究能力。
走近世界 多元文化理解	低	了解1—2个国家的基本情况，能说出国家的名称、认得出国旗，说得出重要节日及主要的风俗习惯，并能向同伴介绍。
	中	了解自己感兴趣的国家的基本情况，用自己的方式创意表达对这些国家的认识，参加一些国际游学的交流活动，体验中西方文化的差异，为参加国际研学旅行做准备。
	高	了解一些国家的详细情况，通过自己阅读、上网搜索资料等形式，制作海报或PPT，向同伴介绍自己了解的内容。积极参与国际研学旅行的各项活动，更进一步地体会多元文化，成长为一个国际小公民。

　　综上所述，研学旅行是面向中小学，由学校有计划地集中安排，通过集体旅行、集中食宿方式开展的研究学习和旅行体验相结合的校外教育活动。在确立研学旅行的课程目标时，要聚焦学生发展的关键能力，实现研学旅行的育人价值；响应国家立德树人的政策，落实研学旅行的根本任务；还要根据地方性来确立研学旅行的特色目标。研学旅行课程的总目标由认知目标、行为目标和情感目标三个方面构成。而研修旅行课程的学生培养总目标概括为这样几个关键词：自由、坚毅、情趣、合作、创造。在研修旅行课程的实施过程中，每个版块、每个阶段又有不同的阶段目标。只有阐明研学旅行课程的目标，才能为课程的设计和实施奠定良好的基础。

第二章
整 合 设 计

当前,学校会组织学生开展春、秋游活动,家长也逐渐具备了在节假日带孩子出门旅行的意识和能力,但是研学旅行课程并不等同于简单的旅游活动。国家教育部对研学旅行的定义落脚在课程上,这就涉及到课程资源的开发、学科内容的整合、学习方式的变革等问题。

太仓市实验小学致力于培养"健康、快乐、自主、包容"的草根娃,在学校三味课程的架构中,草根娃游学课程是"情味"课程的重要组成部分。

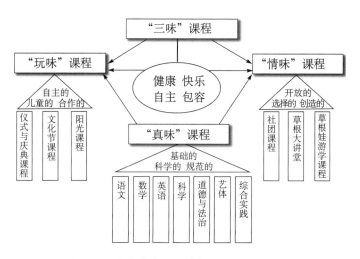

图 2-1　太仓市实验小学"三味"课程结构图

研学旅行课程生动地传递了太仓实小的教育理念："自由精神与社会责任相伴,民族情怀与国际理解融通"。课程指向学生的四个关键能力:

坚毅的自制力:在学生的研学旅行中,常常需要长途跋涉,对体能有一定要求,学生离开家长独自生活,需要自理和自律;

文化的感受力:在异乡甚至异国的旅行,学生要了解一定的当地历史风物,理解当地的文化,不仅如此,在文化的差异中,学生们更能感受到我们祖国文化的独特魅力;

协同的行动力:在研学过程中,学生要与伙伴共同完成项目研究,也需要对规则的遵从;

自由的创造力:研学成果的分享,是学生创意表达。

在这其中,"文化的感受力"是研学中无可替代要培养的部分,也是学生在校园中所较为缺失的关键能力。

研学旅行整合的核心是学生经验的由近及远,不断丰富学生的真实体验。我们通过有效的课程设计,实现课程资源、学科内容以及学习方式的整合。

课程资源的整合。在旅行的整个过程中有丰富的课程资源,不论是自然风景还是人文底蕴,都是学生难得的学习素材。

学科内容的整合。研学旅行是学生从校内学习走向校外学习,但学生的学习也并非凭空产生,需要与学校内的学习产生联结,与学科内容形成整合,"跟着课本去研学"是学科课程与研学旅行课程互为支持的重要策略。

学习方式的整合直接指向四个研学的关键能力。在研学前的学习方式主要是预演;研学中则是实践体验,研学后则是反思与分享。

第一节 课程资源

基于学生经验的研学旅行,面向学生完整的生活世界,引导学生从真实的日常生活、社会考察以及与大自然的接触中继续丰富学生的经验。从课程视角而言,我们需要挖掘出具有教育意义的活动主题,使学生获得关于自我、社会、自然的真实体验,建立学习与生活的有机联系。

课程资源是指课程要素来源以及实施课程的必要而直接的条件。课程资源的结构包括校内课程资源和校外课程资源。校内课程资源,除了教科书以外,还有教师、学生,师生本身不同的经历、生活经验和不同的经历、学习方式、教学策略等,都是非常宝贵的非常直接的课程资源,校内各种专用教室和校内各种活动也是重要的课程资源。校外课程资源,主要包括校外图书馆、科技馆、博物馆、网络资源、乡土资源、家庭资源等。还可以根据其他的角度划分为社会资源与自然资源,人力资源、物力资源与财力资源,纸质资源与电子声像资源等等。由于划分标准多样性,定义也就不同。

研学旅行课程强调学生在旅行过程中,关注社会和自然的方方面面,综合运用各学科知识,提升综合素质,着力发展核心素养,特别是社会责任感、创新精神和实践能力,以适应快速变化的社会生活、和个人自主发展的需要,迎接各方面的挑战。研学旅行课程的设计,我们可以根据学生的年龄特征和研学需求,开发并整合设计不同的研学旅行课程。

一、抒发课程资源中的家国情怀

通过研学旅行,学生可以拥有更加自由活动的空间,更加浓厚的兴趣驱动。大自然和我们的城市就是学生特别的学习资源,学生丰富个人对自然、对社会、对自我的认知,对于学生的健全人格和全面发展来说,非常重要。

研学旅行课程开展的重要意义之一,就在于培养学生的家国情怀。由学校到家乡,家乡到县域,县域到全省,全省到全国,全国到世界……学生探索的范围逐渐扩大,他们的视野也更加深远,在研学旅行整合课程的设计中,根据学生的年龄增长和学习能力的提升进而逐步往前推,符合学生的成长规律和特点。

我们确实发现,学生在研学旅行中更加自立,更加自律,更加包容,更加敏锐,更加合作,对研学旅行的意义也有更深的体悟。如在六年级督导调研中,学生就特别想去"国外的姊妹学校、国内名城、贫困山区"等地研学。

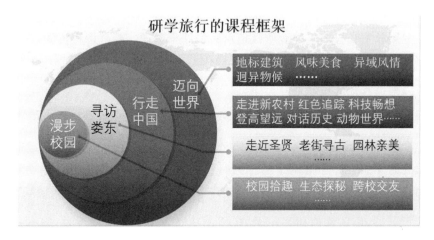

图 2-2 研学旅行课程框架

(一)寻访家乡

如果说,研学旅行是让学生走向远方,那么,不论走多远,他们的脚下,首先要有一个起点,这个起点,就是——故乡。

研学旅行课程属于学校"三味课程"中的情味课程,热爱家乡的情感,在研学旅行中可以得到充分的落实。学生感受乡风乡韵,了解家乡的人文典故,民族情怀也在这样的活动中滋养。所以说,研学旅行首先是一门德育课程。研学旅行课程帮助学生走向生活、走向社会,在领略大好河山和祖国新貌的过程中,让学生走进新时代爱国主义教育,立下成才志向,是一门生动的德育课程,德育,也是研学之"根"。

表 2 - 1　寻访娄东主题课程

课程范围	课程主题	学生年段	课程资源
寻访娄东	校园拾趣 跨校交友 走近圣贤 生态探秘 老街寻古 园林亲美	低	漫步校园，认识学校的各个景点和特色教室。 了解家乡的名称，学习家乡的方言，学唱家乡童谣，了解更多关于家乡的风俗。
		中	观察比较学校与学校的不同点，结交新朋友，体会友情的珍贵。 了解家乡的人口、区域、文化，学习家乡方言，寻访娄东名人，加深对故土的认同感与自豪感。
		高	体验不同学校的特色课程，体验家乡教育、社会的变化。 寻访娄东名人、家乡老人，了解娄东画派、娄东名胜、娄东文化，激发学生的故土情怀。

1. 充满好奇的校园探访

就小学生而言，他们稚嫩的脚步，总是从自己的家门口小心翼翼地踏出，再逐渐探索更广大的世界。我们研学旅行的课程也如是设置，小学生"研学旅行"课程的第一次探索，可以就从"探索校园"开始。在研学旅行的课程设置中，对于低年级学生的研学课程，我们常常会觉得颇为局限，难有资源空间。然而我们若抓住"探索未知"这样一个研学旅行的主旨，那么，一年级学生进校的第一天，就是他一次非常特殊的"探索之旅"。当他们踏入新校，于这些一年级新生而言，他的"探索之旅"就开始了。

不大不小的相对封闭安全的校园，非常适合一年级学生进行"探索第一步"，而且非常适合由高年级的学生带着一年级新生开展的"混龄交往"。刚从幼儿园迈入小学的新生，对于新校园又好奇又忐忑，由高年级的哥哥姐姐带领着进入校园，认识自己的班级，再由哥哥姐姐们带着他们认识校园里的各种专用教室、花园、厕所、活动场地等，犹如在逛公园，一年级的小朋友对于新学校的陌生感就可以降低很多，对学校生出亲近感，喜欢上新环境，并积极地投入到崭新的学习生活中来。渐渐地，他们也能发现校园中的"秘密基地"，找到更多校园中的乐趣。

对高年级的学生而言,这样的带领,也让他们有了照顾小弟弟小妹妹的感受,尤其对于独生子女而言是难得的交往体验。

待到学生更大一些,跨校的"校园游",就有更加丰富的元素,不仅能参观到其他学校,还能体验到对方学校的课程,于高年级的学生而言,甚至有机会跨国,到国际友校参加一日或多日的体验。比如太仓市实验小学从十多年前就开始和新加坡友校互访,学生分别深入到对方学校,参加相应年级的课程和活动、遵守对方友校的作息,甚至住家、交友。

学生也可以在家长或老师的带领下,参观国内外名校,尤其是著名高校,感受浓厚的学习氛围,有学生就会在这样的参观访问中,立下考上名校的志向。

而这样的研学旅行,从他们一年级,在大哥哥大姐姐手拉手漫步校园的过程中,已经开始了。所以,"校园游",虽然是从学校到学校,却也是研学旅行中十分重要也容易被忽视的一部分。

2. 饱含深情的寻根之旅

"一方水土养一方人",小学生的研学旅行,对于家乡的认识和理解,是课程中相对做得比重最大的。"家乡"其实并没有一个固定的范围,当活动范围很小的时候,一个"乡村"可能就是家乡;待到乘车四处走,县域范围是家乡;长大,去远方读书,同一个省就可以组成"同乡会"。囿于安全方面的考虑,小学组织的大规模的春季、秋季的研学旅行,大多不能走出地级市的范围,基本也就是"家乡"的范围了。

太仓市的地理位置优越,它东临长江,南邻上海、西邻苏州、北邻常熟,作为长三角的宁静小城,居民生活安定富足,是全国最宜居城市之一,具有丰富的研学旅行资源。根据本地的特色,我们整合了综合实践课程,指导学生进行太仓美食、太仓名人、太仓地标建筑等各个主题项目的研究,分别渗透到不同年级中,在实际的研学时节,则充实了这些研究项目中的实地调查和体验部分,因为有了综合实践课程上的扎实指导,学生在研学过程中,目标就非常明确,有相应的小组分工,有各自的研究任务,有成果的预设和最终表达。

如：太仓有非常好吃的"新毛芋艿"，新毛是一个乡镇，当地芋艿软糯香甜，是为特色。学校就带领低年级的学生到新毛乡的种植基地，观察芋艿的生长，挖芋艿，还带回家烧芋艿、品芋艿，学生对"新毛芋艿"这一特色美食的认知，就更加深刻。

推而广之，我们在对于家乡的研学旅行课程开发过程中，就可以充分挖掘家乡的各个资源：说家乡的方言，讲家乡的历史典故，看家乡的美景，访家乡的名人，参加家乡的风俗活动，做家乡的特色美食……

3. 他乡游子的心之所系

每个学校都会有很多异乡而来的孩子，部分孩子可能家乡的意象不会那么深刻，以"我们的故乡"为主题，呈现孩子们对自己故乡的理解，在有机会回到自己的故乡的时候，对自己的家乡有更加深入的认识，他们可以研究家乡的亲人、美食、方言、习俗……把自己的家乡介绍给太仓的孩子。对于跟随父母到异乡生活的学生而言，他们对于太仓不够了解，在研学旅行课程中，他们有了第二故乡，可以用同样的方式来认识太仓。老师在设计研学旅行课程时，也可以用"夸夸我的家乡"这样的主题来推动学生的自主探索。

小学生受年龄发展水平限制，个人的感受力较低，因此，研学旅行中对家乡文化积淀的认识，会为学生的成长扎下更加深厚的根基，也为学生更广大空间的研学旅行做好准备。

（二）行走中国

作为长三角的发达地区，寒暑假由家长带着孩子旅游，已经非常普及。从学校一年级家庭起点研究问卷中我们就可以得知，一年级入学前，就有远超半数的家庭有跨省游的安排，甚至跨国游也为数不少。

在行走中国的过程中，学生的乡土情怀进一步拓展，看更辽远的风景，品更风味的食物，听更独特的方言。这些迥异的地方文化，让学生更加体会到祖国的幅员辽阔，文化多元，民族情怀愈加强烈。

表 2-2　行走中国主题课程

课程范围	课程主题	学生年段	课程资源
行走中国	走进新农村 红色追踪 科技畅想 登高望远 对话历史 动物世界	低	了解太仓周边的城市环境,亲近自然,创意记录、表达自己在研学旅行过程中的感受。
		中	走进各地博物馆或各种体验场馆,感受社会、人文、革命历史文化等,创意表达小组和个人的收获和成果。
		高	游历各省,体会不同区域的文化,对不同文化的发源、发展有新的认识,并能在对比中感受不同地域不同文化的相同与差异,在研学旅行中提高团队协作能力和有主题的项目化研究能力。

1. 独立行走的大胆尝试

去更远的地方,需要住夜,对于从小生活在父母身边的学生来说,是很大的挑战。在研学旅行中的生活体验不外乎衣食住行,但在这些细节中,也能看出学生的生活自理能力的发展情况。有些小姑娘甚至连扎头发都还没顺溜,因此,有必要在参加研学旅行之前,先就近在某个学生实践基地"试行"一两天,给学生一个适应的过程,也掂掂自己的水平,能不能出去研学。

2. 美好山河的壮阔体验

在小学研学旅行课程的整合设计中,跨省的研学案例并不多,就太仓而言,所谓跨省研学旅行,也就是去上海市等地,约 1 小时的车程。这是在国家对于研学旅行的指导意见中规定的,《教育部等 11 部门关于推进中小学生研学旅行的意见》中指出,"学校根据学段特点和地域特色,逐步建立小学阶段以乡土乡情为主、初中阶段以县情市情为主、高中阶段以省情国情为主的研学旅行活动课程体系。"

但是在家校合作进行课程开发的视角下,学校可以提供跨省的研学旅行课程建议,由家长自主带着孩子进行更加有意义的亲子游,甚至可以是几个志趣相投的家庭共同带领孩子来进行更远地方的研学旅行,在研学旅行过程中领略祖国大好风光,了解中华民族的悠久历史,去红色基地感受优良革命传统,在欣欣向荣的城市中感受现代化建设的成就,爱国主义教育就在这样的脚步中，传递给了我们的学生。

3. 历史人文的鲜活触摸

研学旅行时，老师和家长可以有意识地把各大博物馆作为研学旅行的重点。每个博物馆都是精选了历史长河中的精华呈现出来，在特色馆中，也有无可取代的课程资源，比如绘画作品、雕塑、乐器、民俗、汽车、军事……在参观这些展览时，要注意多讲解，才能让静态的展品生动起来。

也可以带领学生欣赏当地的戏剧或代表节目的演出，比如去安徽听黄梅戏，在苏州听评弹，在杭州看《印象西湖》，去湖北博物馆听编钟。这些艺术演出以及博物馆中所呈现的传统文化、红色经典、地方特色、布展创新、新时代发展等场景，丰富的学习内容能让学生体会到文化的真实气息，触摸到文化的脉动。通过多元文化的体验、滋润与内化，文化的种子就能够在学生的身心中生根发芽，学生也会逐渐成为文化的使者、代言人和传承人。"行有所悟，德有所立"，文化之旅会逐步增强学生的民族意识，从而培养起学生的爱国之情。

当然，在有些地区，我们也会看到挣扎在温饱问题上的贫困村，看到崎岖的村路，破旧的校舍以及学习条件极其简陋的同龄人；我们需要教会学生在研学途中提防小偷、骗子，辨别景区的小礼物和食品安全……毕竟在研学旅行中，学生接触的，是更加多元的真实世界，小学高年级的学生，可以对我们的社会有更全面的思考。怎样引导学生通过研学旅行来看待我们的世界，看待我们自己，挑战着老师和家长的智慧。

课程化视角的亲子研学，未必是把研学任务贯穿于整个旅行过程，也可以是在旅行的某个环节，比如，可以建议家长带领学生在参观博物馆时，利用好讲解地图，了解相关的文化背景；也可以建议家长，让孩子参与到行前规划、物品整理、经费预算等各个旅行的能力锻炼中来。两个及以上家庭共同组织的旅行，孩子有同龄伙伴，他的旅行就更加有乐趣。家长是孩子的第一任老师，学校和家庭有着一致的教育目标，读万卷书，行万里路，家校合力，从跨省的研学旅行课程来说，是非常好的结合点。

（三）迈向世界

相对而言，小学生走出国门的机会比较少，但在长三角这样经济较为发达的地区，学生随同父母出国旅行的机会比较多。而且在政府的支持下，学生以团体方式开展研学旅行也成为可能。太仓市实验小学是苏州市首批研学旅行试点学校，早在 2004 年，就和新加坡的小学有学生互访活动，随后拓展到日本、英国、澳大利亚、意大利等。在研学旅行课程中，在家长的认同和支持下，在学校的周密筹划下，很多学生就有机会和小伙伴一起走出国门，认识不一样的社会形态和风土人情。他们对于全球化的理解，也在这样的课程中得以丰富。

表 2－3　迈向世界主题课程

课程范围	课程主题	学生年段	课程资源
迈向世界	地标建筑 特色美食 人物印象 物候特征	低	了解 1—2 个国家的基本情况，能说出国家的名称、认得出国旗，说得出重要节日及主要的风俗习惯，并能向同伴介绍。
		中	了解自己感兴趣的国家的基本情况，用自己的方式创意表达对这些国家的认识，参加一些国际游学的交流活动，体验中西方文化的差异，为参加国际研学旅行做准备。
		高	了解一些国家的详细情况，通过自己阅读、上网搜索资料等形式，制作海报或 PPT，向同伴介绍自己了解的内容。积极参与国际研学旅行的各项活动，更进一步地体会多元文化，成长为一个国际小公民。

1. 多元文化的国际视野

太仓市实验小学的国际研学探索已经坚持了 16 年的探索，从最初的每年与新加坡学校定期互访，发展到每年暑假的 5 国研学旅行，也分别与新加坡、澳大利亚、意大利、英国、日本等地小学结成友好学校，在多次的国际交流中形成较为成熟的国际研学经验，文化的感受力在这些见闻中逐渐增长。

小学生甚少有远离家庭独自研学的经验，国际研学需要连续十几天的独立生活,面对语言、食物、活动全然迥异的环境,不论是生活能力,还是学习任务,对小学生而言都是非常大的挑战,甚至对于孩子的家庭来说,家长在放手与不放手之间牵挂,也需要老师有更多的沟通。

在新加坡,学生们欣赏着花园城市的整洁美丽,认识到即使是现代化的都市,人们的自律与爱护同样可以创造美;在日本,学生们研究日本垃圾分类的措施,回校后与同学们分享;在澳大利亚,学生们接触到土著居民,感受人与自然的和谐相处;在意大利,学生们在懵懂间感受着文艺复兴带来的艺术冲击;在英国,牛津、剑桥等世界名校成为了他们努力学习的动力。

开始于2019年的新冠暂停了学生国际研学的脚步,不过友好学校之间,仍然可以通讯联系,学生也在密切关注国外疫情的过程中,加深了对不同国家的理解。也正因为走得更远,看得更多,学生们才会意识到,这个地球上有很多不同的人,有很多不同的想法和行动,有很多不同的文化需要我们去尊重,才会凸显出我们中国人的特质,也会感受到"民族情怀与国际理解融通"。

2. 国家强大的深切领悟

小学生能够走出国门,动辄以万计的旅游费用,首要保证是家庭的经济支持。然而学生对于金钱的概念并没有那么敏感,并不会觉得,因为生活安定富足了,我才有机会走出国门长见识。而且,研学旅行去往的目的地,一定是安全而繁荣的异国他乡,基本不会有"落后"、"混乱"、"危险"这样的体验。但是即便如此,我们也需要给学生另一种看世界的角度。

研学旅行中,我们并不只是接触到光明的一面,比如在意大利,学生可以看到街头荷枪实弹的军警,看到仆地乞讨的流浪难民,甚至可能遇到偷渡者……教师就可以和学生关于社会治安进行探讨,还可以和学生讨论黑手党;在新加坡,可以观察街上行走的华族、马来族、印尼等不同种族的人群,了解新加坡的历史,也可以讨论"种族和谐日"的由来;在英国,可以开启对于英国皇室的话题。在国外网络卡顿到处找信号的时候,学生也可以对比国内流量的通畅。

走出国门的对比是非常强烈的,学生领略异国的先进与不足的同时,更能够感受到祖国的强盛以及世界各国百舸争流的竞争危机。

3. 责任担当的豪迈情怀

国际研学的过程,因为是全然陌生化的旅行,因此,对学生的自律自理提出了格外明确的要求,坚毅的自制力尤其凸显。学生在研学中完成各项任务,不仅要能"独善其身",更要"兼爱天下"。

比如学生在新加坡、日本接受到的关于环境保护的相关教育,大多印象深刻。不论是新加坡的绿化还是日本的垃圾分类,都是在制度保障下,对环境的一种高度爱护;在意大利听海洋护卫员讲述海滩救援,则是对脆弱生命的奋力救助。在澳大利亚,认识神奇的有袋类动物,则让人感受到生物多样性的神奇。每一个国家,总能够发掘到可圈可点的课程资源,让学生认识到,这个世界的不一样,我们的努力能够让世界更美好。多元的活动能够让学生具身性地体验到不同职业、不同群体、不同地域的多样生活,能够在身心体验、情境感触中激发出奉献的意识和担当的力量。

二、整理不同场域下的课程侧重

课程资源的划分并无定论。但从研学旅行的视角来看,地点往往就框定了学生们可以展开的研学内容。在不同地点,课程设计的侧重是不同的,学生的学习方式也会随之而发生改变。

如,走向大自然的课程,我们可以有山的课程,水的课程,比如太仓地区,就可以研究长江入海口。把一些场馆作为我们的研学目的地,场馆的建设,本来就是为更多游览者服务的,场馆里究竟有什么课程资源,哪些是适合小学生去学习和研究的,就需要老师精心筛选。学生在城市和农村不同的生活体验,对于社会的发展,也会有朦胧的认识。

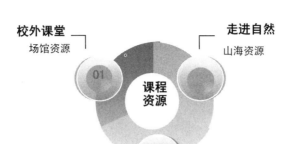

图 2-3　课程资源的划分

（一）山海资源，与大自然的亲密接触

在《窗边的小豆豆》一书里，小豆豆非常愉快地吃学校里的饭，有"山的味道、海的味道"。学校的研学旅行可以带学生真的去爬山、去赶海，尤其对于城市里的孩子，这样的体验非常难得。也正因为城市里的孩子，他们距离山海特别远，少有去爬山和赶海的经验，在去到这些地方的时候，就非常容易出问题。

1. 山的课程

（1）自然科学考查

学生爬山，首先要从装备上有所准备，衣服、裤子、鞋子以及背包里的东西。我们的学生有过一个有趣的观察，山下的矿泉水费用与山上矿泉水费用差值是多少，再讨论，是否需要自己背水上山，这是他们对于经济、对于劳动的价值的一个初体验。也有学生去数台阶，测算自己的行程与步数；还有学生在到达山顶的时候，看看手机上的海拔高度和气压，进行相关的数据比较。

一路上，也会有很多有趣的经历，比如，我们可以采到浆果，辨别品种，品尝大自然的馈赠；可以看到松鼠啃过的松果被随意丢在草丛；再留意，也许草丛中会有小蜥蜴；可以在山顶看连绵起伏的山丘，认识丘陵这种地形；如果有生物老师跟随，那就更好了，可以认识路边的各种植物；更加厉害一点,如果在研前课做了植物、小动物标本的制作的话,那么,学生就更忙了,可以采集各种植物的叶,收集各种小昆虫,做好标签,收进标本箱或标本瓶,回来做压制叶标本或者做昆虫标本;手机也可以派用场,"形色"APP扫描一下,直接比较辨认植物的名称;如果去到一个地质比较特别的山,可以观察山上的岩石及其山体的向斜、倾斜,想象这座山在海陆变迁的漫长岁月中的形成过程;更加幸运的孩子,甚至有可能借着爬山的机会发现化石。

（2）户外徒步课程

爬山非常消耗体能,是对学生意志力的考验,也是团队保持队形互帮合作的契机。山上尤其要注意的是,观景不走路走路不观景,学生更加不可以在山路上打打闹闹,小学生的登山,主要还是走正常的山路,而且老师事先一定要探过一次路,了解一路上可以进行的研究,不要另辟蹊径,会有太多不可控的因素。旅行中虽说可以和导游协同,但,遇到一个能堪任导师的导游,真的要运气非常好才会有。

2. 海的课程

（1）戏水课程

去海边通常是夏天,要选准时间,海边有潮涨潮落,退潮时分最好,那时候的滩涂,有很多大海的馈赠。试想,少年们踩着江滩,迎着海潮,挖贝壳、捉螃蟹、筑沙堡,那样的童年欢乐,定让人记忆深刻。

而去海边,装备当然还是要注意的,是不是要带泳衣,是不是要涂防晒(我们就有学生因为没有涂防晒而晒伤皮肤的事情出现),是不是要准备其他的游泳装备还是只是卷起裤脚管去踩踩水,是不是会在海边垒灶做饭,都是需要在研前课中提前和学生交流好。

在海边的研学,可以有一些合作项目,比如,合作创作沙堡,大家一起讨论怎样在沙滩上设计自己团队的城堡,达成共识,分工合作若是大家意见不一致,又该怎样来协调？这个合作创意,非常考验学生对于团队的认识。可以在海边捡拾垃圾,讨论海洋生物目前遇到的困境,讨论怎样保护海洋环境等。

（2）安全课程

大海是危险的，因此，教师对于学生嬉水有着强烈的担忧。在关于大海的安全课程设计中，我们邀请的是海边救生员的讲授。听救生员讲在海边发生的惊心动魄的危险事件，认识到救生员工作的重要和伟大。

在海边活动，学生的手机若要带在身边，必须要有防水袋，而且一定要和学生强调，不可以走到老师视线不可及的地方，只能近水处活动。海滩上会有各种突发情况，水下的情况更是不可预知，在海边绝对不可走远，需要格外谨慎，毕竟和老师一同出去的研学旅行与和家长出去的旅游不同，老师再仔细，也不可能一对一地盯牢某一个孩子，防不胜防，所以海边的体验建议还是更多以亲子游的机会进行。毕竟，让两三个老师要看护好在海边的几十个学生，即使有海边的安全员，这个安全压力仍然过大了。

去看山看海，让城市里的孩子去到一个辽阔的地方，让他们触摸世界之大，以好奇与敬畏之心，对待大自然。

（二）场馆资源，精心打造的校外课堂

场馆课程就是去到我们建设好的各类场馆去参观体验。场，通常在室外，比如各种动物园、植物园、游乐场；馆，如博物馆、科技馆，以及像"沙家浜"等这种革命教育基地，通常在室内。

场馆课程有一个非常大的共同点，就是这些场馆都是人为建造的，其建造之初，就已经预设了相关的教育功能，隐含了课程内容，所以场馆很多都是校外实践基地或者爱国主义教育基地，某些场馆就有自带的课程项目，也非常欢迎学校开发相关的研学项目带到场馆去学习体验。在场馆课程中，工作人员往往可以提供很多有用的学习素材。

场馆课程信息量非常大，需要精心设计安排。学生怎样能获得自己需要的信息？在场馆里，对倾听和仔细观察的要求更甚于其他地方。需要多留意旁边的文字介绍，有些场馆扫描二维码就可以获得讲解，若带有手机，就可以用起来。没有手机的，前期的学习、资料储备就要多一点，这样才会觉得不枉此行。

1. 场的课程——动物园、植物园、游乐园

（1）动植物观察课程

动物园是学生非常喜爱的地方。在去动物园的参观前，可以和学生讨论动物园的功能，是不是只是为了把动物关起来？当然不是，一则是为了保护动物尤其濒危动物；二则是研究动物，认识动物的特点；三则，让更多的人们能够认识动物，一起来爱护动物。所以，我们去动物园，要注意爱护动物。怎样的行动才是爱护？不惊扰他们，不随意喂食，仔细观察。那么，可以有哪些观察项目？比如寻找一个专题，观察鸟类的喙，观察鸟类的足，观察动物的吃食、运动、睡觉等等，这些项目，可以是学生自己提出的，也可以由老师抛一个话题出来，引发学生的思考以及他的观察注意力。学生需要带着目标去参加大范围的这种参观活动，他才会合理安排自己的注意力，不至于茫茫然向前走。

学生对于静态植物的关注度相对较低，在研学课程中，需要设计一定的考查要求，指导学生认识一些特定的植物，比如穹窿山上的古树名木。

（2）行程规划课程

在游乐园当然会更放松，有更多的探险体验，看看谁的胆子更大动作更灵活，我们也可以在游玩时去发现游乐场里的设施特点，英语导览等，像迪士尼这样的游乐园，还可以进行线路规划，结合 APP 预约功能做好行程攻略，事先了解迪士尼的文化背景等。

（3）户外探险课程

游乐园的很多活动需要胆量，比如"天地双雄"、"过山车"等，学校课程中即使是体育课，也往往不太容易有相关体验。但学生又确实需要这样的锻炼的，时刻被包裹在父母羽翼下的孩子，如果遇到困难，怎么去克服？怎么面对自己内心的恐惧？怎么可以咬牙坚持？自己的体能是不是可以跟上？在游乐园的探险项目中，这些都可以找到答案。

我们的学生曾在户外探险课程中，全副武装，从头盔到保险带到防滑手套，然后接受各种挑战任务，溜钢索，过浮桥，攀岩石……有两个孩子最

终实在不能坚持,中途退出,由工作人员接回来,也有一个孩子非常冒失地解开了保险带,把带队老师吓出一身冷汗。

探险,可能也是孩子成长中的必修课。

2. 馆的课程——科技馆、博物馆

科技馆和博物馆的共同特点是,课程以静态参观为主,学生的学习需要借助讲解员的讲解或者标牌上文字的介绍,进行知识的积累。部分科技馆或博物馆会设置互动体验项目,对学生来说,更具吸引力,否则只是默默无声地看静态展览,就非常为难小学生,完全不能引起共鸣。

(1) 项目研究课程

在科技馆里,会有很多的体验活动,在体验前,请学生留意其中的科学原理,并在体验中验证这样的科学原理,在科技馆中,也可以让学生感受到科学史的发展,关注科学家的学术成就,直接触摸到科技的力量。因此,科技馆尽管也有面对低幼儿童的体验活动,但如果小学组织一学期为数不多的研学旅行,还是以中高年级为宜。

北京中学的做法更加令人赞叹,他们有一个学习主题,是"博物馆之夜",他们带领学生去到北京的自然博物馆,在闭馆之后开始学习,整个场馆里,只有这个学校的学生,不同的小组有不同的研究项目,中学生的研究能力也远超小学生,他们甚至在晚上在博物馆里搭帐篷,就睡在恐龙骨架的旁边,这样的体验,一生中也不会多。

在艺术博物馆参观,学生显然需要学习一些参观的礼仪,比如不可大声喧哗(多数场馆都应如此,毕竟是公共场合),比如按顺序参观,不可触摸、不可用闪光灯等等。比礼仪更重要的,是学生对于艺术的尊重和理解,可以在行前,请美术老师先为学生执教艺术欣赏课,指导学生从哪些方面去欣赏这些艺术品,在参观时,也尤其要重视讲解员的作用,最好每个小队都有讲解员,实在没有的,学生就自己做好行前的信息搜索,学习和分享关于这些艺术品的来龙去脉。所有的外在参观礼仪,也就是在表达着这种尊重和理解,艺术的熏陶并非一朝一夕,但学生需要这样的经历和体验,与高雅相遇。

（2）革命历史课程

在学生的参观学习中,也经常会走访革命教育基地。比如我们太仓附近有常熟的"沙家浜",是当年苏常太抗日游击根据地中心,新四军在此留下了战斗足迹。在这些爱国主义教育基地的学习中,学生需要认真倾听,听当年的革命烽火,听感佩的英雄事迹,学生要更加端正严肃。如果参观的态度,在初始时是老师对学生的要求,那么,当孩子越来越大,他自己能对自己提出这样的参观要求的时候,他的研学旅行才真的恰如其分了。

（三）城乡资源,感受时代的发展脉搏

一座座城,有现代的部分也有古老的传承。每座城都有自己的特点。去一个个性鲜明的城市,然后去了解它的历史和发展,学生打开他社会观察的一个视角。

1. 城的课程

（1）代表建筑

去一个城市,首先看到的,就是城市的建筑。比如说到北京,就是紫禁城,就是四合院;说到巴黎,就是卢浮宫就是埃菲尔铁塔;说到悉尼,我们马上想到的就是它贝壳般优雅的歌剧院。建筑,是城市的形象符号之一。欣赏城市之美,可以从指导学生欣赏城市的代表建筑开始。

（2）历史名人

城市的历史,由人来书写,城市的故事,由人来演绎。了解这个地方的历史名人,就能知道这个地方曾经发生的故事,了解它在时光中的演变。

从研学旅行课程化实施来讲,对名人的了解,显然不能只是泛泛地听故事。比如,太仓是郑和下西洋的起锚地,我们对于郑和的研究,就不只是他的生平,更在于他曾经下西洋的线路以及所作的国际交流,更在于对郑和大无畏探险精神以及先进的设施设备保障的认识。

（3）特色美食

对于吃货而言,美食永远是不可抗拒的。每一个城市都能找出它的代表食物,合着当地的时令,显示着大厨的技艺。对于有的学生来说,要适应异地的食物有一定困难,然而,我们需要传递给学生的是,"什么都可以尝一下,既然它能成为特色,必然有它的特别之处"。在研学课程中,我们也会给学生学习制作特色美食的机会,亲自动手制作的食物,滋味是不一样的。

2. 乡的课程

一个个乡村,掩映着我们这片土地上最淳朴的风俗人情,那一幢幢小楼和一片片田野,更是有着勃勃生机。

(1) 传统农事体验

江南是鱼米之乡,饭稻羹鱼的生活习惯沿袭千年。我们在广袤富饶的大地上,耕种出了一茬又一茬的庄稼。现代生活,把我们的传统习俗有所冲淡,但去到农村,我们仍然可以看到平展的农田,波光粼粼的鱼塘,郁郁葱葱的桑园。在乡的课程中,学生就要踏到泥土地上去,要进行农事体验。庄稼怎样生长,农民怎样耕作,水稻什么样,麦子什么样,韭菜和大蒜怎么区分,学生要走到田间地头,晒上一段太阳,滴下几行汗水,他才能体会到。再拿起筷子来,他就不会太浪费饭菜,努力光盘。

(2) 新农村课程

农村并不只有传统生活的资源,我们更要带领学生去认识现代新农村。参观漂亮整洁的农村别墅,采访为民解忧的村干部,钻一钻排列整齐的蔬菜大棚,甚至可以在伙伴课程之下,到农村小伙伴家里住一夜。有部分城区学生的祖辈本来就在农村,这些同学就可以转变为主人的角色,招待自己的小伙伴。

在新农村课程中,学生除了看农村新貌,更可以体验现代农业技术。比如有机种植、大棚养殖等等。太仓有"现代农业园",在现代农业园里,实现了各种先进的种植技术,有水培、立体栽培,甚至还有太空种子种出的超级大南瓜。在"乡的课程"中,现代农业也是重要的学习课程。学生不仅看到了累累的珍奇瓜果,更加了解到,现代科学技术是在怎样调节空气、调节温度、调节水分,让植物更高效地生长。

三、设立分层目标的"主题"课程

"主题"犹如关键词,它凝练了一次研学最核心的目标,使得学生在获取大量研学旅行信息时,能最快找到本次研学重点需要完成的学习任务。

(一)师生共同商定的研学"主题"

在发掘出学校所在地区的课程资源之后,我们需要对这些资源进行组合,寻找到资源中的教育意蕴,或者这些资源与学科之间千丝万缕的联系,确立"主题"系列。比如,在自然风光的考察方面,我们可以确立"动物"、"植物"、"地质风貌"等主题;在人文历史的感受方面,我们可以确立"建筑"、"美食"、"节日"、"红色教育"等主题。主题的发掘过程中要选准维度,需要结合研学地点的实际情况,对研学内容仔细梳理,同时考虑不同年级学生的能力发展情况。

在对周边研学资源充分调查之后,"主题"的最终选择,可以是由教师组成的研究团队共同商讨,也可以听取学生的意见,根据学生的实际兴趣而来。

(二)"主题"之下的分层目标确立

一旦确立了主题,就需要设计不同梯度的研学课程,在不同年级落实。

以"动物"主题课程为例,动物是学生非常感兴趣的内容,在学校课程中,就有许多关于动物的研究,尤其在科学课等学科课程中,常常有相关的观察、种养任务。在研学旅行时,我们将上海野生动物园、上海长风海洋世界、海昌海洋世界、苏州"万鸟园"等动物观赏的研学资源进行整合设计,给学生提出了一定的认识动物名称、动物习性的要求,指导学生观察的方法,比如,对于中年级的学生,我们在研学时就建议学生,通过观察鸟类的喙,推测鸟类的食性;同样是观察动物,高年级的学生在参观海洋动物表演之后,可以进行动物与人、动物与生态环境等更加深入的讨论,激发学生研学中的深度思考。

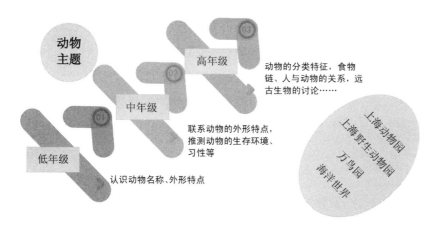

图2-4 "动物主题"研学课程的序列

再以"园林"主题为例,太仓市实验小学在苏州地区,园林是江南的建筑特色,也是学生感受历史的生动场馆,所以,"园林"成为学校在研学中的主题之一。"园林"主题,也成为场馆课程中,"馆"的课程的重要组成部分。

学校开发了"弇山园"、"南园"等研学旅行课程,学生参观"弇山园"里的碑刻,了解元代大书法家赵孟頫与弇山园中墨妙亭的渊源,聆听太仓人民保护赵孟頫碑刻的故事;在参观"南园"时,学生认识董其昌的书法,看"绣雪堂"里的明式风格,听关于地上那些鹅卵石花纹的讲究……将"园林"主题安排在不同的年级,那么,学生每年或多或少都会接触到一些关于"园林"的课程体验,学生在以后参观苏州"拙政园"、"网师园"、"留园"等名园时就会知道,参观园林,要了解该园林的传承历史、学习欣赏园林中"曲径通幽"、"移步换景"的匠心,学会留意建筑、假山、书画、花街铺地、漏窗……他们在"园林"主题的研学旅行中,看到了江南传统院子的样子,看到了古代中国一部分的生活空间。

在"科技"主题下,我们找到了上海科技馆、上海自然博物馆、上海东方绿洲等科技元素进行整合设计;在"历史"主题下,我们将无锡"三国

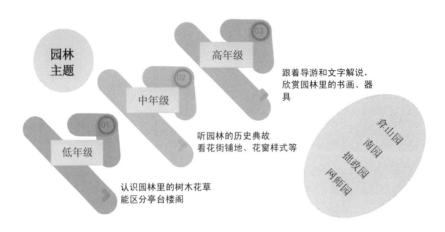

园林
主题

03 高年级

跟着导游和文字解说,
欣赏园林里的书画、器
具

02 中年级

听园林的历史典故
看花街铺地、花窗样式等

01 低年级

认识园林里的树木花草
能区分亭台楼阁

耦山园
南园
拙政园
网师园

图 2-5 "园林主题"研学课程的序列

城"、"水浒城"、常熟沙家浜生态湿地等历史文化元素进行整合设计……
了解学生的发展需求,挖掘适合的社会资源,按照区域内研学旅行地点的
人文要素进行整合设计,使课程目标更聚焦,课程内容更贴近生活,激发
学生在研学旅行中主动行为,促进学生的全面发展。

在研学旅行实施的过程中,我们当然希望主题能够得到很好的落实。
但作为更加开阔的设计,还可能生发预设之外的主题研究,毕竟,地图不
能代替实际的旅行,老师和学生在研学前预设得再充分,也不可能代替学
生在实际研学过程中的体验。生活永远能给人出其不意的惊喜,教师还
可以留意学生实际研学中的关注点以及有价值的教育素材,及时引导观
察、研究以及反思,让学生在真实的体验中成长,而不仅仅囿于"主题"学
习任务的完成。

四、贯穿课程资源始终的生存锻炼

我们来讨论学生的研学旅行,如果从实践层面来讲,学校和家长,最
重视的还在于,怎样把孩子平平安安地带出去再平平安安地带回来,在这
其间,能够再学习一点东西当然更好。学习是被放在第二位的,外出活
动,安全绝对是被放在第一的。研学旅行若是有在外住夜,其实就是经历
一段特别的学习生活,衣、食、住、行、学等多个方面,蕴含着最基础的安全

教育的课程资源。

让小学生独立外出进行集体食宿多天的研学，如雏鸟离巢，对于当下的很多家庭而言，是一种进步，家长有担忧更有期待。孩子也是，心中有依恋与冒险的冲突。

从学校而言，我们能认识到研学旅行重要的教育意义，但也需要慎重而完备地做好多方协同，毕竟，把一大群学生带到校外，几天后再完好地带回来，本身就带了些冒险的性质。

我们需要在这一部分的课程中，让学生清楚地意识到，研学旅行中，还是存在着各种各样的危险或者说突发状况，我们需要怎样来避免这些危险的发生？而一旦无可避免，那么在面对这些危险的时候，我们怎样来解决这些危险？

研学旅行过程中，学生的安全防护需要既定和完善的方案来实施，这个课程无需讨论，但又是必须遵守不能越界的课程，包括对学生的安全意识的教育和明确要求，研学活动过程中监护人的看护要求，和旅行社等第三方协作时的合同以及保险进行安全责任的界定等。这是在每一个研学课程中都毋庸置疑需要重视的课程。

（一）衣：越漂亮越好？

服装当然首先是要舒适得体，干净是第一要务，兼顾冷暖与灵活，包括鞋袜的准备，舒适的鞋袜可以帮助孩子走更远的路。学校组团外出，通常会有整齐的团队服装，在春秋季，以有内胆的冲锋衣为优先考虑，早晚温差大，冷可添衣热可减衣；夏季，以吸汗的全棉服装为考虑，小姑娘最好是裙裤；冬季羽绒服则选深色为佳，较为耐脏。可根据行程决定是否准备一套较为正式的服装，以出席相应场合。衣服质量要有一定保障，劣质衣物若引起过敏，出门在外也很让人头痛。曾有体胖学生，穿了过紧的裤子，把大腿的皮都磨开了还忍着不说，差点引起大面积溃疡。鞋袜同样要松紧适宜，带队教师可适当准备一点邦迪，万一有鞋子磨脚好应对。

衣物的管理还涉及到洗衣晾晒和整理，女孩子甚至还包括了头发绑辫子等细节。这些个能力在日常生活中就要锻炼,若学生报名研学旅行,把自我的细节管理能力作为最基础的要求之一,平常家庭中关注这些能力锻炼的当然好,就怕有些孩子衣来伸手,啥也不会的,他参加研学旅行,就会比别人更加艰难。

（二）食:会水土不服吗?

在饮食指导中,要让学生明确何为饮食安全,若有特别情况怎样处理。

研学旅行前要掌握每一个学生的食物过敏情况（包括药物过敏）,学生也需要明确自己哪些是可以吃哪些是不可以吃的。

也会有学生在坐车坐船坐飞机等晕车情况,在他这么难受的时候,就需要特别为他准备一些清淡饮食,甚至可以断食一顿以调理肠胃。

要教育学生不能随意购买食物,学会判断食物的质量。

但和这些安全相比,更加不易控制的是适量。我们曾有学生在研学旅行时,因为吃的是自助餐,居然在老师没有留意的情况下连续消灭了几块大排以致肚子发胀;也有学生,因为换了环境,饮食不习惯,连续几天都不能好好用餐或排便。这些极端情况,需要老师在行前课中和学生一起来认识,目的地的美食是什么,饮食习惯是什么,在研学旅行中,是体验不一样的生活,因此,什么都可以尝试一下,不要错过,但不可过量。

（三）住:集体住宿,兴奋还是害怕?

在独生子女比例很高的今天,学生少有与同伴共宿的经验,对他们而言,集体的食宿是非常新奇的体验,但彼此间距离近了之后,也容易造成不会拿捏分寸的问题。有的学生会在白天研学时很正常,但夜晚落静,就会特别想家,如果这种情绪调整不好,甚至会带起一群学生的情绪波动。有孩子会有小别扭,也有孩子会聊天至半夜,甚至有男生会结伴打手机游戏。

老师要做好手机管理,明确手机的使用制度。晚上休息的时候,是手

机管理的难题,首先要求学生自律,而自律的动力,则是学生明确外出研学旅行的目标、父母的期望以及他自己对自己的要求。如果他的自律能力尚不能完全对付手机游戏的诱惑时,老师也可以代为保管手机。

在住宿时,需要指导学生对于物品的收纳,列出行囊清单,每个行李都摆放在规定的位置,在离开住宿点时进行物品的清点,是一个管理物品的好办法。

（四）行:走丢了怎么办?

乘车。固定乘车的座位,有利于知道学生到齐的情况。要求学生系安全带。学生也会有晕车、晕机、晕船等情况,教师要先了解清楚学生的身体情况,告知学生准备好呕吐袋,长途时就可以提醒学生先服用晕车药或者贴晕车贴。如果是短途,则可以安排学生坐在靠窗等通风位置。对于晕车的学生,研学是比较辛苦的,要克服身体的不适坚持学习,教师不仅要予以鼓励,并随时留意学生状态。

对于易晕车的学生,座位和晕车药可以有所准备,真的晕车或水土不服了,需要和后方的家长提前做好沟通,比如,告知家长,孩子可能会有水土不服胃口降低甚至发烧等情况,这些都属正常,老师会密切关心好,请家长放心。

每次需要较为长时间乘车或活动,学生也需要养成检查随身物品及如厕的习惯,轻装上阵,避免一些不必要的麻烦。

步行。除了各种交通工具,走路也是研学旅行中的重要一课,需要学生体能的支持。教师要指导学生背包里必备物品的选择,太少了,需要的时候不够用;太多了则负重过大,学生体能透支。

行走过程中,最容易出现安全问题。正如《第56号教室》雷夫老师说的那样,我们就算要求学生严格遵守交通规则,但还是不能掉以轻心,毕竟,也会有开车的人漫不经心。所以在过马路时,老师最好就是在绿灯时走一半,确定把车子都拦下来了,再让团队通过去。若要爬山,则需要注意山上的路况。

学生若暂时离队，必须经得老师的同意。"丢学生"的事情屡见不鲜。老师和学生就需要约定，走安全的道路，不独自行动。学生一旦发现自己脱离大部队了，首先就原地停下并尝试联系老师电话，如果行不通，再找研学地点就近的工作人员或者警察联系老师。所以，师生之间的联系方式一定要保存好，微信的共享位置，也是一个解决问题的办法。

在以上的研学旅行课程规划中，教师都是走在学生前面，带领着学生研学。而比这个更加具有挑战性的，是教师和家长"隐身"，在保证研学方案安全的情况下，由学生带领自己去研学，完成研学中的学习任务。学生因为经验的不足，会出现各种状况，需要学生独立去面对和解决，而不是马上寻求大人的帮助。这样的研学，对学生的锻炼更加凸显，但作为学校、家长和社会机构，对安全的审视，对危险的预判，要更加严密，万无一失。

所以，学生学习危险课程，并不是说，我们成年人要把学生放到一个危险的境地，相反，正因为我们意识到，学生研学会有各种各样的意外和风险，那么，学校和旅游机构、当地研学基地等各方面的协同，就格外重要，甚至在某些必要情况下，可以立刻停止学生的研学。

知识来源于生活，生活是知识的海洋，也是孩子们成长的土壤，健全、完整的人格一定是在生活情景中体现和塑造的。研学让学生从单一的学校情景走向多元的社会情景，多方位视野的拓展、多方面能力的锤炼、多元化的情感体验，有效地弥补了学校教育的缺失。

研学旅行的课程资源开发，从身边开始，从脚下开始，从家乡开始，逐渐迈开大步，走向世界。而在不同的研学地点，课程资源的使用，也有各自独特的切入点，在寻找到课程主题的同时，我们也需要关注到学生在研学旅行中的生活技能，学生能否在研学旅行过程中好好地照顾自己，与他人友好相处，合作学习。研学旅行的课程资源，大部分是既定的；但教师也要有一双慧眼，发现旅行中的各种突发事件，这些同样是我们的教育资源，与学生探讨、思考，让学生也能在困难挫折、磕磕绊绊中成长。

第二节 学科内容

"跟着课本去研学"是一种非常特别的体验,国家课程所提供的教材是知识经验的结晶,用于提高学习的效率;研学旅行,则让教材上的学科内容鲜活起来。去杭州,在西湖边看到"接天莲叶无穷碧,映日荷花别样红",人好像就走到诗里去了。在科技馆,坐在特别的椅子上,用滑轮组自己把自己拉到高处,科学课上省力费力的机械原理,不言自明。

我们现在的学校课程体系,有着严谨的学科课程排列。赫尔巴特指出的,这种课程是"从易到难"地排列教材,它符合儿童的发展阶段的特征,而且注重科学的体系。这种科学的体系,在每一个学科的《课程标准》里,有着明确的表达,并依照教材来实施。

"跟着课本去研学",让研学旅行课程对接于国家课程,它基于学科的学习,但又超越了学科。"跟着课本去研学"的课程开发思路,也受到了学科教师及家长们的热烈欢迎。对于学科教师而言,这样的研学旅行就不是独立于学科课程之外的活动,而是成为了他们的学科的重要补充,比如科学老师,就非常支持学生在科技馆的活动并精心设计相关项目;数学老师,在线路规划时也可以给学生以合适难度的挑战问题……

作为学科教师,研学课程对本学科的学习促进,是他们喜闻乐见的。作为学生,研学旅行中的学习紧密结合学生在学科课程中学到的知识和能力,不仅能让课本鲜活起来,学生感受到"学以致用",更能感受到"在做中学"。因此,"跟着课本去研学",成为了研学旅行课程重要的整合策略。

一、研学任务与学科内容整合,服务于学生的核心素养

2016年9月,国家教育部学生发展核心素养研究协作组发布了中国学生发展"核心素养"(见下图),引起了学界广泛关注。

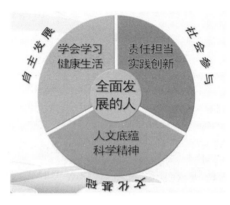

图 2-6　中国学生发展"核心素养"

核心素养是知识、能力和态度等的综合表现,核心素养也是学科素养和跨学科通用素养的统一,是认知素养与社会与情感能力素养的相互作用。我们可以发现,研学旅行课程的实施,对于如下三大维度六个方面的核心素养,都能够有很好的表达。研学旅行是一种社会实践,是学生在行走中的自主学习,是对文化课程的生动理解,但这种实践学习和理解,又是建立在学生所熟悉的学科课程的学习基础之上的。

在研学旅行课程中,学生活动不再围绕单一学科、单一目标进行,而是学会多学科的统整主题学习,拓展了学习的广度与深度。

表 2-4:未来公民所需的 21 世纪核心素养①

一级指标	二级指标	三级指标
通用素养	高阶认知	批判性思维、创造性与问题解决、学会学习与终身学习
	个人成长	自我认识与自我调控、人生规划与幸福生活
	社会性发展	沟通与合作、领导力、跨文化与国际理解、公民责任与社会参与
领域素养	基础领域	语文素养、数学素养、科技素养、人文与社会素养、艺术素养、运动与健康素养
	新兴领域	信息素养、环境素养、财商素养

① 世界教育创新峰会(WISE),北京师范大学中国教育创新研究院. 面向未来:21 世纪核心素养教育的全球经验[EB/OL]. http://www. 360doc. com/content/16/0622/17/30005125_569849076. shtml,2016—06—22.

（一）单一学科学习内容的实践深化

研学旅行要和学科课程整合，首先在于要契合学科的课程目标，符合学科的学习逻辑。

以科学课程为例，首先，从学科性质来看，小学科学课是一门基础性、活动性和实践性、综合性的课程，其"活动性和实践性、综合性"与研学旅行课程高度统一；其次，从学习目标来看，小学科学课探究自然世界和人工世界，研学旅行踏出教室，就直接走进了自然世界和人工世界中去；第三，小学科学课的四大课程内容（物质、生命、地球与宇宙、技术与工程），在研学旅行过程中，都能设置相应的主题课程；最后，从其学习方式来看，小学科学课程本就包含了参观、访问、考察等科学活动，需要学生走出教室去学习。

科学课如此，其他学科也都有类似的学科特征，研学旅行，可以成为学科学习的重要补充和拓展，同时，它又是依托于学生特别的生活体验，符合生活逻辑，在生活情境中的学习，让学生对学科课程的理解更加深刻、生动。在"情境学习"理论中，环境作为一种学习中的要素，所有学习都是"情境性的"，即学习情境不仅仅影响学习，而且也是学习的一部分。情境学习理论认为，学习不仅仅是一个个体性的意义建构的心理过程，而更是一个社会性的、实践性的、以差异资源为中介的参与过程。研学旅行，就为学生创设了真实且无可替代的情境。在研学旅行课程的设计开发中，把课堂学习带到研学旅行过程中，实现课堂与课外的打通。

表 2-5　学科与研学旅行课程的整合

学科	国家课程内容	研学旅行拓展	整合课例
语文	游记 景物描写的片段、诗文 历史人物传记	跟着语文书去研学	《水乡歌》 《故宫博物院》 《七子之歌》 ……
数学	认识方向 计算能力 统计能力	认识地图，最优线路规划 旅行预算，经费统计 行程问题	《穹隆山上的数学题》 《博物馆里的最佳路线》 ……

（续表）

学科	国家课程内容	研学旅行拓展	整合课例
英语	常用单词、短语 日常对话	认识常见英语指示标志 国际研学交流应用	《迪士尼里的英语故事》
音乐	各地民歌 戏曲	欣赏民歌 观赏当地戏曲艺术 民族乐器演奏交流	《唱着歌儿去游学》 《谁不说俺家乡好》
美术	绘画 线条 造型	美术馆 建筑欣赏 雕塑	《世界文化遗产》 《南园花窗》
体育	运动能力 健康习惯	徒步 户外运动 武术操国际交流	《团队游戏》 《野外拓展》
科学	生命世界 物质世界 地球与宇宙 技术与工程	参观动物园、植物园、自然博物馆 参观科技馆并互动 实地考察地形、水域考察、认识当地特色动植物、气候比较、时差计算	《上海自然博物馆之旅》 《昼夜成因》 《各种各样的岩石》 ……
信息	学会信息搜索 学会用 PPT 等方式表达	研学旅行前的资料准备 研学旅行中的信息捕捉 研学旅行后的成果表达	《云游国家博物馆》 《娄东大讲堂》 ……
道法	风土人情 民族信仰 社会秩序	深入了解地方特色 感受地方文化 初步职业体验	《五十六个民族是一家》

【案例】六年级　"迪士尼乐园"的音乐之旅

安排环节:1.来去路程的巴士上;2.午餐休息时间。

学习目标:1.渲染一种愉悦的氛围,增强对游学目的地相关文化的了解,为旅途增添美好的色彩;2.避免孩子因为车程无聊,大声喧哗,吃零食,乱地垃圾等不文明现象。

主要内容:1.歌曲的学唱;2.乐曲的欣赏;3.音乐游戏。

1.说说影片《冰雪奇缘》故事梗概,主人公等;

2. 欣赏原版演唱,说说你喜欢的歌词,了解歌词的含义;

3. 跟着老师学唱《冰雪奇缘》主题曲《let it go》;

4. 歌曲与相关文化:熟悉这首歌曲的创作背景以及获得的关荣誉。《Let It Go》获得第 86 届奥斯卡最佳原创歌曲奖 (主唱:迪斯尼歌手黛米·洛瓦托　中文版:姚贝娜)

《疯狂动物城》

1. 了解影片《疯狂动物城》故事梗概,主人公等;

2. 欣赏原版演唱,说说你喜欢的歌词,读读中文版的歌词;

3. 学唱《疯狂动物城》主题曲《Try everything》;

4. 歌曲与相关文化的了解。

再如:语文课上进行了《水乡歌》的课文学习,就可以开发"水乡风韵"为主题的研学旅行课程;科学课上学习了植物的相关知识,就可以开发"植物的奥秘"为主题的科学户外考察课程。

通过这样的整合设计,本学科领域的知识可以在研学旅行活动中延伸、综合、重组与提升;研学旅行活动中所学到的知识或发现的问题,所获得的知识技能在各学科领域的教学中得到拓展和加深。

(二) 学科间学习能力的互补强化

研学旅行活动不仅与某单一学科联系紧密,更打破了学科间的界限,使学科之间相互交融,共同为研学主题而服务。比如说,涉猎到数学学科项目的内容:出国消费的货币转换该怎么算? 需要有价值判断,怎样才是合理消费? 再如,关于社会交往的内容:我们怎么和陌生人交往? 我们怎样宣传我们自己的国家、学校? 怎样进行文化交流? 更有一些突发问题,我们究竟可以怎样妥善处理,我们是否为此做过预案。

再如"园林亲美"主题课程中,在游览之余,可以根据园林的环境特点,安排树木种类的研究、户外草坪游戏、诗歌现场赛等活动,将语文、数学、科学、体育等学科活动整合进去。又如"娄东风土寻根——寻访伟大航海家郑和"这一研学旅行中,设计"郑和故事我来说"这一活动。学生在游学后,各小组分工合作,将研学旅行的研究成果用不同的学科方式表达出来。有的通过连环画创作以及写动人故事的方式,将郑和航海中与倭寇斗争的事迹表现出来;有的组建了文艺演出小组,以舞台剧的方式,到各个年级进行巡演,并向新加坡、澳大利亚、英国的来校客人进行了展示;有的小组绘制出了出了郑和的"宝船"以及他七下西洋的路径和航行距离;还有的小组在信息和美术老师的带领下,一起设计文化长廊 DIY 的布置,将郑和下西洋的研学成果展示在校园主题长廊中……通过各种成果展示活动的设计,也能将艺术、数学、科学、信息、语文等学科进行统整,促进学科技能的提升与完善。

"做"体现研学旅行课程的实践性和活动性。师生在研学旅行中参观、体验,一起调查研究。学生在实践中,动手动脑,更多获得与自然的亲身体验。同时,也要关注学生的"思"。研学旅行课程的设计,要更好地帮助学生掌握发现问题和解决问题的方法。注意发挥学生的创造性,注重学生在学习活动中积极思考,主动体验,克服困难,解决问题,不断反思,使他们得到新的体验,获得新的知识和能力,从提高自身素质,拥有创新能力。

（三）学科间情感态度价值观的融合内化

自然环境中的学习,不同于课堂上的学习。研学旅行课程超越了传统的课堂,学生的价值观形成也会根深蒂固。一方面,学生在游览祖国美好河山或是历史文化古迹时,可以激发他们热爱家乡、热爱祖国的情怀以及。通过国内与国外文化的对比思考,有助于深化学生对祖国的认知与理解,从而在现实层面促使爱国主义培养具体化。另一方面,从学生的个体发展看,研学旅行是中小学生有组织的集体性、探究性、实践性、综合性活动,是对学生进行集体主义教育、生活教育、行为习惯养成教育的有效载体,可以帮助学生学会生存、学会做人做事,促进学生形成正确的世界观、人生观、价值观。

二、适切制定目标，发挥作为综合实践课程的教育价值

如果说，研学旅行培养学生的"自由精神与社会责任，民族情怀与国际理解"这样的立德目标，那么，在树人方面，研学旅行更是综合实践课程的重要组成。

研学旅行的整合课作为综合实践课程的一部分，同样需要符合综合实践课程的相关目标要求。但因其并无教材，需要各学校自行开发。在寻找到课程资源之后，我们就还要回望学生目前所学，并予以研学拓展延伸。

研学旅行，让学生走出校外，到达一个陌生化的环境中，对于学生而言，这个学习资源就是与校内有很多差异的，学生能够学习到知识和需要运用的能力更加千差万别。

教师需要帮助学生建立对于研学目标的正确认识，激发学生的研学兴趣，研学旅行中的探索和发现，大多基于强烈的个人兴趣，这正是传统课程中越来越缺乏的东西，我们需要思考，学生学习的动力，究竟是出于社会压力和个人必需，还是出于对兴趣的渴望和投入。

在研学旅行中，放飞自我快乐游玩是必然的，我们教育者也需要去引导学生静心体验。在研学旅行课程开发过程中，我们就需要格外考量校外课程资源的实际作用。值得学习的课程资源有很多，人的资源、事的资源、物的资源。真正把课程资源转化为课程，还有很多工作需要做，最关键的，是提取到众多资源中的教育元素，确立适合学生的课程目标，随后，筛选目标下的课程内容，以小组研究的实境体验，来推动学生的能力发展。其中，动物、植物的观察和学习，从低年级就可以开始；与人文历史相关的研学内容，更适合在高年级。

研学旅行的目标看似包罗万象，从哪个角度来看都可以有确定的目标。比如，在《关于推进中小学生研学旅行的意见》中就指出："要精心设计研学旅行活动课程，做到立意高远、目的明确、活动生动、学习有效，避

免'只旅不学'或'只学不旅'现象。"但,真正在确立研学旅行的学习目标时,我们需要处理好几个问题:

（一）真与假

首先,确立符合学生能力发展的目标。在确立研学旅行的学习目标时,教师要知道学生当下的发展水平,在此基础上,为学生找到合适的研学目标。比如,在一二年级进行研学时,能够在观察大自然的时候,比较出几片叶子的不同,对他们来说就是合适的目标;要去记住某些建筑物或植物的名称,就属于假目标,不适合低年级学生的研学,变成"只学不旅"。

其次,研学旅行的目标可以共同制定。比较完善的研学旅行的目标,可以是师生共同商讨出来的。教师给出本次研学的基础性学习目标,学生可以给出个性化的自己或自己的团队更感兴趣的学习目标,完成某一项挑战或解决某一个问题。在高年级,尤其可以如此操作。那些学生自己期望去完成的目标,就是属于他自己的真问题。比如,同样去游乐园的研学,教师可以要求学生团队完成1个游乐设施的科学原理分析,但,学生也可以有自己的学习目标,有的小组的目标是体验刺激,那么可以通过游玩后的心跳测试来跟进,有的小组是体验休闲,那么或许可以用拍照、视频、文字等方式来表达他们的研学收获。

第三,研学旅行的目标可以适时调整。如果学生在研学中发现真问题,那么,也可以把这些生成性问题的解决,作为研学的目标之一。毕竟,研学是一程陌生化的体验,并非所有的遇见都是预设好的,旅途中真问题的解决,更加真实地反映了学生的收获与成长。如,学生该怎样去和各种陌生人交往,怎样在公共场合理举止等等,教师也要及时发现真问题,并帮助学生调整完善。

（二）虚与实

教师从学校视角出发研制的研学旅行课程目标,容易受到学科教学习惯的影响,制订一些非常显性化的目标,比如从知识、能力等方面,给出学生非常明确的任务驱动与水平描述,比如:在革命场馆的参观过程中,可能就是聆听英雄的事迹等等。

但研学旅行不同于普通学科教学在于,目标的多元化,同样是去参观革命场馆,我们同样需要关注,学生参观场馆时的合适的态度,可以和讲解员的交流,以及提前了解那一段历史等等。

那么,这些相对虚化的目标,可以设计在研学手册的评价部分,予以体现,也因此,可以将评价部分的认识,提前到学生的研前课中了解,通过对"研学评价"的了解,促进学生在研学过程中去实现我们所期望的教育目标。

(三) 粗与细

研学旅行课程的目标,宜粗不宜细。过于细化的目标,不利于学生在研学旅行过程中的自由体验。比如,在参观科技博物馆时,可以要求学生至少体验两处科技设备并了解科学原理,却不必硬性规定,是哪两处的设备。但如果在参观科技博物馆,一点都没有如上规定,学生的研学旅行也会完全流于"游玩"而非"研学"。精当的目标设定,会让学生在完成学习任务的同时,有更多的空间来关注自己内心的感受。

研学旅行,本身就是"行动的脚步"与"自由的灵魂"。我们可以帮助学生去体会研学旅行中"自由"的边界,那就是"有利于学习无碍于他人",在他们"越界"时,教师予以提醒和制止,但在范围之内,学生的自由探索则格外宝贵。

三、学科内容整合的研学旅行课程案例

五年级"上海欢乐谷"研学课程开发

【研学地点介绍】

上海欢乐谷——中国首个连锁主题公园品牌、国家 4A 级旅游景区,

地处上海松江佘山国家旅游度假区。全园占地面积65万平方米,拥有100多项老少皆宜、丰富多彩的体验项目,是国内占地面积最大、科技含量最高、游乐设施最先进、文化活动最丰富的主题公园之一。

上海欢乐谷全园共有七大主题区:阳光港、欢乐时光、上海滩、香格里拉、欢乐海洋、金矿镇和飓风湾。这里有众多从美国、德国、荷兰、瑞士等国家引进的世界顶尖科技娱乐项目,如:全球至尊无底跌落式过山车"绝顶雄风"、世界最高落差"激流勇进"、全球最受欢迎亲子悬挂过山车"大洋历险"、亚洲惊险之塔"天地双雄"、国际领先级4K高清"飞行影院"、最新4D过山车模拟体验馆"海洋之星"……荟萃大型多媒体歌舞秀《欢乐之旅》、原创魔术剧《奇幻之门》以及零距离海狮互动等精彩演艺。

在这样一个可以深度体验的地方,怎样让五年级的学生游中有学,研中有乐,我们且以研学手册中学习任务的提升设计来讨论。

【研学课程设置】

• **英语——单词积累课程**

上海是一个高度国际化的都市,几乎所有的标牌,都会中英双语,甚至更多语言。在欢乐谷这样的旅游地点,就体现得格外充分。类似的在上海迪士尼、科技馆、博物馆、动物园等游学场馆也如此。手册设计了一个"单词积累"的学习任务,这样的学习任务可以推而广之,应用于所有进行双语标记的研学旅行地点。

学生在研学旅行过程中,在这些陌生化的环境中,可以锻炼他们的语言的敏感性,他们在阅读连续或非连续性文本的时候,也可以同时关注英语的介绍。英语基础好的孩子,可以阅读英语的句子或段落,但最基础要完成的学习任务是,他们玩好了回来,至少要学会几个游戏项目的单词。

当每次到一个地点去研学旅行,我们对于学生都提出这样的要求,学生逐渐对于户外的这些标牌,看得也会更仔细一点,是不是也可以强化他们在生活中学习英语单词的习惯。

• **数学——理财课程、健康课程**

一次游学,可以涉猎的数学课程有很多,其中,理财消费是最容易和数学课程整合的。学生要学习怎样消费更合理,他们可以统计自己在游学前,已经为游学准备花费了多少;在游学中,又实际消费了多少;在游学后,是否还要有相应的支出,比如制作一本漂亮的研学旅行的影集。

我们在手册上,要求五年级的学生用统计图表来表达出小组内的消费情况。这个在游学前,老师可以适当指导,比如,他们的统计图,可以比较每个人的消费,可以比较各个项目类别诸如吃饭、购买礼物、门票等的消费,不必规定,学生必须从哪个维度来进行比较,只要学生能够收集数据,以图表来呈现即可,图表在生活中的实际应用,此为一例。

除此之外,我们还安排了测试每分钟心跳的活动。学生在四年级科学的学习中,已经知道了心跳和运动以及人的紧张程度的关系,欢乐谷里就有很多刺激的游戏。学生带着"比较活动前后的心跳次数"这样的另类任务去玩,又是别有一番乐趣。不仅玩到了,他们也再次重温了健康知识,还可以用心跳次数来比较大家的"胆小程度"。

- **科学——知识应用课程**

欢乐谷里有很多高科技的项目,既然是高科技项目,自然有高科技的知识在里面。比如,他们在坐过山车时候体会到的离心力,自己都仿佛要被甩出去了;他们在谷木游龙下面,看各种不同的框架结构,完全由木头支撑起来的高大建筑,各种光和影的游戏让人觉得迷幻奇妙……知识并不只是停留在百科全书里,乐园的各个项目,都在诉说着科学知识的伟大。孩子们需要睁大眼睛去发现。

研学中,我们不仅请学生表达出是什么原理,而且要写出猜想依据,这就不会是空穴来风、张口胡说了。有理有据地表达自己的观点,是科学课程要教给孩子的思考习惯,那么,在游玩过程中,我们也一起来体会一下吧。

- **户外—探险课程**

和这个"探险活动"相对比的,是原本在这个位置设置的"写话"任务。尽管是并不长的一段话,还是让人想到传统春秋游回来就一篇作文的梗,这几乎是每个小学生的噩梦,有的孩子甚至感叹,情愿不要玩也不要写这

个作文啊!

为什么不喜欢写?因为无话可说。但是,老师偷换了一个概念,请学生来"探险",分享探险的感受。

探险时候的快乐、担心、害怕、放松……情绪起伏,就很能够写一写了。更何况,和探险同时进行的,还有测心跳的活动,谁心跳最快,可能他就是最害怕最胆小的,谁心跳最稳定,他就是最胆大的。

现在的孩子,户外活动的时间或许能够保证每天1小时,但平日里的校园活动大多在老师的指挥下玩,虽然很快乐但户外活动的强度未必够。现在在欢乐谷这样特别的玩乐之地,体验是新奇的,而且,手册设置探险课程,督促学生去探险,挑战自己的胆量,也可以弥补校园内户外活动的不足。

这里也可以渗透团队队员相互帮助的行动。为了完成探险项目,小伙伴之间鼓励、支持、帮助,胆小的孩子也会尽量鼓起勇气,去尝试一把,说不定,就不害怕了。

- **伙伴—分享课程**

研学手册以期望出现的游后分享来指引研学旅行过程中的各项活动。

他们需要开一个简短的讨论会,讨论他们的小组怎样展示他们的研学成果。是要制作PPT参加班级巡讲吗?那么,我们去欢乐谷游戏的时候,照片素材显然要多一些。我们是要进行摄影作品展吗?那照片的选题显然要新颖,拍摄质量也要高一点。如果是要创作一篇游记,那我们显然要好好地设计我们的游学线路,而且要比别人更留心各个活动的介绍,如果可以,我们最好直接把欢乐谷的导览图和项目介绍带回来,还要记住在欢乐谷发生的特别的事情,这样,我们的游记才能写得更好。

除了和学校里的老师同学分享,和家长分享当然也很重要。给家长带小礼物,分享特色物品;和家长讲欢乐谷里的故事,那就是分享体会了。分享,可以把一个人的快乐变成更多人的快乐。

- **摄影—发现课程**

外出研学,发现学生的记录意识比较薄弱,他们会看到漂亮的风景感叹,也会在玩有趣的游戏时雀跃,但是他们很少会想到要记录,追根究底,是他们不会去捕捉发现,这其实也和他们语文习作时,不知道要写什么有直接联系。他们没有那么敏锐的视角,去发现值得写一写的素材。

拍照,是一个很好的捕捉素材的方法,速度也快。老师不只是要求他们把小照片贴在"照片墙"上,还要他们说明为什么。他们筛选了很多的照片之后,才会把这几张照片展示出来,必定有他们的理由,那么,就给照片简单的注释,让看到这些手册的人,能体会到他们的用心。

用摄影来记录的这个研学旅行课程,也可以说是发现课程,让学生更加仔细地去体味每一个活动中的精彩,以手册上的要求,指导他们在研学中,发现各种值得纪念的事情,值得展示的事情,然后"咔嚓"拍下来,再展示出来。

在增加课程素材的同时,我们也下狠心删除了部分精美的介绍内容。一则这些内容大多可以在网络上查找到,老师介绍得很详细了,反而会造成学生的惰性,不需要自己再去找资料。再则,入园后,只要学生能找到游乐园的介绍,我们手册上的介绍内容也会赫然在列,甚至会介绍得更加详细,只需要把游乐园介绍贴进来即可,可以节约游学手册的印制成本。

研学旅行并不是独立的学科课程,需要在实际的旅行生活中面对遇到的稍复杂问题,通过多种途径尝试去解决,在研学旅行过程中,可以设置主题化的学习项目,是深度学习的体现。学生在研学旅行中需要接触到的生活技能、安全预案、同伴交流、文化历史、货币使用、地图导览、行程攻略等各方面的课程内容……研学旅行的丰富性和真实性,远超校园生活。学生在不同的地点做研究,需要的学科支持也不同,探索方式也不同,教师也需要思考,在信息量如此之大的课堂之中,学生的自由度和规范性如何把握?

在进行学科内容整合开发的过程中,各学科教师提供了丰富的教育教学智慧,让研学旅行课程更贴合于学生的当下所学,并展望未来发展。"跟着课本去研学",学科视角的加持,不仅让研学课程的整合设计更加丰富,也更加有实施的师资保障。而我们在设计课程时反而要警惕的是,"只学不旅",让所有的学科任务充斥在研学的整个旅程,给学生带来过重的完成学科任务的压力。

第三节　学习方式

研学旅行中所运用到的学习方式,远比校内学习要丰富,因为它本身就是为学生创设了更加广阔的学习时空,踏出学校,除了有文字学习,还有场馆里的学习;不仅是静态的学习,还有动态的体验;不仅是观摩,更多是亲身参与[1]。研学的地点能提供不同的课程资源,而不同的课程资源则需要采用不同的学习方式。在研学和学科学习整合的过程中,会有学习方式的侧重,比如语言类的学习会注重交流对话;艺术类的学习会注重感受与鉴赏;科技类的学习注重实践与创新……在研学旅行中,通过对于学习任务的设计,调用不同的学习方式,帮助学生实现素养和能力的提升。

课程整合设计中,对学生的学习指导方式也不同。比如,我们带学生去爬山、去海边、去博物馆、去古镇、去国际大都市等,我们能够指导学生的切入点是不一样的。但凡课程,通常就会有教材,研学旅行的特别之处在于,它的教材需要学校自主开发。其开发的方式,类似于学科的"学案"或者"导学单"。太仓市实验小学的研学旅行课程,每到一地,必有一地的研学手册。有手册的指引,教师对于学生研学旅行的若干指导,就可以贯穿其中。

一、课内与课外的整合,锻炼关键能力的学习方式

在情境理论中,传统的课堂学习方式是去自我、去情境的,是需要学生以相对克制的方式来进行学习,而如果能在课堂中创设生动的情境,则有利于将学习者的身份和角色意识、完整的生活经验以及认知性任务重

① 杨龙.从开发学习内容到研究学习方式[J].现代教学,2021(Z3):133—134.

新回归到真实的、融合的状态。从这个认识而言,研学旅行中的情境学习,就是传统学校教育的有力的补充。

研学旅行有在课堂中学习的内容,但更主要的是在课堂外学习的内容,或者,我们也可以把整个旅行过程,就看作一个大课堂,在这个大课堂中,可以填补我们在校园里的小课堂中不能实现的学习方式。

（一）学习任务从室内延至室外,磨炼学生"坚毅的自制力"

我们在研学旅行中提出"坚毅的自制力",也正是由于在研学旅行中,学生走出校园和家庭这样的舒适区,独立去面对陌生的环境进行研究学习,学生的"自制力"就格外重要。行动不逾矩,但又要勇于探索,"坚毅"的品格就在克服一个又一个的困难中,得以升华。

1. 相对松散的学习组织需要学生更加自律

在课堂中的学习,以40分钟的课时为单位,研学旅行的时间,就不是这样固定的分段进行,而是根据游历的地点和内容的变化而变化。在传统课堂中,学生的三维学习目标通常表达为知识、能力和情感态度价值观;研学旅行的学习时,需要的储备知识增加,学习过程中,学生的知识吸收常常可以超出教师的预期,能力的实施则更加关键,当然其中也伴随着知识的增长和情感态度价值观的提升。

研学旅行让学生在游中学,在学中游。"游"是"学"的方式,"学"是"游"的目的,两者交互共生。这个"游",主要引导学生走出校门,在于平常的教学环境不同的情况下,拓展视野,亲近自然、参与体验。这个"学",相较于课堂的学,更具有浓厚的趣味性和实践性。通过对研学旅行的体验性活动,学习了中华传统美德,了解了祖国的历史文化,学会了生存生活,学会做人做事。在研学旅行课程设计中,要正确处理好"游"与"学"的关系,既注重教育性,又不失趣味性。

2. 学习资源的丰富使得任务完成方式更加多元

在研学旅行过程中,我们期望学生以项目式探究开展他的研学旅行活动,注重学生的个体体验,学生可以有不同的关注点,我们要引导学生发现问题,研究问题,但不必僵化于一隅,在实施过程中,随着活动的不断展开,新的学习资源的出现,在教师指导下,学生可根据研学旅行实际需要,对活动的目标与内容、组织与方法、过程与步骤等做出动态调整,使活动不断深化。

研学旅行对于小学生而言,不仅仅是一个学习知识的过程,对某些孩子而言,可能生活上的挑战会更加让他重视。研学旅行多数会住夜,但小学生的独立住宿经验很少,怎样可以安然度过,我们采用阶梯式的体验任务,让孩子逐步适应独立住宿独立照顾自己的旅行要求。

在"跨校一日体验"活动中,我们会要求学生到新朋友的家里住一晚,和新朋友以及他们的家人一起食宿、交流,看看自己可不可以离开父母参加更远的游学。会有学生半夜哭着找自己的家长,不适应的情况出现,但经历这一次,这样的同学以及他们的家庭,也会看到孩子在任务承担方面的短板,更加审慎地看待去更远地方的研学旅行。

(二) 学习空间从封闭转为开放,提升学生"文化的感受力"

我们提出"文化的感受力",这是研学旅行课程的核心,是所有其他校园里的课程所不能取代的真实体验。文化的感受也不能泛泛而谈,学生需要在一个一个研究项目中,逐步体验,逐步深化。

1. 相对开放的环境更需要学生铆足劲往一个方向探究

研学旅行课程中,不论是山海课程、场馆课程还是城乡课程,给学生提供的都是一个广阔的大课堂。在这样的大课堂中,学生接触到的信息,和课本素材也不同,几乎就是未经筛选的。

在这样原汁原味的生活化的学习环境中,师生提前预设的学习项目就格外重要。项目任务的精确指向,引领着学生进行更加专注的研究而不是走马观花。研学手册的使用,是学生在分组开展研究时的重要抓手,有了手册上的任务驱动,学生就有了研学行动的主要线路。

2. 陌生化的体验有利于开展两地比较研究

研学旅行,必定从一地到另一地,那么,以比较研究的方式来切入研学旅行课程的学习任务,就可以是一个较为容易开发的课程资源。我们不必强调,学生在进行文化体验,而他们所作的这些比较和体验,又实实在在是在提高他们"文化的感受力"。如,我们在国际研学旅行项目中,可以进行两国的食物比较、货币比较、风俗比较、建筑比较、学校生活家庭生活的比较等等,所有因差异而引起的惊奇感,都可以成为我们的比较项目,比较中才会凸显我们的乡土特色、区域特色、中国特色。

【案例】澳大利亚研学之"阳光下的影子"

活动背景:

五年级的科学课有关于四季成因的学习,学生需要知道,因为地轴倾斜,地球绕日公转,使得一年中,阳光在某处有规律地发生直射和斜射的变化,引起温度的变化,形成四季。

太仓位于北半球,澳大利亚在南半球,学生通常暑期去研学的时候,两地季节恰好相反,这是一个非常难得的学习资源,学生可以同时测量正午阳光下的影子长度,认识阳光的直射与斜射的情况:7、8月间,阳光直射北半球,正午影子就很短,是夏季;同一时间,阳光斜射南半球,影子就很长,是冬季。

活动内容:测量影长,认识四季成因

活动目标:

1. 尝试在澳大利亚研学过程中,和在国外的同学同时做同一个科学实验,学会合作;

2. 通过测量影长,认识太阳的直射和斜射对于气温(季节)的影响。

活动方法:

1. 选择一个晴朗的天气,在12点正午时分做实验;

2. 准备好最简单的测量工具:2把20厘米的直尺,一把垂直于地面,另1把测量垂直于地面的直尺的影长;

3. 与国内的小伙伴实时联系,交换数据,讨论相关科学知识。

以澳大利亚研学旅行活动为例,我们的学生用这样的方法比较了南半球和北半球的气候,在头脑中建立的模型,则是地球和太阳直接的位置关系。同样的,我们也会观察,南半球和北半球不同的流水漩涡,在飞机上开展时差的计算,看飞行高度和飞行里程,看飞机飞越的国家,讨论采用此线路的原因,比如为什么不是穿越青藏高原去欧洲而是从俄罗斯绕道……我们开发这样的课程,是研学旅行不可替代的课程优势,这样难得的学习机会,也是其他课程所不能企及的,相信对于学生而言,也会是非常难忘的比较学习的经历。

（三）学习伙伴从陌生逐渐熟悉,增长学生"协同的行动力"

我们在研学旅行中提出"协同的行动力",以团结协作来应对未来挑战。未来的学习不再只是个人的努力,从"21世纪核心素养"表格中,我们就可以看出,学生的社会性发展方面的素养包括了沟通与合作、领导力、跨文化与国际理解、公民责任与社会参与等。学生要在合作中学习尊重、学会对话、学会共长共进。

研学旅行团队的组成,如果以班级为单位,学生的学习伙伴还相对熟悉;但是走向更远的地方的时候,往往会以年级甚至跨年级展开,因此,学生就需要和陌生的伙伴在短时间内熟悉并合作完成更多的学习任务,学生的社会交往能力就可以得到锻炼。

在研学中,教师也可以有意识地让学生和更多相对陌生的人交往、沟通,比如在研学过程中观察和采访各行各业的人,进行职业初体验;到友校的同学家拜访甚至就是住家体验,怎样做到更得体,他们需要打破社交的隔膜,对于相对内向的学生来说,尤其需要勇气去突破。

1. 学习共同体的社会交往

研学旅行的学习项目可以独立开展,但活动时,往往以小组形式展开,可以视为一个阶段的"学习共同体",团队成员之间的协商、沟通、互动、合作,对他们的知识建构、能力锻炼,有着重要的作用,比如,我们和学生协商制订了"研学手机使用公约"。因此,良好的合作性,是研学旅行课程开展的保证。如果一个孩子动辄离队动辄置气,他的学习成果一定不会好。

合作学习,不仅是知识,还包括了学习能力的互补甚至生活中的相互照顾。在旅行中,我们会以切适的评价,来委婉地指导学生间的合作,比如,我们会在评价表中询问:

你是否曾在哪一件小事上帮助你的小伙伴?

你的特长是什么?这个特长在研学旅行中可以怎样发挥?

你在你们研究小组里的任务是什么?

你完成得怎样?遇到了什么困难?解决的办法?

......

2. 学习共同体的任务达成

合作学习,当然还包括了共同完成一项学习任务,除了上文提及的去了国外再和国内同学同时做实验的情况,我们还可以设计很多需要小组合作完成的研究。如,一起去采访传统手工艺人,这个负责提问,那个负责记录,还有的可以负责录音等等,把综合实践活动中对于职业体验的部分内容,融入到古镇的研学旅行学习项目中,进行无缝对接。

在这样的"学习共同体"中,其实学生需要交流的对象,远不止小团队里的伙伴,还包括了与带队老师的交流,与导游的交流,与当地居民的交流,我们可以发现,这种交往能力,不仅与孩子的性格有关,也与他是否清晰自己研学旅行的任务以及任务完成度的要求,有着直接的关系。

(四)研学成果从稚拙走向精彩,展示学生"自由的创造力"

我们提出"自由的创造力",主要是在学生成果展示环节得以体现。每次研学归来,班级、年级会有研后课程,进行成果的梳理和分享。学生研学成果的表达,也随着他们年龄的递增、经验的递增而逐渐从稚拙走向精彩。

1. 成果表现形式的创新

在中低年级中的成果表达,学生会选择剪剪贴贴以及表演等形式来呈现,也会加入亲子作品。在这其中,研学前的预设,起了重要的作用。如,一年级在公园里研学时,认识了各种植物,他们就会捡拾树叶,不仅做树叶贴画,也会拓印及做书签,通过这样的活动,加深对于植物的了解。

二年级的学生在现代的农业园里参观并挖芋艿之后,会把自己挖到的成果带回家,在爸爸妈妈的指导下,煮芋艿、分享,特别有成就感。

高年级的学生,研学成果的表达,就更有发挥的余地。他们更加倾向于用PPT发布研学成果,将本组的项目学习完整地表达出来。也有小组会一个项目多种表达,如在研究地标建筑之后,制作建筑模型。

2. 成果表现内容的创新

三四年级的学生在爬过穹隆山后,将在穹隆山上的数学研究,对着家长的手机煞有介事地录课,进行微课讲解。也有研究动物的专题,如鸟喙的比较,所有的照片,都是小组成员精心拍摄。

研学课程的影响力也渗透到了学校其他活动。学校就曾组织过"世界各国"为主题的体育节入场仪式,每个班级选择一个国家,研究他们的特色,在入场时候予以表达。我们就在这样的入场式上,看到巴西的足球,听到非洲的鼓声,还有墨西哥灿烂阳光下的玉米……

二、预演与实操的设计,不同研学时段各有侧重的学习方式

就时间轴而言,研学旅行课程可以分为研学前,研学中和研学后,分别需要制定不同的研学目标。

(一) 研学前的预演:从储备知识到锻炼能力到整理行囊的各种准备

研前课程我们也可以称之为行囊准备课程,就是在研学前,为即将到来的旅行准备好合适的行囊,在这一个阶段,我们需要学生达成的目标主要是:目的要明确,生活能自理,资料会筛选。

教师可以和学生预演在研学中可能会出现的各种情况,并提前给出解决的方案。

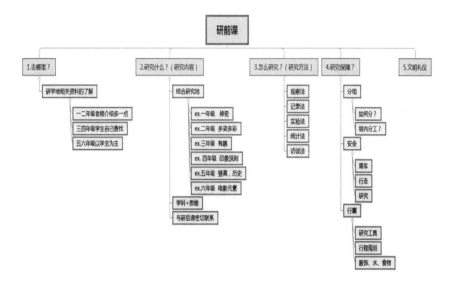

图 2-7 研前课基本流程

1. 明确的研学目的

学生需要明确知道,自己本次研学究竟要做什么,我有哪些小组的伙伴,我们怎么分工,我需要完成什么样的研究任务?……

在研学前,激发学生的学习兴趣是非常重要的。从学习的观点出发,它的突出特征是高度的参与动机和由此而来的学习强度与效率,但这些似乎在常态化的校园课堂中越来越成为问题。教师要避免将"研学"完全等同于"学习",而是要重视研学中的趣味性,激发学生研学的意愿。

如,学生在研学时常常需要用到手机,在父母身边的时候,手机由父母监督,而离开父母之后的研学,学生对于手机的管理却总会让人担心,也确实出现过学生玩手机游戏导致落队或者白天没有精神的情况。但是如果学生如果真的明白研学旅行的目的,那么,当他自控力相对较弱的时候,也会接受老师和同学的提醒,配合好老师的管理,在恰当的时候使用手机。

有了研学动机的激发,学生就会更加积极地投入到研学的筹备以及实际研学中来。

2. 独立的生活能力

这个主要针对有外出住宿的研学项目而言。对于这样的研学,学生更加期待与忐忑。因为绝大多数的小学并非住宿制学校,学生就几乎不可能有集体食宿的经验。学生提前进行独立生活的锻炼,也有利于家长对孩子的研学更加放心。

虽然学生的自理能力一向是我们在教育中提倡和关心的,但校园活动的局限性,使得小学生的独立生活能力,在学校中很少能够体现,整理教室、整理自己书桌、学习用品这样的活动,只能说是生活能力的部分体现而已。但研学旅行在外食宿,学生对于自己的生活怎样照顾安排,就能看得出在家庭中,是否关心过度导致这方面的能力低下。

当然,独立的生活能力还包括了安全的意识和行动。

在预演中,教师预设各种可能出现的安全问题,比如:走丢了怎么办?吃坏肚子了怎么办?丢东西了怎么办……等等,在预演中,学生要能在情境化的演练中,给出解决的方法,知道怎样应对突发情况。有一次研学中,学生真的就和大部队走散了,最后通过位置共享,重新汇合起来。

预演得好,甚至能让整个行程都非常流畅,如学生在合影时,就会缩短点名时间自觉找到站位。

3. 匹配的工具准备

"工具"包括了无形的知识和有形的物品。

丰富的知识储备对于学生研学的质量有着直接的联系。试想同样站在西湖边,一个学生脑中一片空白,什么都靠老师来讲解输入,另一个学生则随口吟诵出"接天莲叶无穷碧,映日荷花别样红",他们俩的研学成效,是完全不同的。

学生需要提前了解目的地的情况,包括历史、风俗、饮食等情况,如果是多天多地旅行,则要对行程有一定的掌握,并对沿途的研学点提前搜集相关资料。学生间分享搜集到的资料,是事半功倍的办法,将查资料任务分解之后,每个人都可以共享到别人的关注点。

行囊中的物品,每次研学不尽相同。比如,是否需要地图?是否需要笔记本?是否需要帽子水壶舒服的登山鞋……所有的物品,都是为完成研学的任务而来。在行囊准备课程中,我们要求学生学会自己准备自己的行李箱,把物品整理得井井有条,同时发布在研学群中,也通过这样的行囊准备,帮助学生更加清楚,自己本次行程的天数、学习内容,任务目标。

(二) 研学中的体验:从安全保障到项目实施到伙伴合作的各种实践

整个研学过程,就是按照研学课程的整合设计来高品质地实施的过程。在实施研学课程时,教师的指导作用和学生的主体地位分外彰显,研学中首要的是安全的研学行动,贯穿于全学段全过程;其次,是高品质的研学项目研究的实施,再然后,是非常难得的和伙伴们共度的欢乐时光。

1. 安全的研学行动

这是最重要的研学要求,行动不能逾矩,所有的研学行动,都需要服从"安全"这一最高要求。

安全保障落实在行动细节中,包括在研学前的预演和研学中的遵照执行。在前文"贯穿课程资源始终的生存锻炼"部分中,我们已经对衣食住行有了较为全面的叙述。

在实际研学中,还有一些可能需要注意到的安全问题,比如:

点名。团队活动的点名天中要多次进行。上车前的点名,下车后的点名,到达研学地点的点名,分散活动之后再集中的点名……建议分散活动的小团队人数控制在 4—6 人,设立 1 个小组长,不能更多了,人多了就容易走散,需要时时关心好别人在哪里,注意力被牵扯掉不说,更会大大增加集合点名的时间成本。

分组研学。分组研学的过程是处于一种相对比较弱的师生联系,需要一位能力出众的学生担任组长,研学活动也非常锻炼组长的组织协调能力,在学生组内意见出现分歧的时候,组长作出决断。每个学生都需要知道伙伴的联系方式,具体的行程以及遇到突发情况时的处理方法。尤其需要知道带队老师的联系方式,背出老师的电话号码。

2. 充分的学习研究

在安全之下,学生可以自由地开展研究。

亦步亦趋的研学探索。 我们可以发现，小学生对于研学过程中的素材采集是相当没有经验的，常常看到别人要记录了，他也跟随着记几笔；看到别人去阅读墙面介绍了，自己也跟着看看；看到有人在那边拍照了，就也排着队去拍一张……当然，这种亦步亦趋的学习方式是成长中的必然，随着年龄的增长，他们在研学中自主学习的能力也会增长。

放慢节奏的深度体验。 在安排研学旅行的转场节奏时，切勿太满，不要匆匆地从一个场地奔向另一个场地打卡，研学地点的打卡是无止尽的，到了一个地点总还有一个地点，景点打卡对学生而言，并无多大的意义，相反，放慢节奏，在一个地方充分地交流，更能够让学生加深印象。

比如，在科技馆里，学生认真地阅读科学家的伟大贡献以及旁边他们的代表性研究，动手做一做旁边的实验，了解实验原理；在动物园里，仔细比较游禽和鸣禽的区别；在园林里，每个同学拍下一个一个花窗的光影，再分享比较，感受古人的雅趣……这样放慢脚步的研究，学生才能有真正的收获。

充分的研究，需要在研学课程的设计时给予学习时间的保证。

及时跟进的教师指导。 教师在研学中指导学生时，一个是指导学生的注意力分配，再一个，就是指导学生研学素材的收集，为研学后的成果整理作准备。

比如有学生研究特色建筑的，就可以帮助学生一起选取拍摄建筑的角度；学生在场馆里参观，就可以指导学生租用讲解器边走边听；在室外拓展的时候，则需要提醒和鼓励。如果有小组在研究植物，也可以建议学生下载"形色"、"花伴侣"等 APP，自己查找比对植物的种类。

正是因为教师有这些重要的指导作用，所以在某些研学过程中，学校邀请家长作为志愿者来支援研学，家长并不清楚学生的研学目标和内容，往往就只能起到一个维持秩序保证安全的作用。

即使是导游，也不能取代教师的指导作用。导游尽管有着专业的知识，但通常只是按照既定的旅游线路和介绍词，给旅游团队一成不变地完成背诵，而并不能关注到每个研学小组的主题，给出个性化的介绍。

3. 愉悦的伙伴合作

研学旅行也是伙伴交往的好时机，学生需要学会和伙伴共同面对研学问题，解决研学问题，享受旅行带来的愉悦。这份愉悦，可能来自于旅行中的新奇发现，可能来自于同伴间的美食分享，也可能来自于研究问题的解决。

然而在实际研学中，往往会有一些不够愉悦的情况出现。比如，学生在公共场合是否举止得宜？学生能否自始至终都专注研学？还是所谓的伙伴合作只是大家被动地遵照着指令，排着队伍的观光？我们不能要求旅程的完美，但是也需要在交往的冲突中，帮助学生认识到自己的不足并逐步纠偏。

在研学前，进行大家都能认同的分工，会是愉快合作的一个基础，在研学中，随时分享欢乐，也可以调节整个行程的氛围。比如，我们会在无聊的长途乘车时，开展 BUS 课程，教师及时了解各个小组成员的研究进展并予以调节，开展 K 歌表演，施展才艺或者玩各种安全游戏。

在伙伴合作中，还有可能的一种合作是跨龄合作。比如在一年级学生入学后的"漫步校园"的活动中，就可以有高年级大哥哥大姐姐的带领和介绍。

甚至在参观动物园的活动中，也同样可以混龄研学。大哥哥大姐姐带着学弟学妹，从生活上、学习上，对低年级学生进行照顾和指导，比如给高年级学生一个任务：向低年级的学生介绍 5 种动物的习性。作为"可靠的大孩子"的标签，会让高年级的学生更有责任心，更加用心地完成任务，教学相长。

（二）研学后的回味：研学过程的反思与表达

就老师的指导而言，回归到校园的研后课程，显然拿捏得更加得心应手。研后课的基本流程，作为一个教学模型，可以为教师在设计研后课时提供参考，但研后交流的时机和模式，也远远不止模型中的这些形式。

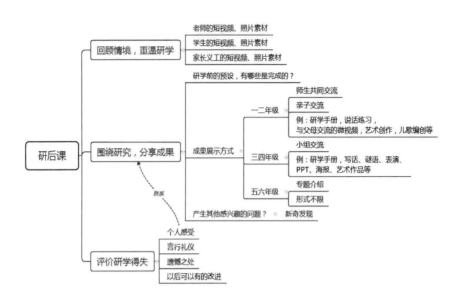

图 2-8　研后课基本流程

1. 独立的研学反思

反思是提高学生感受力的一个有效的方式。每个学生都会有不同的研学体会,学生需要自己独立总结。在传统的春游秋游时,研学的反思往往表现为"一篇作文",而教师做得更有价值的是,发掘研学中有价值的话题,再与学生讨论。在复盘整个研学过程中,学生再次回顾研学过程,分析自己的得与失。

反思随时随地都可以进行,可以就在研学的地点,当场反思交流,解决研学中出现的问题;可以在回程的路上,及时反思总结;还可以返回校园后,经过几天的沉淀,再来回味研学,那个时候的交流,往往是研学给他们带来的印象最深刻的体验。

如,在某次研学中,一位学生把手机带到沙滩浅水区拍照,在请另一个同学帮忙带回岸时手机进水了。

在回程的大车上,老师和学生讨论这个事件,请同学们反思。老师首先请每一个角色表达他们眼中的事实:手机的主人,旁边的伙伴,帮忙的同学以及岸上旁观的学生。在充分展示事实后,老师请其他同学表达他们的观点,并请几位当事人和其他同学继续交流,当时是怎么想的,为什么会这样。

在坦诚的交流中,手机的主人认识到,不应该把没有保护套的手机带到水边,但是,手机进水了自己很难过,但同学的哄笑让她更加难过;旁边的小伙伴意识到自己没有劝阻好朋友;帮忙拿回手机的小朋友也很难过,因为觉得自己好心办坏事了;在旁边起哄的同学则表示很后悔,他也不知道手机进水会这么糟糕不能挽回。

老师继续追问帮忙的同学以及全车的人,如果以后再有同学要请你帮忙,你还会帮吗? 大家沉思,然后陆续表达:帮忙,或者是判断好自己有没有这个能力,再帮忙。

此情此景的反思,学生不再是站在道德的制高点,只一味地判断孰对孰错。而是在理解他人的基础上,再次作出自己的价值判断。或许,这就是徐冬青教授所说的,"塑造儿童的心灵秩序"。

2. 自由的成果表达

我们提出"自由的创造力",在学生研学成果交流时,就有了施展的天地。对于学习成果,可以有多种表达方式,但事实上这个问题在研学前和研学中就需要考虑以及积累相关的素材而不只是在研学后才开始思考。

比如,有的学生研究植物,可能就需要采集一定的标本;有的学生研究建筑,可能就需要拍摄一定水平的照片;还有的做行程规划,他们就需要计时或计步,然后通过数据表达自己的研究。

在研学过程中,"输入"是相对容易的,即学生在旅行时接收纷至沓来的信息;有序的"输出",则需要学生对于"信息"进行再加工,删繁就简,条分缕析,就会有一定的难度。

教师可以指导学生组建不同的成果表达的平台。

在学习群的表达。建立小组学习群,以及时表达成果为主。如,教师在研学时给出学习任务:晒一张你最满意的摄影作品并向大家介绍这张作品;指导学生制作"美篇"、"短视频"等,及时在学习群进行推送。教师可以加入这样的学习群,远程指导学生的研学项目,并实时掌握学生的研究进展,不仅可以找到优秀的研学成果予以推广,对于学生在研学中遇到的困难及时伸出援手。

在全班表达。学生根据本组的研学主题,在研学后进行更加系统地整理和完善,用PPT或者创意作品比如手账、海报、视频剪辑、研究报告等,表达对某个主题的研究。团队中的每个人都可以贡献自己的能量,比如选素材、排版、文字、演说等等。

在全年级及跨年级表达。学生经过班级内小范围的演练,优选进行全年级的研学旅行成果发布会,还可以走到低年级的班级里,进行研学旅行活动的推广,通过自己的研学发布,向低年级学生展示更加丰富的学习方式和学习成果,也给推广的学生带来一定的成就感。

3. 公正的研学评价

研学旅行作为国家课程的校本化实施,其评价的初衷及方式方法与综合实践课程的评价一脉相承,甚至与大多数学科的评价也完全学理相通,即:不把结果作为唯一的评价标准。

在辽宁师范大学教育学院张迎的观点[①]中,评价时,要重视学生的多元智能,构建行之有效的评价体系是完善研学旅行的整体设计和促进其有效开展的重要手段。

基于多元智能理论构建评价体系,注意到了评价主体的多元化,可以学生、伙伴、教师、家长共同参与评价;评价指标全面化,不以单一的研学成果作为评价依据,而是可以从情感态度、能力及知识等多角度评价学生在研学中的表现;评价过程全程化,相关的评价表格可以全程使用;评价情境真实化,建立智力优势各不相同的小组,把学科教学、社会实践、研究学习结合起来。教师更可以结合研学过程中的事实细节,对学生开展研学评述,讲学生研学中的故事,让评价回归于当事当时,给予学生更具温度更具发展性的评价。

建立相对完整公平研学旅行评价体系,可以促进学生全面而个性的

---

① 张迎. 基于多元智能理论的研学旅行评价体系的构建[J]. 教育观察,2020,9(15):27—29.

发展,进而实现研学旅行课程的长期健康发展。

三、以手册贯穿研学旅行整个过程,指引学生采用不同的学习方式

学生的研学旅行过程中,研学手册贯穿始终。手册不仅让课程可视化了,给了学生相应的学习建议,而且在完成的过程中,学生也需要调用各种学习能力,让"游"与"学"紧密结合。研学旅行的手册开发,有更大的自由度,学生共同参与开发手册,会让学生更加清晰研学旅行中,自己的研学目标究竟是什么,对目的地的了解以及对学习任务的明了。因此,研学旅行手册的开发,有助于实现研学旅行课程的整合设计,也可以成为学生学习的重要指引。

（一）手册开发的必要性

研学旅行手册就是学生的一份研究导学单,对如何开展学习活动有详细的指导。

1. 手册是学生研学旅行前的准备

老师和学生进行研前课的讨论,可以借助手册。学生可以通过手册的指导,了解行程,确定研究任务,开展先学活动,对所要研学的目的地有一些知识的储备以及必要的工具准备。

2. 手册是学生研学旅行中的指导

在研学过程中,通过导学单的指示,尽可能地去了解更多的知识与文化,体验更多的项目,让研学的价值最大化。学生通过观、学、思、行四大行动,完成不同级别的研学任务。手册的研订,成为学生最好的学习引擎,学生根据手册的指导,更好地促进学生的自主选择和个性化体验,给孩子的自主探究提供了空间,也让孩子们在研学活动的过程中,兼顾"动"与"静"的搭配。

3. 手册是学生研学旅行后的回味

研学旅行课程要求学校、教师、学生都成为课程设计的开发者,要广

泛激发学生的主体意识,尊重学生的自主权利,让每个学生有更多的机会自己去设计、开发、创造等。通过学生对研学旅行活动的反思,对学校设计的研学手册在使用中存在的问题,进行进一步的修订,从而更好地指导研学旅行活动。把研学旅行课程实施后的得失、体会和收获,进行资料整理,进一步完善研学旅行课程的设计。

（二）手册开发的策略

1. 从结果导向转为过程导向

手册可以成为学生的研学成果之一,但它的功能更多在于对学生整个旅程的一个过程性指导。当学生在研学中茫然不知能道需要做什么的时候,手册可以予以指引。因此,开发手册,大多可以沿着时间轴,用任务驱动的方式来进行。

如,在研学前,手册指导学生行囊的整理,知识的搜集;在研学中,手册指导学生做项目研究,在研学后,手册给出学生评价的各个维度。让手册自始至终都能适当地发挥作用。

2. 从简单记录到学科整合

研学的手册有多种表达方式,比如有的学生做成旅行的影集,也是手册的一种。但是影集类的手册更多只是具有纪念意义,若是影集,需要增加更多学生对于该照片的解读,为什么要拍摄这张照片,当时的发现或心情是什么。

作为课程的研学旅行,同样需要学生完成既定的学习任务,而这些任务的设定,需要学科老师共同参与。如在一些人文景点,语文老师可以提供历史故事、名人典故、诗词佳句;在自然景观中,科学老师给出考察的方法;数学老师可以建议学生进行行程的最优规划,将数学课上的行程问题变得更加生动;美术老师可以指导学生写生,而体育老师教给学生一定自护的方法。研学旅行有了学科的介入,它的课程化实施才更有品质。

3. 从个人体验到团队合作

研学旅行多以团队推进,合作学习也必然发生。研学旅行手册的使用,可以人手一本,也可以一个团队用一本。研学旅行过程中,学生需要组队活动,那么,伙伴合作研究,就是研学课程的重要形式,团队合作以解决稍复杂的生活问题,正是深度学习所提倡的。学生可以根据研学旅行中的项目要求进行合理分工,减轻因为要完成手册研究任务的压力,比如,写字好的孩子记录,绘画好的孩子装饰,会拍照的孩子负责团队摄影,再有学生可以负责联络等。

4. 从纸质文稿到多媒体表达

我们的学生是伴随着电子产品的发展成长起来的,Ipad、手机、电脑,是他们生活中的日常用品,尤其在新冠疫情期间,在线学习让云教育全面铺开,课堂,早已不再是排排坐在教室里的安静聆听。

研学旅行手册,也未必一定是纸质文本,比如在做思维导图的时候,学生就发现,使用软件的效率就远远高于手绘,用美篇进行图文表达,比手册表达更加有声有色。教师建立研学群之后,学生在参观的同时,随时可以把所思所想发布在群里,而未必一定要等到回宿舍以后才开始书写。教会学生用更多的方式表达自己研学的发现和感受,是研学手册的升级版。

(三) 手册的使用与反馈

1. 手册使用的时机

(1) 旅程中的"BUS 课程"

研学旅行的行程通常会排得比较紧凑,而且通常会有不少的时间在使用交通工具。太仓市实验小学在国际研学中,就发现,利用乘坐交通工具的时间,就可以开展课程讨论,我们称之为"BUS 课程"。在"BUS 课程"中,带队教师拿起车载小话筒,化身导游,进行行程介绍,项目指导,或者突发事件处理。这些"BUS 课程"的话题,很多可以来自研学手册,但并不止于研学手册。

而最核心的是,教师要引导学生参与到讨论中来,如果学生知道接下来行程要求的,就学生说;如果学生对项目研究有自己想法的,就学生说;

如果学生对突发事件有自己观点的,还是学生来说。

（2）休息前的"分享"课程

每晚学生回宿舍休息前,领队教师需要集中学生进行每日分享,要求每个孩子都参与发言,回顾一天的收获与改进,比如,分享一天中拍得最精彩的照片,比如,用一句话概括今天最深的感受,今天遇到的最难忘的事情等等。每日分享是增进师生间以及学生间彼此了解的好时机,也可以及时发现一天研学中的问题并解决。这些每日分享,可以成为学生手册记录的部分内容。

有爱写日记的学生,每天或长或短写游记;有的小姑娘喜欢做手账,把手册贴得花花绿绿……教师要尊重学生的记录方式,可以单独肯定和鼓励这样的学生,但不必过度宣扬,写或不写,贴或不贴,都是学生的个人选择,不以此来判定学生研学的收获。

2.手册使用的误区

（1）并非越频繁越好

手册说到底,仍然只是学生研学旅行的学习工具而已,不能将手册转化为研学的压力,把完成手册作为最终目标,这就本末倒置了。学生在研学中的切身感受,他自己独特的领悟才是更重要的。频繁地使用手册,会让旅行被割裂开,变得更加碎片化。一天中,有一到两次用到手册,已经能够对学生达成指导。

（2）并非越完整越好

在研学旅行的当时,通常不会有很多适合记录的时机,所以,学生的研学手册尽量不要设置文字量过多的记录内容。教师也要理解,在旅程中,学生可能会记录得相对简单。

但教师可以要求学生在返回后,再对手册进行补充和完善。

（3）并非越花哨越好

我们期望看到精美的研学手册,但学生的研学成果,并不能全部由手册来代替。所以,在设计了尽可能完善的手册之后,我们也不能高估了手册的作用。因此手册需要有一定的留白,给学生自由发挥的余地。

研学旅行课程的建设,我们也经历了多重阶段:

第一阶段:碎片化阶段,所有的研学课程只是无关联的碎片化课程,独立呈现,形成课程拼盘,只做加法;

第二阶段:模块化阶段,研学旅行的课程开始彼此关照,形成特色课程,但在课程目标等方面还没有统整,有点貌合神离;

第三阶段:结构化阶段,以学校的顶层设计办学理念一以贯之,对课程结构化,形成学校的课程特色。

如今,我们认识到,研学旅行作为重要的德育课程、综合实践课程以及时刻面临创新挑战的课程,必须要进行较为完备的整合设计,才能有效实施。学生在旅程中,用眼睛去探索大自然的奥秘,用头脑去思考社会的公序良俗,用责任担当去缩短理想与现实之间的距离。

研学任务的解决,研学困难的克服,一次次的锻炼,他们必定会去选择合适的方式方法来应对。而这些学习方式的选择,其目标指向,还在于学生的核心素养。研学旅行创设生动的自然、人文教育的课堂,在旅行中培养青少年学真知、学做人、学做事、会思考、有创新的价值观念。旅行跋山涉水的辛劳,学生体悟"天将降大任于斯人也,必先苦其心志,劳其筋骨",研究学习时的精彩过程,学生怡情悦性,培养高尚的情操、健全的人格。贯彻家庭、学校、社会的全面育人理念,研学旅行是不可缺失的必要手段,关注学生在研学中的切身感受和真实成长,是我们教育者的职责所在。

附一:《研学旅行的课程整合设计与协同实施》研前课课堂观察表

观察班级: 　　执教教师: 　　观察对象: 　　观察者:

活动过程	指导行为	重点观察指标	学习表现	以学思教
活动一:		A:研学旅行课程的项目化实施 A1:课程整合的切入点 □贴近学生的生活世界的项目选题 □适合学生学习兴趣的学科整合选题		
活动二:		□符合现代儿童核心素养培育要求的目标设定 A2:项目化实施的策略 □学科知识的融合策略 □研前规划的指导策略		
活动三:		□研学旅行成果预设的指导策略 B:研学旅行中小组合作指导的策略 B1:组员承担 □小组合作分工时老师的介入指导 □学生制订研学任务时的合理规划 □学生承担个人任务时的平等讨论		
活动四:		B2:组内合作的策略 □同伴互助策略 □同伴互评策略 □组内互动的情感投入度		

说明:1. 指导行为:主要记录教师的讲述、提问/追问、呈现、活动说明、活动参与、评价等行为,可具体化;

2. 学习表现:主要记录学生学习活动中的语言、行为、神态、状态以及学习结果等,学生对重点的学习、难点的突破、小组合作、亮点、生成等;

3. 以学思教:针对学的表现,反思教的行为,提出自己思考(成功启示、改进之策等)。

附二:《研学旅行的课程整合设计与协同实施》研后课课堂观察表

观察班级: 　　　执教教师: 　　　观察对象: 　　　观察者:

活动过程	指导行为	重点观察指标	学习表现	以学思教
活动一:		A:研学旅行课程的项目化实施 A1:课程整合的切入点 □贴近学生的生活世界的项目选题 □适合学生学习兴趣的学科整合选题 □符合现代儿童核心素养培育要求的目标设定		
活动二:		A2:项目化实施的策略 □学科知识的融合策略 □研后展示的指导策略 □学生成果的多元呈现策略 B:研学旅行后小组合作分享的策略 B1:组员承担		
活动三:		□小组合作展示时是否合理分工 □能否自信大方地推荐研学成果 □能否从多个角度认识研学旅行 B2:组内合作的策略		
活动四:		□同伴互助策略 □同伴互评策略 □组内互动的情感投入度		

说明:

1. 指导行为:主要记录教师的讲述、提问/追问、呈现、活动说明、活动参与、评价等行为,可具体化;

2. 学习表现:主要记录学生学习活动中的语言、行为、神态、状态以及学习结果等,学生对重点的学习、难点的突破、小组合作、亮点、生成等;

3. 以学思教:针对学的表现,反思教的行为,提出自己思考(成功启示、改进之策等)。

第三章
协同实施

　　全面健康推进中小学研学旅行课程仅仅依靠教育部门是远远不够的,需要多个政府部门协同实施,需要社会机构参与,需要家长支持,也需要志愿服务等助力,应当建立政府与社会机构间、政府与学校间、学校与社会机构间、学校与家长间多方合作关系,整个社会共同构建中小学研学旅行服务体系。目前,小学研学旅行缺乏规范化的研学地点,相关配套机制和体系还在不断建设当中,作为学校不能被动等待研学体系的完善,应该向学生家长大力宣传研学旅行课程的理念,积极争取各方力量的支持与配合,形成良好的协作关系,努力推进学校研学旅行课程的不断完善。

　　太仓市实验小学是 2013 年教育部首批研学试点学校,学校的研学旅行课程经历了十几年的研究与探索,日趋成熟。在研学旅行课程的实施过程中,我们提出在整合设计的基础之上,协调两个或多个不同的主体,有计划地实施课程,协同一致地达成"研学旅行"课程的预设目标。做到学校与家庭协同,学校与社会协同,学校与学校协同以及班级与社团协同,形成学校主导、家庭参与、社会支持、互动共生的协同模式,以保证研学旅行课程行得稳,走得远。

　　1. 当下存在的问题

　　研学旅行不是说走就走的旅行,但在现实中,学校往往是承担了全部的责任,而其他主体的责任并不明确。透过当前研学旅行课程实施活动中耐人寻味的种种现象,反思相关研究已指出的问题,不难发现,我国研学旅行正遭遇着一些困境,相应的破解之道亟待讨论。

首先,安全保障压力大。安全是研学旅行课程实施的底线,安全度高于满意度。教育部等 11 个部委的《意见》中突出强调安全性原则。研学旅行要坚持安全第一,建立安全保障机制,明确安全保障责任,落实安全保障措施,确保学生安全。安全是研学旅行头上悬着的一把宝剑,那如何理性地规避责任风险? 如何化解安全保障压力? 这些是研学旅行道路上长期探索的永久话题、重要话题。

其次,专业引领力不足。专业引领是研学旅行课程设计和实施的支撑,直接影响研学旅行课程目标的实现。将研学旅行纳入我国中小学教育体系的时间不长,在专业引领方面仍然存在很大的发展空间。目前实施研学旅行的教师多为少先队辅导员、德育教师、班主任教师,社会与教育部门缺少对研学旅行教师的系统性培训,实践研究只依靠教师单方面的探索。大部分学校还没有设立专任教师,也缺乏研学旅行教师专业社群或学习共同体的建设,师资队伍的局限性大大制约着课程的进展。

第三,课程目标不明晰。由于研学旅行不像校内课程遵循学科逻辑的"简单性"与秩序性,它面临着人、财、物、时间、安全、空间、政策、环境等各方面的真实性与不可控问题,具有较强的复杂性与自由性。目前各校开展的研学旅行大多数以学校为主,活动拼合,内容碎片化,目标缺乏课程体系建构。缺少针对中小学生研学旅行课程设计与实施方面的系统研究。学校往往在行的设计上比较多,而在学的方面思考不够。

我们充分肯定研学旅行的价值,但也不能够忽视实施研学旅行课程面临的现实性问题。为保证研学旅行的安全性,研究各类课程在协同过程中的规律,探索实施的路径与机制,我们提出了研学旅行课程协同实施的观点,这种多主体协同的实施策略,是一种创造性尝试。协同是表现系统内部各要素之间相互作用的一种特殊方式,是为实现系统总体发展目标,各要素之间相互配合、相互协作、相互支持而形成的一种良性循环态

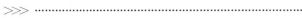

势。协同不仅强调几个要素在同一时刻具有各自不同的地位、不同的角色和不可替代的功能,而且强调这几个要素之间通过协调、同步、合作、竞争、互补的作用进而产生新的结构和功能,以实现期望目标。

2. 对于协同的思考

研学课程从时间、空间看是课内外的结合,需要学校、自然、社区、社会提供资源,教育资源的综合性,是研学课程的重要特征。从学生研学内容的选择上看,它具有自主性、开放性、生成性的特点,既有可预期的,也有邂逅的;既有匹配于教师专业背景的,也有超乎教师专业能力的,这意味着教学指导工作是多工种的协同教学。再从实施的不同阶段来看,在"前期准备——主题确定——形成监控——反思评价"等各个环节,也都需要学校、家庭、社会多方人员的参与。我们思考如何通过机制的构建促使多方实现功能互补、相互兼容,即 $1+1+1>3$,从而形成教育合力。

学校是研学旅行实施过程中最具关键性作用的因素。如何结合学校实际情况,主持制定适应学生需求的课程实施方案,并根据课程规划,组织研学活动,起着至关重要的作用。为确保学生研学顺利开展,首先要得到家长的支持与肯定,还需联系校外旅行社、基地工作人员及社会组织机构。例如:旅行社主要负责研学旅行过程中的师生安全保障、研学导师的提供,起到辅助者、监督者与支持者的作用,配合学校完成研学活动;场馆主要负责课程资源的支持,课程实施过程中教育和防控工作,预防意外状况的发生;教育行政部门对于研学课程实施的监管与评价;研学基地随行人员,协助课程实施,负责定时关注学生的身体状况,对活动过程中学生出现的身体状况进行及时处理;生活管理员负责管理学生的住宿及饮食等生活事宜。此外,家长角色尤为重要,他们需要研读课程文本,了解学生出行计划,与带队老师随时沟通,配合学校做好学生的学习准备及安全保障等工作。多方分工明确、相互协作的支持系统是研学旅行得以有效开展的必备条件,这种协同既是一种过程,又是一个结果。

第一节 校内协同

研学课程如果从综合实践活动课程角度看,师生主要聚焦于策划设计、自我管理与监控、评价与反思等方面。为了保证研学课程的实施空间与实施时间,需要校内教师的协同、师生的协同以及班级与社团协同等。研学前:安全导行,研学手册的制定、研学课程的建构等需要教师与学生协同参与;研学实践中,我们需要生生之间、班级之间、年级之间的沟通协调;研学后,学生研学的成果,我们更需要社团提供必要的展示平台。

一、班级间协同

我们之所以提出"班级间协同"这一方式,原因在于:第一,研学旅行课程实施是一项十分复杂和琐碎的事情,单靠一个班级或一个班主任单枪匹马的完成很不现实,因此需要多个班级间的协作;第二,不同班级由于受到生源条件、教养方式、家校关系、社会资源等因素的影响,各班之间在研究能力、思维方式、素养表现方面存在差异性,而"班级间协同"有利于上述差异性之间的互补。由此可以得出这样的结论:"班级间协同"的目的在于更好地完成研学旅行课程,打造研学旅行课程成功案例。

我们以二年级"太仓现代农业园,金仓湖之行"为例。围绕着**研前课程**,同一年级的各班老师从不的角度把研学中出现的问题抛给所有学生,让他们去思考、去设计。

(一)安全教育

师:金仓湖与现代农业园是我们周五要去秋季研学的地点,为保证我们研学课顺利开展,安全是最重要的,那请小朋友想想研学中存在哪些安全隐患呢?

生1:金仓湖水很深,我们小朋友不听话私自到湖边的话,可能会落水溺水;

生2:现代农业园里有的植物有毒性,有的带刺的,小朋友如果乱摸,可能会受伤;

生3:两个地方都很大,如果小朋友不仅紧跟着老师,会走丢的;

生4:金仓湖有吊桥,如果在过桥的时候,故意捣乱,乱晃动,可能桥上的小朋友会落水。

......

师:小朋友想得非常周到,那出现了这些安全隐患,我们怎么消除它呢?你有什么好的建议,请你们小组围绕一个问题展开讨论,一会请组长上台交流。

小组1:研学时按照老师分好的小组,大家一起行动,跟好志愿者阿姨,不独自离队,每换一个地方及时清点人数,可以避免走丢。如果与队伍分散可以找园区保安叔叔,或者利用园区的广播站,再或者就是等在原地,方便组内的老师或志愿者来找。

小组2:在观察植物的时候,多用眼睛看,多用小耳朵听,不随意触摸那些不熟悉的植物。如果不小心扎刺等,要及时跟老师、志愿者汇报,出发前带好一些常用的急救用品,例如:邦迪、双氧水、碘伏等。

......

（二）文明礼仪

乘车礼仪:上下车,都有礼貌地和老师、导游阿姨与司机叔叔打招呼。做文明乘客,不在车内大声喧哗,不吃零食,不乱扔垃圾,保持车内卫生。晕车的学生做好预防措施,带好垃圾袋,避免呕吐物弄脏车子。佩戴好安全带,不破坏车上设施。

游览礼仪:做文明游客,遵守纪律,不东张西望,紧跟队伍不乱跑不掉队。语言举止文明,不乱扔垃圾,不破坏公共设施。不大声喧哗,不惊扰小动物。不随意给动物投食,不翻越围栏,不恐吓、攻击小动物。进入车行区,不能开窗,不敲打玻璃。

用餐礼仪:能做到轻声说话,文明用餐,不浪费,和同伴一起分享美食。用餐后,主动和伙伴们一起收拾,捡拾垃圾,还大地一片洁净。

（三）应急能力

1. 丢东西了,怎么办?

丢三落四是很多孩子的一个共性,俗话说:吃一亏长一智,往往孩子吃了亏以后,下次就再也不会丢失了。记得上次春季研学3组的一位同学丢了手表,4组的孩子丢了两件班服,6组的孩子丢了书包。孩子发生丢失东西的情况,实属常见。如何防患于未然:第一,自理能力的培养,全组同学每换一个地方,大家统一动手收拾自己的物品,再请小组长做好监督、监管;第二,第一时间让同学自己思考,去过哪些地方? 最后一次看见或使用物品是在哪里? 然后全组一起行动,避免寻找的盲目性? 第三,寻求老师、志愿者帮忙。

2. 有外伤了,怎么办?

男孩子喜欢奔跑,在活动时难免会发生一些意外伤害事故。以上次春季研学小王在游玩时不小心膝盖摔伤流血事件为例,请孩子起来介绍。当时小王同学首先是询问保安人员:"有没有消毒水?"保安告诉他:"去游园的医务室处理。"其次,小王在同学搀扶下找医务室请求医生的帮忙,最后全组人员带小王处理完伤口后,一起寻找大部队和其他组员一起继续快乐地玩耍。

老师总结:第一,可以寻找大人帮忙;第二,如遇身体意外受伤时,应冷静,不畏惧、不哭泣,勇敢地寻找对策,积极有效地处理自己的伤口,最终有效地解决问题。

3. 意见不统一了,怎么办?

学生之间总是有差距的,在玩项目的时候,难免会出现意见的不统一。同组成员学会投票表决，少数服从多数，一切以大局为重。

（四）研学评价

班级师生一起制定研学评价单

班班不同，班班有侧重，然后把各班的研前课内容，汇编起来，就是一个完整的研前序列课。相信这样的协同，可以让研学课的内容更为丰富，实施起来更加有效，更加有针对性！

二、年级间协同

研学旅行跨年级的协同实施，即为学生的学习提供一种混龄合作学习的环境，同时孩子个体的差异也是一种宝贵的学习资源，更教会他们相互交往、共同生活，这样就自然地学会了与人交往的方式和方法，避免孩子以自我为中心。跨年级协同实施，也让不同年级，不同班级的老师们共同商讨、群策群力，教师们也不会因为项目的繁杂而有过多的负担，让实施的效率更为高效。

以国际研学为例，每次研学归来，我们会邀请孩子把自己的感受与体验，以及自己的研究成果分享给低年级同学，做到跨年级间交流。

澳大利亚土著文化与艺术

太仓市实验小学五(6)班 敖洋

尊敬的老师、亲爱的同学们：

大家下午好！

今天我给大家分享的主题是《澳大利亚土著文化与艺术》，我主要从三个方面来介绍。

hello,Australia!（初识澳大利亚）、Impressive class（印象深刻的课堂）、Intercultural understanding（跨文化理解）。

1. hello,Australia!

期盼已久的澳大利亚游学之旅终于来到了！7月31日一早，我们20名同学在两位老师的带领下，途经香港转机，在8月1日清晨抵达澳大利亚国土。

大家请看：这是我们下飞机的第一站，邦迪海滩。白色的沙滩，蔚蓝色的大海，让人顿时心旷神怡。

南半球的澳大利亚虽然是冬季，但这里气候宜人、风景如画！这是著名的高等学府：悉尼大学。

第三天，我们来到了澳大利亚维多利亚州的西贝斯沃特小学，这是我们的友好姊妹学校，今年已是第六年的友好交流了。这是清晨干净整洁的校园

2. Impressive class 特殊的欢迎仪式

（1）peter 校长打印了一个跟他人一样大小的图像，放在我们的临时教室欢迎我们！

（2）一个西北斯沃特小学的原住民老师给我们每人送了一片桉树叶，寓意欢迎远道而来的客人。后来听老师说桉树是澳大利亚最常见的树种，它有与自然抗衡的顽强生存能力，澳大利亚人特别喜欢它。学校用这样特殊的形式欢迎我们，代表一种崇高的礼节！

威猛猎人进课堂

这是学校邀请的一位澳洲土著猎人,他头插羽毛、腰围兽皮、身穿特色服装,是不是很 cool! 他给我们讲解土著人的历史与狩猎经历!

从猎人的讲解中,我了解了澳洲土著人是澳大利亚最早的居民,共有500多个部落、80万人口、700多种语言。传统土著人以打猎和采集为生。

这是澳洲土著人传统的狩猎工具回旋镖,当你用力将它抛向空中后,它会划出一道弧线并且飞回你的身边,十分神奇!

这是学校赠送给我们的礼物!

这是土著猎人狩猎的兽皮毯,兽皮毯夏季的用法,能防潮。兽皮毯冬季的用法,能保暖。

学校又邀请土著艺术家来解密土著绘画

澳大利亚土著绘画是世界上最古老的艺术形式之一,他们把图案绘在岩石、树皮、大地和自己的身上。多数绘画的图案由线条、圆圈和点组成,这些图案蕴含着许多故事,代表了某种自然现象,或创世神灵。

亲手绘制特色回旋镖

在老师的带领下,我们一起绘制属于我们自己的独特回旋镖。左边就是我绘制的回旋镖!

3. Intercultural Understanding 感受与思考

系列的特色课程,让我知道澳大利亚土著人在澳洲大陆上已经繁衍生息了几万年,在这漫长的历史中,他们创造出独特的文化和艺术。那些不朽的故事、绘画是土著人的生活百科全书,表现了他们对祖先的崇敬,对土地和大自然的深厚感情,同时也体现了他们对生活的憧憬。

这次研学我感受到澳大利亚学校十分重视保护土著人的文化和艺术,并尽力推广它们。下一次等他们来到中国,我也会做一个中国文化的解说员,把我们上下五千年的璀璨文化介绍给他们听!

感谢大家的聆听!

难忘意大利

太仓市实验小学　陆肖悠

Ppt1　目录

大家好,我是陆肖悠,暑假我参加了难忘的意大利修学旅行团,下面,我将从 3 个方面和大家分享(图文显示:"游前准备""游中比较""游后回味",不必读)。

Ppt2　游前准备

在游学前,我在老师的指导下,准备了这些:

1 份行囊清单,有了清单,我自己要带的东西就一目了然;(图)

1 个行李箱,自己整理,我就知道东西在哪里;(图)

1 本关于意大利的书,了解意大利的各个方面;(图)

1 次地图查找,我用谷歌卫星地图近距离地看了我们要去的每一个城市,十分期待;(图)

还有,我准备了一堆关于意大利的问题,我会亲自去找答案。

Ppt3

7 月 25 日,我们 4 个老师和 29 个同学踏上了行程,意大利,我们来啦!(集体图＋飞行线路图)

Ppt4　游中比较(风景图若干)

意大利历史悠久、风景如画,特别干净,街道上没有垃圾,喷泉可以直接饮用,那里的人们懂得重视美、欣赏美、保护美。

Ppt5

为了让大家也认识意大利,我进行了中国和意大利的一些比较(ppt见表)

(这部分有时间的话可以介绍得详细一些,没时间就呈现得稍久一点)

这种比较研究的方法,非常有趣也很有效,它可以让我深入思考意大利和我们祖国的不同。

Ppt6 我还有自己的"游学之最"：（文字逐行显示，小插图若干）

最有意思——游览国中国圣马力诺

最温馨——一日住家活动

最美味——意大利餐（不是冰激凌??）

最酷炫——法拉利赛车博物馆

最刺激——探险公园

最可敬——意大利工匠精神

最伤心——手机掉海

最难忘——同学情谊

……

我有很多想和大家分享，但时间关系，我只能选一小部分。

Ppt7 最有意思——游览国中国圣马力诺

圣马力诺的国旗，主要由白色和蓝色构成，中间的图案代表着他们是一个国家。石头街道十分狭窄，跟中国的人行横道差不多宽，只有一个广场，自由男神广场，这是自由男神像。马力诺是圣马力诺的开创者，他对圣马力诺人民做出过贡献，受人敬仰。

Ppt8 最伤心——手机掉海

在亚德里亚海滨，我走得比较远，手机不慎掉入海水中，失去了心爱的手机，我万分伤心，这件事给了我一个深深的教训，我十分感激那天帮我把手机带回岸边的同学，以后玩水也一定会注意安全。

Ppt9 游后回味……（风景图、活动图、人物图、手册完成图）

这一次的意大利之行，它传递给我很多东西：勇敢、快乐、自律、宽容……每一天都令人惊奇和难忘，这是我在学校里和家里不能经历到的。当我细细回味这十三天，认真完成我的游学手册的时候，我有两点深刻感受：

世界真的很大很美，我还能更优秀。

Ppt10

感谢一路陪伴我们的校长、老师、亚历哥哥、苏阿姨、达柳先生，谢谢你们的耐心、细心和关心，才让我们有了如此美妙旅程和成长。

谢谢您的聆听！

行走中的课堂
——我的精彩日本行
太仓市实验小学五(2)班   沈颀程

今天，十分有幸来到这里，和学弟学妹们分享我的日本修学旅行的收获！

这次修学旅行为期6天，我们在杜校长、陆老师和导游哥哥、姐姐的带领下去了很多的地方，如充满魔幻色彩的东京迪士尼，科技为本的东京科技馆，号称"小九寨"的忍野四海，出了很多诺贝尔奖获得者的东京大学，防灾减灾体验馆……让我受益匪浅，不仅开拓了眼界，学习了知识，还收获了友谊。在这里，和大家分享两个让我印象最深刻的地方。

首先，请大家欣赏这张照片，大家猜猜看，这是什么机器？——我想很多同学都猜对了，这是直立桶装自动织布机。那接下来我就要告诉大家，这台织布机它收藏在日本的丰田会馆内。日本著名的丰田企业，它最初是以生产织布机起家的哦。

丰田的创始人是佐吉，出生于农户家庭，小学毕业便跟着父亲学习木匠，母亲在做完农活后还要织布填补家用。看着辛劳的母亲，佐吉便想方设法提高织布效率，在他坚持不懈的努力下，实现了从手工织机到动力织机再到自动织机的跨越式发展。在会馆里，成列着从第一台织布机到不同时代织布机的更新迭代。后来，佐吉在国外考察时，看到了汽车发展的历史机遇，便将转让自动织机专利得来的10万英镑交给了长子丰田喜一郎，让喜一郎好好学习汽车。喜一郎果然不负众望制造了丰田汽车。丰田会馆是丰田企业的发展史，体现出的就是不断创新、精益求精、锲而不舍的工匠精神。用我爸爸的话来说，更是一个企业抓住变化、机遇与挑战，走向成功的励志史。最近，微信中经常会读到说中国缺少核心技术和尖端制造,我们的手机软件、很多制造业的机器,都是外国买回来的,中国人自己制造不出。我想,通过这一体验课程的学习,我更加明白了制造和研究的重要性,我们也要打造属于中国的世界品牌。

第二个让我感受深刻的就是日本的安全教育课程,大家都知道,日本是一个灾难多发国,我们去的六天行程里,就遭遇了台风,风闻了京都暴雨,与东京地震擦肩而过让我们很幸运。日本每个地区都有防灾体验馆,用于进行安全教育。我们体验了海啸课程、火灾课程和地震课程,每次体验都是先有老师进行教学授课,然后进行模拟演练。(请欣赏一段小视频。)这样的课程,远比我们看安全教育平台的说教有用得多了。我也希望我们每个地区都能有这样一个体验中心,这样,就可以让更多的同学通过亲身体验,更好地掌握自救和救助他人的技能。

除此之外,日本留给我们的印象还有:街道的干净、待人热情、每个劳动者都很爱岗敬业、努力工作。当然,也有糗事,比如有一天睡过头,被老师罚没有早餐吃,让我更加懂得了守时的重要性。还有就是我一次拿了太多冰淇淋,被杜老师惩罚不让上车等,让我懂得了珍惜食物,不拿食物开玩笑。

游学了开拓我的眼界,让我对日本文化有了更多的了解,游学让我交到了异国朋友,使我学会了更好地与同学相处,游学修正了我的一些陋习,让我更好地向上生长。我的日本之旅,回味无穷……

这种跨年级的协同,我们惊喜地发现,年长的学生在为年幼学生提出建议和教授年幼同学时,年长孩子自然也会巩固自己的知识和理解,使得这些知识和理解更加明朗化、清晰化。

三、学科间协同

多学科教师协同参与研学旅行课程的实施,从实施的前期,老师们协同参与课程的设计,可以将单科、零星的知识、概念予以整合,成为有系统、有组织的完整的课程内容,使一次研学活动能达到最大的效果。

更多的学科教师卷入学生研学课的指导中来。信息技术老师、科学老师、美术老师、体育老师等,都出现在研前课、研后课的指导中,为学生的研学旅行项目提供了更具学科化的选择。在课程实施过程中,老师们也协同成为一个教师专业团队,遇到突发事件,可以集体商讨、互相合作,同时也能互补不足,取长补短,发挥每一位老师的所长,优化解决实施问题。

研学应该是研在学生的兴奋处,在原有的学习经验基础上的一个提升,作为一个生命课程,每一次研学手册的制定,我们将地理、历史、数学、语文、科学、美术学科融合进研学中,更在研学的过程中教会学生团队合作、同伴交往。

（一）以2018—2019学年第一学期秋季全校研学设计为例

表 3 - 1　2018—2019 学年第一学期秋季课程内容

研学地点	学科 1	学科 2	学科 3	学科 4
一年级 秋天里的弇山园	弇山园里的 景点故事	认识植物	秋季树叶贴画	草地寻宝
二年级 乐游电站村	认识农具	动手挖芋艿	芋艿重量估算	芋艿美食制作
三年级 上海野生动物园	动物卡片制作	我与动物合张相	动物模仿秀	动物分科 我知晓
四年级 探秘上海自然博物馆	动物名片	参观路线规划	分类研究:"古生物类" "鸟类""昆虫类"	
五年级 探险"上海欢乐谷"	欢乐谷中的 科学小知识	有效的出游方式	游戏英语标识	
六年级 上海迪士尼	迪士尼百科	迪士尼印象	迪士尼路线	最刺激的 游玩体验

（二）以一年级弇山园研学设计为例

1. 基于生活的数学学习。在研学中,我们在研学前利用《游学手册》先带领学生学习弇山园的地图,让学生会读地图,了解公园地貌。在储备了这些知识的基础上,再带领学生循着地图走访人文古迹,在地图上,按照自己的游览顺序添加数字标记,作为自己独特的旅游线路图,并在这个过程中巩固并运用了开学所学的写数。

图3-1 研学手册:弇山园旅游线路图

2.基于生活的文化学习。在研学前,班主任还将组织学生了解弇山园中各个景点的历史,先让学生回家听爷爷、奶奶、爸爸、妈妈讲述或者网络搜索获取信息,再在班级中讲述分享,深入了解。最后在走访的过程中将景点与《研学手册》中的图片联系起来,这时,学生必定会对这个景点产生不一样的情感。

3.基于生活的科学学习。随着科学课程进入到一年级的学习中,我们发挥了研学最大的特点:亲近自然,带领学生在生活中、在自然中去了解科学、学习科学。考虑到金秋十月,最明显的就是叶子的变化,因此我们在《研学手册》中设计了让学生去了解两三种秋天的叶子,并画一画,既增加了科学知识,又锻炼了学生的美术绘画能力,更为回来的游学后交流提供了素材。

3.基于游学的体能锻炼。根据国家对儿童的体质测试,学生从一年级入学开始就要进行体能测试,而对于刚从幼儿园跨入小学门槛的幼儿园学生来说,体能测试是个不小的挑战。因此在研学中我们把体能锻炼

图 3-2　研学手册:画一画发现的树叶

也增加了进去,来回 5 公里左右的徒步,草坪游戏的开展,这些都是对孩子体能的锻炼。

相对于课堂教学,研学旅行则更注重培养学生解决实际问题的综合实践能力,在一定程度上可以起到匡正当前学校课程过于偏重书本知识、偏重课堂讲授、偏重让学生被动接受学习的弊端,弥补学生经验狭隘、理论脱离实际的缺陷。多学科的介入,打破了学科间的壁垒,促进学生知识技能、能力倾向、品格等多方面发展,形成学校育人目标与研学旅行课程的联结。

第二节　家校协同

苏联教育家苏霍姆林斯基说:"两个教育者——学校和家庭,不仅要一致行动,要向孩子提出同样的要求,而且要志同道合,抱着一致的信念,始终从同一原则出发,无论在教育的目的上、过程上,还是手段上,都不要发生分歧。"在课程实施过程中,学校与家庭密切合作,综合利用家长资源,共同为学生的发展创造良好的条件。研学旅行是学生集体参与,有组织,有计划,有目的的校外参观体验实践活动,是一种通过集体旅行的方式开展研究型学习的校外教育活动,是综合实践育人的有效途径。研学旅行课程的开展水平与家长的参与度基本上是有关的,即家长参与学校的活动越积极,学生在课程中获得的发展相对越好。在新的社会环境中,家校的合作需要建立新的模式,要充分整合和利用家长资源,最大程度地发挥家长的教育作用,保证学校教育与家庭教育的同步发展。

研学旅行课程的家校协同实施是基于:1. 家校之间有共同的愿景。学校希望学生在真实的情境中学习,家长希望孩子在旅行中有更多的收获。2.学校和家长资源优势互补。学校对家庭旅游给予支持,比如家长选择自由出行,学校对于家庭出游作出指导,需要家长的理解和协同实施。学校在研学旅行课程实施中,需要整合家长资源。

研学课程是我校的校本必修课。课程的设计者和实践者,就是我们每一位老师和学生。如果研学课程能得到家长的充分理解和认可,同时还可以吸纳一部分有能力的家长参与游学课程的开发,那就会让游学课程拥有更广阔的实施空间。随着家庭经济收入的普遍提高,家长带孩子出游已经成为许多家庭日常休闲的重要方式。但在一般情况下,家长带孩子出游是没有课程意识的。如何让家长们在带着孩子游玩的过程中,同样能遵循学校游学课程的基本规范和要求,达到相应的学习效果,是一个值得我们思考的问题。

一、组建志愿社群,让家长成为课程设计的智囊团

我校在家长委员会的引领下,组建家长志愿者社群,借力家长教育资源,让家长成为课程设计的智囊团,家校合力,共育实验小学学子。考虑到学生年龄特点和研学旅行课程的特点,研学旅行课程往往在同一年级开展,家长资源往往在同一年级中整合。家长资源从校级再落实细化到

年级层面,各班班主任按照家长的兴趣爱好、职业专长以及家庭住址,在家长自愿报名的基础上统一整合。将家长资源分成专家引领,安全保障,参与评价等小组,分组可以相对固定,也可以灵活调整,在互助合作中完成家校共育的目标。志愿者社群,是在教师指导下相对松散的活动,并非强制性,工作之余有时间的家长可以自愿参与。

(一) 家长参与到课程的设计

通过摸底调查家长的职业专长,我们发现我校家长中不乏许多专家型的人才。有的家长擅长琴棋书画,有着独特的思想旨趣,可以作讲座提高学生的艺术修养;有的家长是医学、法律、体育专业人士,有着丰富的见识和经验,可以参与到学生饮食营养、体力分配、安全保障的培训中。这些专家型家长是研学课程开发和实施的主要资源。通过研学活动唤醒了家长的主体意识,转变了教育观念,研学旅行活动开展以来,不仅年轻的家长主动参与进来了,就连一些祖辈也积极加入,在活动中充分发挥自己的优势,促进研学旅行的深入开展。

在《上海科技馆》课程中,孩子们对馆内的声光电现象非常感兴趣,短暂的研学体验,根本无法满足他们强烈的探索需求,于是有物理化学知识丰富的家长主动提出来校助教,指导孩子开展声光电的探索和学习。家庭智囊团充分调动家长的资源,并形成一股巨大的合力,有效推动研学活动的开展,进一步丰富研学课程的内涵。在太仓科技馆工作的家长也参与到课程的设计,根据孩子们各自独特的兴趣爱好推荐研学的参观路线,对相关主题以"10分钟微课"的形式进行科普讲座,推荐相应的科普类阅读书目。

(二) 家长保障课程的实施

有的家长是专职主妇、退休贤达,有充分的时间和心思,可以参与到课程的实施和材料收集记录中。家长对研学学生需要准备的食物,学生们的合理搭配分组,研学路线的规划,学生分组活动项目,作好一个预案准备。保证学生在研学旅行中能够将注意力保持在课程中,减少研学中可能出现的突发情况。出于安全保障的考虑,家长协助老师们制定应急预案,真正做到活动有方案,行前有备案,应急有预案,确保研学旅行的顺利开展。如果说活动方案的制定是第一步,那么引导家长熟悉方案就是第二步。在研学的过程中,在条件允许的情况下,每个学生小组可以邀请一位家长结伴出游。

在《沙家浜》研学旅行课程准备阶段,家长中的京剧爱好者给孩子们讲述了京剧《沙家浜》的故事梗概、创作背景、故事原型,孩子们听得很入迷,对于在我们太仓地理位置不远的抗日救国斗争运动充满了深厚的认同感,对京剧这种表演形式也产生了浓厚兴趣。在《沙家浜》研学课程实施前,制定具体活动方案。根据沙家浜各个景点所蕴藏的教育价值进行深入分析,安排好路线,分析群体优势资源在哪里等等,让行程具有一定的计划性、目的性。游览过沙家浜的家长结合自己已有的经验,提前到景点行走考察,熟悉景点的具体内容和特点,参与到年级组老师的游览路线设计和课程开发中,丰富了课程的内涵。

二、开发亲子研学,让家长成为课程实施的指导者

(一)亲子共享研学课程

家长一起出游是孩子非常期待的事情,特别是双休日、节假日,因为没有了工作和学习压力,家长和孩子的心情相对是比较放松的,这个时间开展的活动体验是深刻的。学校向家庭推荐亲子游学课程,供家长选择。学校利用家长学校平台来展示我校研学课程的目标和过程,让家长能提前了解游学的内容和价值。亲子研学课程,有着独特的教育价值,课程实施过程中亲子情感的交流,家长和孩子有了共同的研学目标和内容,亲子之间就课程问题展开讨论,在课程开展中增进了亲子之间的互动和沟通,升华了亲子情感。

以《天镜湖》户外拓展研学为例。在广场上,孩子和家长就保洁员阿

姨的辛勤劳动交流了看法。"这些阿姨太辛苦了,她们默默无闻地在太阳底下劳动,为我们提供了优越的活动环境,我们要热爱和保护这里的环境。"一位妈妈穿了一双新鞋,走到最后快走不动,孩子会心疼地对妈妈说:"妈妈,你就在这里休息。你放心,我和叔叔阿姨一起走的,保证完成任务。结束后我再来这找你。"学生既没有忘记研学任务,又能体谅照顾家长,这样的体验和经历是平时课程无法给予的。家长参与到研学活动,创新了家校共育的途径,落实了家校共育的目标。研学课程开展后,家长和孩子们交流与分享研学体验,成了家长 QQ 群、微信群里讨论的主体,也成为了孩子们晨间、午间重要的话题,孩子和家长总是盼望着研学课能够来得更早一点。家庭成员带动了家庭之间的合作与交流,促进了家校双方为共同的教育话题展开深入的研学活动,提高了家校共育的质量,推动了学生的全面发展。

在研学活动中,孩子们总有问不完的问题。《沙家浜》景点所蕴涵的历史背景,每一个景点背后的特殊含义,都是孩子们所好奇的内容。出行前,家长提前做好功课。品德修养的示范,家长是孩子的第一任老师,在和孩子一起出行过程中,家长的行为更是直接暴露在孩子面前,家长文明的举止和谈吐给孩子起到了示范作用,开车遵守交通规则,买票要排队,不乱扔果皮纸屑,通过家长的示范和引导,从小培养孩子,做一个有素质的文明人。

(二) 家长代表参与课程的记录

研学的过程无疑是兴奋的,让孩子把这份喜悦和兴奋带到学校的方式是多种多样的。引导孩子做好过程记录是一种比较常见的形式。适当的记录既有助于培养孩子良好的学习品质,也能帮助孩子更全面深入地对研学景点进行认识。

常见的记录形式主要有三种:一是拍照,当孩子对某个景点表现出极大的兴趣,在脑中展开情景体验时,如果家长能够用手机或相机记录下这样的兴奋时刻,是非常有意义的。这个时刻无疑是孩子生命中的重要体验。家长还可以帮助孩子将研学旅行活动中的精彩照片共享到到班级群里，成为孩子们学习的资源。家长将研学中的珍贵资料及时和其他孩子分享时，会引起其他孩子的共鸣和对话。二是画画，出游时带上画板，家长和孩子一起就某个景点进行写生，可以帮助孩子更好地把握景物的外形特征。可以让孩子画画记录环境，通过对实际景物的观察，对研学环境能够了解得更深入。三是统计记录，人文景观中蕴含着丰富的内容，为了让孩子获得更深刻的印象，家长在出游前可以做一些功课，设计一些简单的记录表、统计表，让孩子在玩的过程中有意识地去寻找和记录自然景物。比如在《太仓名人馆》课程中，可以让孩子数一数，大门前的七彩灯珠有几根？量一量水池有多大，然后记录下来？名人馆一共大约展示了多少位名人？问题的答案并不重要，重要的是孩子们的记录过程，重要的是孩子在这样的互动中增进了解。

三、积累研学成果，让家长成为课程实施的评价者

在研学课程的学习评价上，教师给予学生一种积极的导向和鼓励，并为孩子们提供多种形式的成果展示平台，以展示研学课程的成果。教师在年级公共区域或班级墙报中设置几个研学成果展示活动区，让孩子们把研学旅行中的照片图画，课程体验的文字记录，美好的憧憬愿望，以及收集的纪念品等等，放到这里来分享和展示。在每天自由活动时间里，总能看到一些学生，在这个区域指着材料向他的同学好友，滔滔不绝地或讲或问，有说有笑，非常开心地介绍研学见闻。这些分享活动不经意间发展了学生口语表达能力，孩子的社会性也得到了发展。每一次研学旅行课后，孩子们把自己快乐的经历当成故事，把学到的点滴知识当作大学问，在这个角落里交流。对于不明白的问题，许多孩子还会找爸爸妈妈咨询，或者和爸爸妈妈一起查找答案，把问题搞明白说清楚。在亲子研学过程中，孩子们所在的小组，出游的地方，有所不同。对于不同组同伴的讲述

和分享,孩子们同样有着浓厚的兴趣,这种形式相对于老师组织的集中参观,更深入,更具体,更有探索和学习的价值。一个阶段之后,教师对孩子们最近一个阶段的研学旅行内容进行梳理,或组织一次集中班会教育活动,或组织几次简短的晨会谈话,或开展几次知识竞赛。通过以上这些班级活动,对研学课程起到梳理提升经验的作用,帮助孩子对研学课程建立全面的认识。

根据学校的工作计划,学生的年龄特点,开展学生喜闻乐见的活动,并调动家长的积极性,参与评价,形成学校、家庭、社会,多角度评价,使学生更加真实,更加立体,更加鲜活。引领家长配合,培养学生的自理能力。儿童时期的自理能力和习惯,是个体智力的起点与基础,在评价手册中对学生自理习惯的培养提出了一系列的小目标。然而要想达成这些小目标,除了在学校里有老师教方法,并通过各种活动训练,巩固强化评价以外,在家里的练习和家长的正确评价也是非常重要的。

第三节　校际协同

太仓市实验小学学生研学旅行课程以开展研学旅行的时间阶段为纵轴,分为行前课程、行中课程和行后课程;以学生涉足区域距学校的路程为横轴,分为身边的世界、不远的世界、远方的世界,建构成"漫步校园、探访娄东、美丽中国、走近世界"四大板块,"跨校交友、校园拾趣、生态探秘、老街寻古、走近圣贤、园林亲美"等十六个主题。

校际间的协同更多是针对"漫步校园"这一板块。实验小学的跨校研学课程萌生于 2007 年,因学校先后与九曲小学、直塘小学和科教新城实验小学开展托管、共建、联合办学的基础上生发并逐步发展。2017 年 8 月 18 日,在苏州市集团化办学项目结项成果阶段性总结暨太仓市教育联盟成立大会上,太仓市实验小学与太仓科教新城实验小学、太仓科教新城南郊小学、太仓市高新区第四小学、太仓市港城小学、太仓市沙溪镇第一小学六所学校结成教育联盟,这六所学校中既有百年老校,也有新建学校;既有城区学校,也有城郊结合部学校,还有乡镇中心校。各校之间的地域差异、教育资源差异与办学特色不同,有效打开了教育空间,为研学课程提供了丰富的资源。校际协作主要通过交流,共同商讨,有计划、有针对性地按照学生的不同特点,安排可行的、明确的学习内容,旨在进一步拉近城乡学生之间的距离,让城乡学生在互帮互学互助中体验友谊的珍贵。

一、共制研学计划

"漫步校园"是校际协同的多向互访体验课程。为了让各校学生在课程中收获更多的体验,我们开展联盟校研讨活动,制订了规范的课程方案,对课程设计背景、宗旨、性质、目标、内容、实施、评价、保障等多方面进行了详细的阐述。在课程方案的统筹安排下,各校教师协同开发了极具校本特色的"跨校体验"课程主题套餐。

漫步校园主题套餐。实验小学有百年的办学历史,文化底蕴深厚,"实、活、乐的"课堂教学研究培养了一批灵动舒展的学生,学校的少先队活动丰富而有成效。因此,实验小学的跨校体验课程凸显校园文化系列。其主要项目有漫步校园、文化节活动、"十百千"体验、"走进心灵"团辅、自主学习交流、少先队活动观摩等。

生态探秘主题套餐。九曲小学地处太仓农村,那里几乎家家养蚕,户户种菜。因此,以生态探秘为主题的"亲近自然"系列成为了跨校体验课程的特色活动项目。项目包括了解认识农作物、尝试参与农事劳动、分享农家菜、体验农村生活、研究蚕宝宝的生长过程等,随四时不同,具体分解为"春之绿""夏之荫""秋之金黄""冬之白"课程。

老街探古主题套餐。直塘小学地处有佛教寺庙普济寺,保存完好的江南古镇直塘镇。因此,以老街探古为主题的"乡风乡韵"系列课程成为直塘小学的跨校体验特色课程,课程项目主要包括领略古镇风情、研究古镇建筑、感受普济寺佛教文化，发现古镇传说、对比戚浦塘今昔、摄"眼"天下等活动。

科技概览主题套餐。科教新城实验小学地处科教新城，是一所彰显科技特色的学校，周边有规划馆、大科园、传媒中心等现代高科技场馆。因此，科教新城的体验课程以科技概览为主题，具体有规划馆体验、传媒中心参观、卫星知识讲座、天境湖草坪游戏等。

以期末"背包客"跨校协同方案为例：

<h1 style="text-align:center">太仓市实验小学教育联盟暑期
"红色背包客"跨校研学方案</h1>

一、指导思想

为了进一步做好太仓市实验小学教育联盟融合育德培养目标，进一步做好"淘金计划"，实现优质课程的辐射与放大，形成优势互补、共创共赢，特制定本方案。

二、活动目标

1. 通过党带团、团带队的形式，在党课、队课的引领下，让红色的种子播种心田。

2. 通过联盟校特色课程与实践课程的分享，丰富学生的课程体验，启迪学生的创新思维，让习得知识与发展能力得到更好的协调。

3. 通过住家体验，让孩子学会做客、学会与人交往，与社会相容。

三、活动时间

2019 年 6 月 26 日—6 月 27 日

四、活动地点

太仓市港城小学

五、参加对象

各联盟校支委 1 名，党员 2 名，团员 1 名，每校四、五年级每班 2 名学生代表，共计 140 人。

六、活动安排

日期	时 间	项 目	负责部门/人	备 注
6月26日	8：30—9：00	"红色背包客"开营仪式	实验小学、港城小学德育处	两校校长致辞 编好班级、标识
	9：00—9：40	破冰游戏	教官/体育老师	准备好每组的营旗等材料 地点:体育馆
	9：40—10：00	能量加油站(休息)	港城小学总务处老师	三间教室: 美术教室1—3
	10：00—10：40	我是小军人	外聘专家/体育老师	体育教师协助 地点:体育馆
	10：40—11：40	自救自护我能行	外聘专家	党员教师共同参与
	11：40—12：40	午餐、午休	港城小学食堂负责老师	食堂一楼
	13：00—14：00	访郑和纪念馆	港城小学分管校长	全体党团队员参与
	14：20—15：30	探德宝企业园	港城小学大队辅导员	全体党团队员参与
	15：30—16：30	家校对对碰	实验小学分管校长	合班教室 住宿孩子家长到校, 参加教育指导活动
	16：40—第二天	我做小客人	家长	港城小学15位学生家庭
6月27日	8：30	与小伙伴一起上学	家长	港城小学数学实验室 (地点:远识楼4楼)
	8：40—9：40	特色课程体验1 (数学实验,39人)	港城小学教导处/数学教师	数学实验室 (地点:远识楼4楼)
	9：40—10：00	能量加油站(休息)	港城小学总务处老师	美术教室1 (地点:远识楼2楼)
	10：00—11：00	特色课程体验2 (农场STEAM创意制作,39人)	港城小学教导处/美术教师	美术教室1 (地点:远识楼2楼)
	11：00—11：20	总结	实验小学分管校长	美术教室1 (地点:远识楼2楼)

七、其他

安全事项

安全预案研制——实验小学 校长室

安全告家长书——实验小学 校长室

安全教育宣传——实验小学 校长室

八、车辆安排

6月26日

沙一小自行包车前往港城小学,8:15分前到达;实小、科实小、南郊小学、新区四小7:15分集中实小包2辆车一起出发。

三辆车包车一天,下午社会实践需要用车。

6月27日

下午包一辆车,接所有师生回家。

九、氛围营造

做好各类场馆的氛围布置,体现联盟特色和活动主题。(港城小学德育处、装备室、总务处)

十、成效预估

做好可视化资料的收集——港城小学少先队

做好微信报道和太仓电视台的宣传等——港城小学德育处、教导处

二、共商研学手册

每一期研学,联盟内的学校都会结合自己学校的特色,提供本次活动的选课菜单,具体见下表:

表3-2 联盟校选课菜单一览表

学　校		体验课程	体验要点
太仓市实验小学	校内	爱"乒"才会赢 ——乒乓特色课程	1. 了解乒乓的基本动作和比赛规则 2. 体验乒乓运动的乐趣,感受国球魅力
	校外	青少年活动中心 科技体验馆	1. 参观科技馆 2. 尽可能多得参与科技互动项目

（续表）

学　校	体验课程		体验要点
科教新城 实验小学	校内	我是小创客 ——创客课程	1. 参与一次创客整合课 2. 制作一个创客作品
	校外	大科园	1. 参观大科园 2. 对感兴趣的科学项目做后续研究
南郊小学	校内	木兰从军 ——木兰拳课程	1. 了解木兰拳的发展历史和基本套路 2. 学会2—3个木兰拳的基本动作
	校外	规划馆	1. 了解太仓的发展和未来规划 2. 参与馆内2—3项体验活动
港城小学	校内	动手动脑玩起来 ——数学实验课程	参与一堂数学实验课的学习
	校外	污水处理厂	1. 参观污水处理过程 2. 用一种艺术手法宣传保护水资源
新区四小	校内	我心飞翔 ——情绪课程	1. 参与一次团队心理辅导课 2. 学会一个管理自己情绪的方法
	校外	德企	1. 参观德企 2. 了解德国文化
沙一小	校内	翰墨飘香 ——书法课程	1. 参与一次书法课，认识文房四宝 2. 学会写2—3个毛笔字的基本笔画
	校外	沙溪古镇	1. 畅游老街，了解相关历史故事 2. 用一种艺术手法再现老街韵味

　　组织方根据不同的研学主题,精心设计研学手册,研学手册的作用是以学导行,自主体验。在手册设计中,关注学科整合,将语文中的描述、数学中的计算、美术的描绘、体育的游戏、科学的研究在手册中体现;关注能力培养,运用"写""画""摄""录"等多种方式记录与研究;关注评价导行,不同体验场景中有不同的导行评价单;关注成果展示,让学生自主选择不同的方式来呈现体验成果。手册注重人文性、知识性与趣味性的统一,辅助孩子在实践体验过程中得到各方面的锻炼与提升。

三、共推研学实施

从研学旅行课程实践的视角，可以把研学旅行课程分为研前阶段、研中阶段、研后阶段三个阶段，简称研学旅行课程的"三阶段"。从研学旅行课程理论的视角，可以把研学旅行课程分为确定目标、选择资源、课程实施、课程评价四个环节，简称研学旅行课程的"四环节"。把研学旅行课程的理论与实践结合起来，便形成了"三阶段四环节"的研学旅行课程模型。这种模型的提出，主要是为了实现研学旅行课程的理论化、科学化、操作化、效能化。

每一次跨校研学旅行课程组织与管理我们提出"一中心四部门"模型，用来支撑研学旅行的组织过程。其中的"一中心"，是指每次研学旅行课程实施过程都要以本次活动的承办学校为单位，建构一个由少先队大队部和专业研学部组成的研学旅行课程管理服务中心，负责整个研学旅行的组织管理和服务工作；"四部门"是指每次研学旅行课程实施过程以协办学校为单位，成立学习部、生活部、行为部、活动部四大部门，分别负责研学管理、生活管理、行为管理和活动管理等内容。

四、共促研学评价

课程评价是课程管理的重要内容和环节，是指检查课程的目标、编订和实施是否实现了教育目的，实现的程度如何，以判定课程设计的效果，并据此作出改进课程的决策。跨校研学旅行涉及面广，相关方多，需要由多方面参与对课程的评价。在主办学校的主持组织下，学生、家长、指导教师等都可以作为评价主体，从各自的角度对研学旅行课程的开发建设、课程的实施、课程的条件、学生的研学业绩等进行评价。

第四节 校社协同

对于研学过程中纯粹的技术指导需要专业技术人员提供支持。研学旅行的时间、地点，有别于一般意义的综合实践活动，是集体生活中的"研—学—行"的集合。指导教师需要转变、更新课程资源观、学生观、教学观、质量观和教师观，实现从资源使用到整体规划的开发者、从单向供给到指导需求的发现者、从颟顸漫灌到精准指导的合作者、从实践活动到培育素养的促进者、从单一教学到认知自省的引导者等全方位转变，面向全体学生，服务并发展学生，促进学生的综合素质发展，并从中提升指导教师的专业发展水平。

研学旅行体现的是教育与旅游的融合，它既有小项目研究的教育内容，更有异地出行的旅行内容。如果仅凭学校自身力量很难完成课程体系的构建，这就需要学校协同相关研究机构、服务部门、博物馆、科技馆等，搭建研学旅行课程的研发平台，多方协商，开发出适合儿童研学旅行的产品。同时社会机构可以提供专业的导师，在学生研学旅行过程中，负责活动组织、内容讲解、引导学生进行探究性和体验式学习，巧妙地将研学内容、旅行知识、人生智慧等元素融入到课程体系之中。这是一种相辅相成、共生共赢的关系。

一、与旅行社协同

学校根据课程实施需求，公开招聘有资质的旅行社。研学前与学校签订研学合约，学校委托其购买师生保险并完成外出车辆的租赁，同时参与学校课程设计与研讨，从旅行的专业领域打开研学课程的视角，当然前期旅行社还需做好研学场地负责部门的协商。在课程实施过程中为研学课程配备专业讲解员，协助教师做好研学安全监护以及学生研究项目的实施等。总之，旅行社应发挥其所长，组织管理、空间移动路线设计上为研学旅行提供助力。如今旅行社的课程建设已经走在了学校和研学基地的前列,其运作多年的实际经验可以为学校提供参考,也应更进一步与学校协同打磨旅行路途中的研究性学习。

二、与博物馆、科技馆等专业场馆协同

研学前学校要与其进行初步的沟通,了解博物馆相关的课程资源、特色项目,签订相关协议。研学中要为学校开放研究的场馆、提供专业讲解员、提供研究课程、并协助做好场地安全的保障等。专业场馆课程的建设,相对学校而言,范围小,程度深。场馆需要发挥其专业性,如科技馆开发人工智能的体验课程、现代农业基地开发农耕农作的体验课程等,场馆课程不需要面面俱到,但必须足够深入,符合对应学段学生的认知和应用需求,并具有特色。学校课堂传授给学生知识及方法,研学旅行在开阔的空间下有利于学生进行应用研究。

三、与教育行政部门协同

发挥监管职能。前期学校要主动提供课程实施方案、开展相关应急预案的演练,包括采取安全的交通方式、突发事件发生后的人员分工以及成立安全应急小组负责内外部安全事项联络等。行政部门负责审核,评估安全等级,加强责任追究制度,协调交通、旅游局相关部门,为学校提供必要的安全保障措施;研学中监管学校研学旅行操作的规范性;研学后参与学校研学旅行课程的评价。

四、与高等院校协同

十一部委《意见》中指出,研学旅行是一种"学校教育和校外教育衔接的创新形式",这表明其设计和实施不再是学校单方面的工作,而需要多方参与协作,仅仅聚焦于一个学校主体,将无法实现研学旅行课程开发和

实施的初衷。学校可开展 U—S 合作模式,聘请高校做好学校研学理论研究的科研保障,参与学校研学旅行课程建构,学校也可为高校不断提供研学课程实施的鲜活案例,供高校后期进行深入研究。如此协作可使研学旅行课程的开发和实施过程成为一个互动、开放的生态系统。

第五节　协同机制

由于缺乏完善的课程规范和政策引导,研学旅行课程始终伴随着安全责任隐患,校外合作机构资质、研学旅行教师资质不规范,学校和教师课程开发、组织经验不足等问题,这为研学旅行课程的科学、规范开展带来了挑战。目前,学校亟须政府的政策支持。对此我们提出如下建议。

一、健全研学旅行课程运行机制

(一)重视政策法规的引导

研学旅行的顺利开展需要各级政府给予政策支持与引导,特别是在研学旅行课程建设、财政拨款、安全风险防范与监督管理等方面,国家以及地方教育部门需要出台更为详细精准的实施细则。

(二)建立专门管理机构

组建由政府相关部门、学者、专家、研学旅行机构组成的研学旅行课程建设委员会,开展相关课程规范研究,及时进行相关数据的收集与分析,并为研学导师提供培训、专家指导、研学课程开发的支持等。

(三)完善安全责任体系

当前疫情防控进入常态化阶段,虽然学校常规教学得到恢复,但外出实践类的课程面临更大的挑战。学校要重视安全教育,加强应急技能教育。政府及相关部门应协同研学基地,建立健全研学旅行安全管理体系和应急处理机制,建立研学旅行的评估监测和动态管理机制,加强风险防范与及时处理。

（四）建立教师责任及教学行为规范

研学旅行课程需要教师具有全面的专业知识和指导能力,教师素质跟不上,研学旅行就会沦为"只游不研"的一般旅行活动。研学旅行是一门实践性、综合性很强的课程,对于研学导师的身体素质、心理素质和专业能力等都提出了较高要求,需要教师具有明确的责任及教学行为规范,发挥学习导师、生活照料者、组织纪律管理者等作用。

二、厘清研学旅行课程与学校课程整体育人的关系

目前研学旅行在学校三级课程中的定位和价值还不清晰,学校对于研学旅行的主题、内容、实施方式等方面没有系统性的思考,课程开发及管理保障体系不完善,研学资源的课程价值挖掘不够深入,导致学习经验碎片化,影响了研学旅行教育价值的发挥。学校不能仅仅把研学旅行作为课外活动,而要将研学旅行作为学校课程体系的内容之一,纳入学校教学计划和课表,以课程的样态推进和实施,实现常态化、规范化、校本化与系统化。

三、探索多方合作的课程开发路径

研学旅行课程要精准设立课程目标,系统规划课程内容,精细化课程管理,在设计上坚持德育为先、能力为重、认知为基础,在过程中强调社会责任感、创新精神和实践能力的培养。只有通过教师的专业设计、社会机构的协助、家长的监督,才能促成课程有效实施,助力学生游有所乐、研有所得。因此,研学旅行课程要在不断的实践、研究、再实践中,形成调研学

生需求-深研基地内容——校社共同设计——尝试检验效果——修改深化方案-形成出行方案-实地考察学习-反思交流体验的课程管理推进模式。

四、完善行前、行后课程建设

（一）配备研学手册

研学手册不仅是知识性学习的载体也是一本功能手册,应配有安全紧急预案、分餐食宿表、行程介绍。手册内容应当既便于管理也利于学习,特别是在学习内容的设计上,应该结合学生的知识储备和理解能力,增强趣味性和探究性。

（二）重视行前课程

学校和教师要让学生通过预学锻炼自学、创新和独立思考的能力,在充分准备的前提之下找到自己感兴趣的方向,设定自己的研学目标,甚至自己动笔写研学方案,这都会让研学旅行课程的效能更高。而且在前期准备过程中,教师一定要参与到学生的学习中去,供资料、做引导,以提高学生的重视程度。

（三）丰富行后课程成果形式

行程的结束并不意味着教学的结束,就教育而言这可能只是刚刚开始。学生在几天的研学中有很多收获,更可能产生很多新想法,如何让学生把收获内化为自己的知识储备和学科素养,有赖于教师把握好行后总结。组织学生进行研学成果展示是很重要的环节。学校要根据学生年龄、行程等进行总结活动的规划,低年级侧重重温中体会感悟,高年级侧重挖掘研究性问题的深度和广度。

第四章

寻访娄东

随着全球化潮流席卷世界，中国在世界和平崛起，人们日益强烈地感受到人文精神与价值导向的重要。越来越多的人开始关注到优秀的中华传统文化，它蕴含着丰厚的民族精神和道德理念，它是中国崛起的基石，能够增强做中国人的骨气和底气，沉淀着中华民族最深沉的精神追求，亦是新时代青少年道德建设的重要思想养分。

"一方水土养一方人"，长期生活在同一地域的人，受到本土环境、气候、文化、民俗等影响，自会形成对本土文化的热爱和自信。小学生正处于身心发展的初级阶段，受到自身认知能力、自理能力和经济能力的限制，他们不可能独立到达很远的地方进行研学旅行，于是"家乡"成为了他们尝试踏出家门、向外探索的一个"新手村"。虽然这里是他们出生、成长的地方，有他们熟悉的人和环境，但是一旦脱离了日常生活、学习的舒适区，他们其实是缺少对在地文化的系统认识的。学校教育作为教育的主要形式，应该承担起传承、更新、发扬地方本土文化的重任，而研学旅行课程作为校本教育的核心因素，无疑应该成为实现地方本土文化教育价值的有效形式。开发和利用本土文化资源，构建合理的地方研学旅行文化课程，无论对于文化自身的保护、传承，还是对生存于文化母体中的人的教育、培养来说，都非常必要。"娄东文化"传承千年，人杰地灵的文化环境、特殊的地理位置、勤劳智慧的人民群众,创造出了南北文化交融、江海文明相汇、独具特色的娄东文化,这是娄东地区特有的、具有娄东烙印的一种"在地文化",也可以叫做地域文化。对每个生于斯、长于斯的人来说,这里有太多的历史、文化的财富可以挖掘,值得下一代去传承和发扬光大。于是,小学生的研学旅行之路就从我们的家乡——太仓出发了。

第一节　娄东本土文化及其育人价值

太仓是中国江南的一个"水城",春秋时期隶属于吴国之地,因吴王在此地建仓囤粮而得名。"娄东"指娄江之东,娄江源出吴江鲇鱼口,北入运河,经苏州娄门,再经昆山、太仓,在浏河口入海,全长约 92 公里,在太仓境内,从西郊到入海口大约有 20 公里,唐宋以前,娄江就是太湖的三大泄水通道之一。"娄东文化"是指娄东这一特定地域的人民,在长期的历史发展过程中通过体力和脑力劳动创造的,并不断得以积淀、发展和升华的物质和精神的全部成果和成就,是历史形成的当地人们的政治态度、价值观念、思维方式、宗教信仰、风俗习惯、生存状态及人文积淀。

一、娄东本土文化

广义地讲,娄东文化源出于吴越文化,是"吴文化"的一个分支。它的形成、发展、繁荣,脱离不了,吴文化的滋养、影响。但狭义地讲,娄东文化又非完全从属于吴文化,特别是到了近代,太仓因地近上海,娄东文化受到海派文化的强烈辐射,在接受现代文明、现代文化时,有了一种倾向性的选择。因此,娄东文化在吴文化的基础上又带有了海派文化的特质。

古有牛郎织女(今太仓市南郊境内)的神话流传至今,被誉为"百戏之祖"的昆曲发源于此地。太仓建州后学堂、书院盛极一时,培养出众多杰出人才。张溥兴社,王世贞兴文,吴伟业兴诗,陆世仪兴学,"四王"(王时敏、王鉴、王翚、王原祁)兴画,使娄东文化得到全面发展,形成了天下闻名的"娄东画派"、"娄东印派"、"虞山琴派"、"江南丝竹"等艺术流派,对中国文化艺术发展做出了很大贡献。宋元明清时期,太仓城乡各地兴建了诸多桥梁建筑和园林,元代的桥梁建筑独具风格,目前太仓城区内还保存着国内少有的元桥群;弇山园、南园、乐荫园等园林,即使是在"园林甲天下"的苏州地区,占有重要的一席之地。太仓历史悠久,人文荟萃,形成了意蕴优雅、独具风格的娄东文化。太仓人民的勤劳、睿智和醇厚,滋育了娄东文化这朵绚丽的奇葩。娄东文化不是一个空泛的概念,名胜古迹、地方方言、民俗民风、名土特产、人文精神是其基本构成与表现形式。

(一) 名胜古迹,智慧结晶

太仓属于经济发展较快的沿海地区,故历史遗存的损毁较多,现已十不存一,但仍留下了宋代乐荫园、阅兵台,元代石拱桥,明代王锡爵大学士第、张溥故居,弇山园、南园,云塔桥、西塔,清代钱家祠堂、龚氏雕花楼等古迹,这些古迹保存了大量历史文化信息。如今弇山园内的海宁寺基,距今八九百年历史,而海宁禅寺,又是梁天监年间的妙莲庵旧址,可以追溯到一千五六百年前。园中的墨妙亭为元代时始建的文物古迹,《辞海》也有记载。如张溥故居这种典型的走马楼式明代建筑,如大学士第的将军门楼,如国内第一号的元代大铁釜等,都承载着不可多得的历史信息。

(二) 乡音方言,有情有趣

娄东(太仓)方言属于汉语七大方言之一的吴方言,历史悠久,语汇源远流长,精彩纷呈。娄东方言的发展贯穿了整个太仓地区的发展历史,凝聚了先人的智慧,是地方文化的瑰宝。娄东方言中包含了发音独特的日常用语,含义深刻的惯用词、俗成语、歇后语、谚语,形象生动的谜语(妹妹子),形式多样、通俗易懂的童谣民谣等。

（三）民俗民风，原汁原味

娄东文化既然是一种地方文化，那么民俗民风必是它重要的组成部分之一。太仓的民俗民风很多，除了过年、过清明、过端午、过中秋、过重阳外，还有立夏尝三鲜，立夏秤恩，七月七的乞巧节、农历七月三十日的点酒思乡、叫喜等。还有双凤的民歌历史悠久，明代时已很出名。另外，太仓还有矛子舞、滚灯、龙灯、舞狮、龙船后艄翘等独特的民间节目和民俗。土虽土，却有地方色彩、地方特色。

（四）土产特产，好吃好记

太仓肉松百年来已成为太仓的标签，提起太仓，外地人首先想到的是肉松。太仓糟油名气虽不如肉松，但偏爱者自会寻到太仓来觅宝。因为当时慈禧太后就非常爱吃糟油，故曾有"进贡糟油"的金子招牌。近年，双凤爊鸡也名声在外。相传双凤爊鸡在明代时就吸引过唐伯虎与祝枝山品尝。太仓的长江四鲜近年越发声誉鹊起。银鱼相传为西施眼泪所化，杜甫等大诗人也有诗咏之。刀鱼鲜美无比，宋代大诗人梅尧臣有诗称美过。鮰鱼在唐代时被视为鱼中珍品，唐代大诗人皮日休有诗曰："因逢二老如相问，正滞江南为回鱼。"鲥鱼古称皇帝鱼，宋代苏东坡、王安石都有诗文咏及，到明代时则为贡品。还有河豚，古人认为美味如西施之乳。太仓的长江水鲜饮食文化正凸现它的魅力。

（五）文人名士，精神凸显

太仓地处江海交汇之处，地理条件得天独厚。这种地理环境也造就了太仓人的性格。从历史上来看，唐宋以前，太仓属于乡野之地，离南京、扬州、苏州等繁华都市尚有一段距离，是避世隐居的好地方，故官场失意之人或与世无争之文人，喜欢在太仓造房筑园，清净过日子，这就有了一定的保守性。但就全世界范围看，凡江海交汇之处皆世界经济发达地区，海洋文化的影响，使之产生一种走出去的开拓精神。加之，太仓城内

2200 年的盐铁塘与 900 多年的致和塘十字交叉,使太仓百姓浸淫在水文化的沐浴之中,焕发了灵气。元代码头的兴盛与上海开埠更影响了太仓人,影响了娄东文化,使得娄东文化吸收了外来文化,娄东文化呈多元倾向。如吴健雄的科学精神、郑和的开拓精神、吴晓邦的艺术精神等。

总之,娄东文化既有吴文化的灵动智慧、优雅秀美、开放包容,又有自己的特性:开阔博大、刚健顽强。

二、娄东本土文化的育人价值

娄东文化的内涵特质是在千百年的历史发展中逐步形成的,小学阶段是学习的起步阶段,是人格与性情形成的初始阶段,对于小学生而言,所要理解、传承的应该是娄东文化中最普适、基础的部分,是用于铺垫人格底色的品格。比如名人志士身上折射出的勤奋好学、不畏艰难、刚正不阿的精神,方言传说中流露的对真善美的传扬和对美好生活的向往,民风民俗中体现的对伦理道德的崇尚,美食古迹中蕴含的先人的智慧与创造力等。

(一)教育融入社会的需要

教育的目的是让学生获得适应社会、服务社会的综合素养。因此,只有融入社会的教育才是好的教育,只有让学生的社会适应性不断增强的教育才是好的教育。但是,高考的分数唯一论,使现在的学生禁锢在分数的枷锁下,更多的是关注自己的学业,而缺少对社会生活的体验与了解。教育家陶行知先生说过:解放学生的空间,使他们能到大自然、大社会里扩大认识和眼界,获得丰富的学问。要让"教材是学生的整个世界"变为"整个世界是学生的教材"。而我校开设的"娄东文化"研学旅行课程就是把社会生活中优秀的地方文化资源通过筛选、整合、整理、编撰引入学校课程体系,让学校教育融入社会,让学生走出校园,踏入社会,在实践中探究、体验、感悟、承袭娄东文化的内涵特质,真正让学生走出书本进入生活,提升学生的社会适应力和综合内涵素养。

（二）激发学习兴趣的需求

子曰:"知之者不如好之者,好之者不如乐之者。"兴趣是最好的老师,是大家公认的教学信条。但是,在周而复始国家课程学习中,教科书也许成了学生唯一的课程资源,课堂学习也许成了学生唯一的学习方式,学生在学习活动中会失去新奇感,从而缺乏主动性和创造性。这种情况下,娄东文化课程的开设无疑是激发学生学习兴趣的调节剂。娄东文化资源丰富,包括名胜古迹、地方方言、民俗民风、名土特产、人文精神,把这些乡土资源与研学旅行结合起来,开发出来,使之课程化,运用于教育教学实践中,改变学校传统的课程结构,让学生的学习内容更为丰富。此外,娄东文化研学旅行课程的学习方式又是多样的,参观访问、调查研究、成果发布,让学生在学习过程中有更多样的学习体验。

（三）涵养本土情怀的需求

在应试教育仍然强势的今天,学生一味重视学习那些所谓的成才知识,而对课外的一些提升自身修养的的东西鲜少关注。特别是传承几千年的民族文化瑰宝,被视为老古董,无暇问津。而我校娄东文化研学旅行课程恰是承载着开展地方传统文化教育,提升学生内涵修养的使命。在娄东文化研学旅行课程的学习中,学生能更深入地了解娄东文化,发掘其中的精华:家乡方言的妙趣神韵,地方传说的优美生动,名人思想精神的励志高远……从而多方位地了解娄东文化,培养学生的家乡自豪感,历史使命感,树立关注家乡、建设家乡的远大志向。

第二节　寻访娄东的研学方案

凝聚着劳动人民心血和智慧的优秀娄东民间文化,是学生素质教育的原真教材;娄东人民为了生存发展一直顽强地与江潮海浪搏斗,不畏艰险精神,是学生道德教育的活教材;同时,因有太仓港的交通便利,娄东人民能够更多更快地引进、吸收中国北方以及海外各国的文化之长,这种开放包容又是国际理解的基础。开设娄东文化课程能使学生得到文化的熏陶,提高文化修养,形成正确的人生观、价值观,逐步具有娄东文化的精神特质。

从娄东文化中挖掘研学旅行的主题资源,让学生能够从身边的人、物、景、史中积累研学的经验,在了解家乡的基础上培植故土情怀和对本土文化的自信,更为今后的"行走中国"乃至"迈向世界"奠定知识技能和情感价值观的基础。根据我校对娄东文化的研究,现从校本研学、跨校研学和在地研学这三个维度进行"寻访娄东"的研学课程框架的建构。

一、"寻访娄东"校本研学课程方案建构

利用娄东文化资源开发校本课程,对学生进行地方文化的教育,是丰富学生人文素养的方法之一。学生通过在校内社团的学习和研究,初步了解娄东文化的内容和内涵,为跨出校门的研学旅行奠定知识的基础,有了一定的了解才有可能会产生深入研究的兴趣和行动。

校本娄东文化研学课程旨在让学生了解家乡、认识家乡,在寻访本土文化的过程中,加强对本土文化的认同感与自豪感,使学生与家乡血脉相通、骨肉相连,成为身心有所寄托、精神有所皈依的"有根的人"。根据娄东文化课程的目标指向,设置四大类课程:艺术传承课程、阅读赏析课程、主题研究课程、文化传播课程,四类课程是一个逐级递进整体。

课程 1:艺术传承

关注学生特长和爱好的培养,通过与文化馆、江南丝竹馆联合开设水墨丹青社团、萱草民乐团,以社团活动的形式,在学习体验中了解"娄东画

派""江南丝竹"的艺术特点,掌握技法,传承娄东的特色艺术。

课程 2:阅读赏析

关注学生认知与兴趣的激发,以《娄东文化丛书》(凌鼎年著)为参考,分年段自编校本教材,分别为低年级《娄东方言拾趣》《娄东民间传说》、中年级《娄东名人漫话》、高年级《娄东诗词赏析》。引导学生通过阅读,逐步了解娄东方言的妙趣、民间传说的神奇,名人的志存高远,娄东诗派的意蕴高雅,提高文化品位和审美能力。

课程 3:主题研究

关注学生整体与内涵的发展,以娄东的历史文化为载体,就地取材,根据娄东文化的各种表现形式与难易程度,从三年级开始分学期选定项目研究,形成主题式研究,旨在让学生在小学阶段对娄东文化有个整体的探究,感受本土文化的丰富多彩,培养学生的故土情怀。通过研究性学习活动让学生亲切地触摸娄东的历史文化,进而使学生倾心地热爱祖先留下的传统和文化,激发出强烈的民族自豪感和自信心。

课程 4:文化传播

关注学生的自主与发展,文化传播专题课程指的是开展学生大讲堂活动,面向三到六年级学生,为他们提供学习成果展示的舞台。本课程的内容主要来自学生自己对娄东文化的研究所得。学生可自主选择成熟的主题研究成果,也可以选自己感兴趣、自我开展研究的娄东文化课题成果作为讲座内容,在学生大讲堂活动中进行成果发布。如果说学生自主选择娄东文化项目进行研究,在查找、搜集、整理、研究的过程中拓展的是他们的视野,那么把研究成果进行梳理、加工并形成研究报告展示出来的过程,提高的就是他们的思考、分析、合作和表达的能力。文化传播课程促进的是学生学习方式的改变,学生将成为推广娄东文化的小使者。

这样系统科学的设置,在课程内容上使整个课程形成一个体系,让学生在六年的学习中多方面了解不同形式、不同时代的文化;在课程目标上形成逐层深入的递进式,使学生认知、能力、情感,逐步丰盈。

表4－1　"寻访娄东"校本研学课程内容安排表

艺术特色课程（选修）				
年级	课程内容	学习方式	目　　标	课时
1—6	娄东画派	社团活动	了解娄东画派的艺术特色，学会水墨画技巧，能创作带有娄东画派特点的作品。	32
1—6	江南丝竹	社团活动	了解江南丝竹的艺术特色，学会江南丝竹的演奏技巧，能合作演奏江南丝竹特色曲目。	32
阅读赏析课程（必修）				
年级	课程内容	学习方式	目　　标	课时
一	娄东方言拾趣	教师讲授、童谣表演、方言竞赛	学会娄东方言的常用语，可以进行日常交流；了解方言中的谜语、歇后语、俗语；会唱地方童谣。	8
二	娄东民间传说	文本阅读、教师讲授、故事比赛	了解部分娄东地方传说，感受地方传说的奇妙；能大致讲出阅读过的地方传说。	8
三、四	娄东名人漫话	文本阅读、故事演讲	了解太仓具有代表性的人物，知道他们的生平与事迹，学习人物的优秀品质。	8
五、六	娄东诗韵赏析	教师讲授、熟读成诵	了解娄东诗坛具有代表性的人物及其主要作品，能背诵比较有代表性的作品。	8
主题研究课程（必修）				
年级	课程内容	学习方式	目　　标	课时
三上	娄东风俗研究	自主研究、实践体验、成果展示	了解各个传统节日太仓人的风俗习惯以及太仓特有的民风民俗，理解风俗背后的文化内涵。	12
三下	娄东方言探秘	自主研究、实践体验、成果展示	了解娄东方言的各种表现形式，如谜语、歇后语、俗语，地方童谣等，探究娄东方言的特点及内容中蕴含的文化内涵。	12
四上	娄东古建筑览胜	自主研究、实践体验、成果展示	了解太仓园林、古镇老街、历史遗迹的建筑风格，及背后故事，感受娄东劳动人民的智慧。	12
四下	娄东民间传说探寻	自主研究、实践体验、成果展示	搜寻、积累娄东地方传说，感受地方传说的奇妙与生动，以及劳动人民的丰富想象力与创造性。	12
五上	寻访娄东名人	自主研究、外出访问、成果展示	了解太仓具有代表性的人物，知道他们的生平与事迹，学习人物的优秀品质。	12

（续表）

主题研究课程（必修）				
年级	课程内容	学习方式	目　　标	课时
五下	玩转娄东美食	自主研究、实践体验、成果展示	了解娄东美食的种类、历史由来与制作方法，感受家乡美食的丰富与劳动人民的勤劳智慧。	12
六上	娄东新貌	自主研究、实践体验、成果展示	了解娄东的发展变迁，在感受经济、文化变化的过程中，激发热爱家乡的情感。	12
六下	娄东与世界	自主研究、实践体验、成果展示	了解太仓与世界接轨的地方，感受太仓国际交流的新发展，培养放眼世界的胸怀。	12
文化传播专题课程（选修）				
年级	课程内容	学习方式	目　　标	课时
三至六	"娄东文化"学生大讲堂	自主探究、成果展示	通过项目研究促进学习方式的改变，提高综合能力的发展。	每年12月开讲

二、"寻访娄东"跨校研学课程方案建构

学校是一个地区的文化符号，是展现一个区域文化的窗口，很多学校都会建设校本特色课程，帮助学生更好地了解和体验本土民俗和文化，但这样的特色课程通常都比较单一，研究的是当地文化中的某一个点，且不同的学校所关注和研究切入的点都是不同的。对于大多数学生而言，进入了某个学校学习以后，就很少有机会体验到其他学校的特色文化和特色课程，于是能够有机会进入到其他学校进行跨校研修和课程体验也成为了学生研学旅行的一个方面。

2007年8月，太仓市教育局委托太仓市实验小学全面管理地处太仓相对偏远的农村学校——九曲小学（九曲、老闸两个校区），2008年8月，实验小学又开始托管直塘小学，形成了三校四区格局的学校共同体。2008年8月，三校基于托管政策基础上的实践性研究——《文化融合视野中的学校共同体建设个案研究》被正式立项为全国教育科学"十一五"

规划教育部立项课题,城乡学校间开始从单向支持与输出,走向真正意义上的互动协作,各种学习共同体也应运而生。跨校研修课程正是基于上述学校共同体而构建的校际学生互访特色体验活动,旨在给三校四地学生提供一个异地学习和生活体验的机会。

2017年8月,在教育主管部门的引领之下,太仓市实验小学又与太仓科教新城实验小学、南郊小学、高新区四小、港城小学、沙溪镇第一小学结成教育联盟,从而把跨校研修课程范围进一步扩大到八校之间,"跨校研学课程"是太仓市实验小学借助区域教育联盟平台,紧扣"质量、公平、多元、特色、关爱"五个维度,通过党带团、团带队的"1+2+3"的党建创新项目,协同开展陌生化跨校一日研学体验活动,是为学生到异地、异校参加综合实践体验活动而研制的研学旅行课程。该研学课程共同挖掘六校成熟的特色课程,例如实验小学的乒乓课程、数学游戏课程,科实小的科幻课程,南郊小学的非遗昆曲课程,新区四小的儿童心里课程,沙一小的书法课程,港城小学的数学实验课程等,把这些凸显了各校地域特色、学校文化的校本课程进行梳理提升,重组建构,通过跨校体验、网络、联谊等形式分享给联盟内所有学生,并在此基础上结合各校的课题研究与特色文化,逐渐开发更多成熟的儿童课程。从课程内容来看可以分为安全自护、研究学习、社会体验、职业启蒙、交往合作、红色爱国等方面。

（一）安全自护类课程

走出校园,必定存在着许多不确定因素,此类课程主要培养学生安全防护知识及自我保护技能。在真实情境下,让孩子学习如何迅速判断安全隐患,并做出正确的行为,从而最大限度地减少意外事故的发生。

（二）研究学习类课程

主要是通过一个项目的专题探究,通过动手实验操作,小组合作,从学习动力的激发、学法指导与学习技能改进等方面入手。增强学生学习兴趣,激发学习内驱力。培养学生在学习、理解、运用科学知识和技能等方面形成的价值标准、思维方式和行为习惯。

（三）社会体验类课程

社会体验课程的优势在于与孩子的真实生活链接,在体验中需要让学生学会文明礼仪,综合运用各学科知识,认识、分析和解决现实问题,提升综合素质。帮助学生通过参与体验,增强社会责任意识和法制观念,提高综合解决问题的能力。

（四）职业启蒙类课程

是为提升学生实践创新的核心素养而设计的课程类别,对学生进行职业启蒙,让学生适应快速变化的社会生活、职业生涯和个人自主发展的需要,迎接信息时代和知识社会的挑战。同时也是实现个性特长,成为最好的自己。

（五）交往合作类课程

人际交往是小学生社会化的最重要途径。正是在与人的交往中,学生慢慢形成了与他人相处的方式,形成了自己独特的性格和对外界的看法,促进个性的形成和社会适应能力的发展。通过人际交往训练,提高孩子社会交往的能力,解决其在实际生活中遇到的人际交往的困惑。

（六）红色基因类课程

准确把握新时代爱国主义精神的丰富内涵,以培养学生成为合格公民为出发点,在基本行为规范、价值观塑造及角色定位方面引导和帮助学生,通过项目系列课程的浸润、熏陶与滋养,提升学生品德、精神、气质层面的发展,涵育爱党爱国爱社会主义的真挚情感,做到"知行思"的统一。

表 4 - 2 "寻访娄东"跨校研学课程内容安排表

安全自护	研究学习	社会体验	职业启蒙	交往合作	红色基因
自救自护我能行(沙一小)	动手动脑玩起来——数学实验课程(港城小学)	未来农场 steam(港城小学)	走进大科园(科实小)	我到你家来做客——城乡互访(沙一小)	"红色胶囊"课程(党、团、队史课)(公共)
小小背囊大学问(实小)	我是小创客——创客课程(科实小)	探秘德宝企业(高新区四小)	古镇行业的演变(沙一小)	我心飞翔——情绪课程(高新区四小)	我是学校小导游(各校校史)
出发第一课(南郊小学)	非遗课程木兰从军——木兰拳课程(南郊小学)	城市的发展历程——规划馆(南郊小学)	我是小军人(实小)	不能错过——电影微课程(高新区四小)	家乡名人知多少(实小)
安全标记我认识(科实小)	好玩的数学游戏(实小)	污水处理学问大(港城小学)	新兴职业的崛起(港城小学)	小小足球(科实小)	家乡风景我介绍(沙一小)

为实现城乡学校研学旅行课程资源共享,更好地把上述课程内容落到实处,从课程实施方式和组织活动形式的角度来看,又将跨校研学的课程内容以"党建创新暨跨校一日体验"、"小小背包客行动"、"学生草根大讲堂"、"云上游学"等形式进行推广。

课程组织形式 1:跨校一日体验

结合学校的春秋季研学进行。通过六校同年级互相走校方式,同时将联盟"党建品牌"课程与"学生一日体验"活动相结合,让学生通过参与联盟党建联动课程(公共课)及特色选修课程,在深度体验与互鉴中提高学习力,开阔视野。

课程组织形式 2:小小背包客行动

主要实施方式为冬令营和夏令营。主要针对四—六年级学生,在遵循自愿报名的基础上,组织孩子们背上背包,参加联盟校组织的各类主题拓展学习,时间 2—3 日。如:小军人体验营、自救自护体验日、城乡互访小客人、特长竞技 PK 赛等,通过不同的主题活动,让孩子们学会悦纳、学会合作、学会交往、学会生存。

课程组织形式3:学生草根大讲堂

这是"娄东文化"校本社团课程的升级版,也是太仓市实验小学教育联盟"三大计划"之"播种"计划的展示平台,主要实施时间在每学期末。每学期初,联盟鼓励各校不同年级的学生开展小团队的项目研究,并给予立项,配备导师。学期末,实验小学为联盟校的孩子搭建舞台,让孩子们将一学期来的小团队项目研究的成果进行展示、汇报,并邀请专家进行评估与指导,让学生在平等、对话、包容的氛围中,开展更加自主、有深度的学习。

课程组织形式4:云上游学

受到新冠疫情的影响,一方面为了保护学生的身体健康,另一方面也为了扩大跨校研学的学生受益面,让每个学生都有机会享受到优质公平的研学资源,实验小学教育联盟利用"云"平台,建立联盟跨校研学资源库,学生利用网络资源,即使足不出户,也可以享受到联盟校的优质特色课程和精彩丰厚的娄东文化。云上游学解决了"点到面"的普及问题,让联盟优质课程受众面不断扩大,惠及更多学员。

三、"寻访娄东"在地研学课程方案建构

"在地研学"也叫"Local Study Trip",是指在家乡本土进行研学旅行,获得对在地文化也就是地域文化的全面认识和深度体验的研究性学习。"读万卷书,行万里路"是中国古人的一种传统的求知模式,"读万卷书"指多读书,即广博地学习前人的知识和智慧,获得间接知识,这是求知的第一步;"行万里路"就是求知的第二步,即遍游各地,亲见亲历,通过游历既可以印证从万卷书中得来的"知",又可以在实践中把"知"用于"行",从中获得更深刻的感悟。这就是所谓的"游学",孔子、孟子都在门口读书多年之后周游列国。

寻访娄东的研学旅行实施同样也是遵循这样规律:首先"读万卷书",通过学校的校本研学课程和跨校研学课程的浸润式学习,学生对娄东文

化有了初步的了解和认识;再"行万里路",通过游览园林、古桥建筑,探访文化传说发源地等方式,让学生带着问题、带着思考开展实地考察,凡事亲历躬行、参证精思,这样他们对于娄东本土文化的理解就会飞跃到一个较高的层次。

娄东文化的在地研学课程游览寻访课程分为"走近圣贤"、"寻古老街"、"亲近园林"和"探秘地标"四个主题课程。

课程 1:走近圣贤

娄东文化历史悠久,是中国历史文化长河中的一颗璀璨明珠,走近娄东名人、名派,了解一位娄东名人的生平事迹,感受娄东文化的伟大,激发学生热爱家乡、传承家乡文化的热情。

课程 2:寻古老街

畅游古镇、老街,了解相关历史文化典故,用一种艺术表现手法再现老街韵味。感受江南古镇深邃的历史文化底蕴、清丽婉约的水乡风貌和古朴的吴侬软语民俗风情。

课程 3:亲近园林

参观游览园林,知道某处园林的来历,用画笔、照相机、摄像机等记录下园林独特的美,如建筑、花窗、碑文、假山等。感受园林美景在于小巧精致又能独具匠心,一步一景,步移景异的特点,培养学生的审美情趣。

课程 4:探秘地标

寻访太仓的标志性建筑,从党史、新农村、镇区、商业、文化等多个角度了解太仓的新旧地标的象征意义、作用及其变迁、发展的过程,感受太仓的城市发展变化,见证娄东的经典与未来。根据探访的地标的不同特征为家乡太仓设计名片。

游览寻访课程的构建是要为娄东文化寻根,旨在让学生了解家乡、认识家乡,在寻访本土文化的过程中,加强对本土文化的认同感与自豪感,使学生与家乡血脉相通、骨肉相连,成为身心有所寄托、精神有所皈依的"有根的人"。

表4-3 "娄东文化"在地研学课程内容安排表

年 级	研学地点	研学要求
一年级	人民公园 （弇山园）	1. 了解人民公园两处景点的历史来源 2. 制作一幅树叶贴画 3. 回家向家长介绍自己的研学经历
	金仓湖	1. 了解风筝的结构和原理 2. 尝试放一次风筝 3. 回家向家长介绍自己的研学经历
二年级	现代农业园	1. 了解两种农作物、两种花卉的生长知识 2. 知道"月季夫人"蒋恩钿事迹，用画笔或照相机创作一幅月季花的作品 3. 回家向家长介绍自己的研学经历
	天镜湖	1. 参观太仓市规划馆，了解太仓的发展 2. 设计一个草坪游戏并玩一玩 3. 向家长、伙伴介绍自己的研学经历
三年级	南园	1. 知道"南园"的来历，能介绍出2—3处景点的历史故事 2. 用画笔、照相机、摄像机创作一件菊花的作品 3. 写一写你的南园之旅
	太仓市名人馆	1. 参观名人馆，详细了解1—2位太仓名人的生平事迹 2. 参加一次"成长仪式"活动 3. 用喜欢的方式介绍了解到的名人或参加成长仪式的感受
四年级	西庐生态湿地公园	1. 了解"太仓四王"之一王时敏 2. 用自己的方式丈量园内竹廊长度，写一篇简单的数学小论文 3. 选择园内两处最喜欢的景点，为它们取名字，并作简单介绍
	电站村生态园	1. 走进太仓的新农村，了解农事，认识2—3种常见的农作物 2. 动手做一道美食或创作一幅"秋收图" 3. 学会与伙伴、志愿者合作，谈谈自己的研学收获
五年级	郑和公园	1. 游览郑和公园，了解伟大航海家郑和 2. 搜集资料，在地球仪上找出郑和7次远航的路线 3. 与同伴开展一项合作竞争类活动，活动后谈谈自己的感想
	太仓市第一党支部	1. 寻访党的百年足迹，参观太仓市第一党支部 2. 寻访一位老红军，听一听革命的故事 3. 谈谈寻访感受，写写寻访体会，进行红军故事我来讲活动

（续表）

年　级	研学地点	研学要求
六年级	太仓港	1. 了解太仓港从古至今的发展演变 2. 搜集太仓港泊位、吞吐能力、集装箱班轮航线等专业数据，向师长请教其意义 3. 写一写"太仓港随想"
	太仓地标（自选）	1. 了解一个太仓的标志性建筑的象征意义、作用及其变迁过程 2. 根据认识的地标特征，制作一张太仓的名片 3. 太仓地标研究报告

第三节　寻访娄东的研学实施

　　研学旅行的课程设计、内容选择最终都要落实于具体的实施。寻访娄东的研学实施大体上遵循的是《太仓市实验小学研学旅行纲要》的"实施建议"，将研学旅行定位于"综合实践课程"整体推进。主要通过制定研学方案、设计研学手册、建设导游队伍、落实师资安排、保障研学课时、进行综合评价等实施步骤，在研学前、研学中、研学后这三个阶段中逐步落实"游中有学，学中有研，学研结合，激思导学"的课程理念。

　　"寻访娄东"是学生开启研学旅行的第一步，虽然出行路程不长，却是今后行走中国乃至迈向世界的基础，不仅是认知水平和自理能力的基础，更是情感的基础。只有让学生在寻访娄东的研学旅行课程中逐渐丰厚了他们的地方文化储备，在他们的生命历程中印上娄东文化的烙印，那么他们才有可能对博大精深的中华文明产生憧憬和自信，成长为一个具有民族情怀的有根的人。

　　因此，在寻访娄东的研学实施过程中，我们更应立足娄东文化的特色，充分发挥在地文化的育人功能和地域优势，以生为本、因地制宜地培养学生的综合素养。为了确保课程的有效实施，我们实行"三定原则"，即定时、定点、定人（学生、教师），突出学生研学的自主性和伙伴间的合作性，关注对学生的过程性和发展性评价。

一、"寻访娄东"研学旅行课程的三点原则

（一）"三定原则"——课程实施的基本保障

为确保寻访娄东研学课程的有效实施，我们实行"三定原则"即定时间、定地点、定人员（学生、教师）。

"定时间"指根据《苏州市义务教育课程设置实验方案》的要求，学校根据教育教学计划，每学期在综合实践活动课程和校本课程中设置专门的研学旅行课程的实施时间和课时数，并要求相关教师严格执行。

"定地点"指以《太仓市实验小学研学旅行课程纲要》为实施依据，结合"寻访娄东"研学旅行三大课程方案，相对固定学生进行研学旅行的地点：校本研学课程的实施地点为校园内的专用教室，跨校研学课程的实施地点为各联盟校的专用教室、场馆，在地研学课程的实施地点为太仓园林、博物馆等（详见上文课程方案）。在课程具体实施的过程中，也可以根据实际情况对研学地点进行适当调整。

"定人员"指参加研学旅行的学生的年龄相对固定，不同年段的学生参加不同的课程，小学六年完成一轮完整的寻访娄东研学课程。老师以班主任、研究性学习老师为主，其他学科教师、学校行政、后勤人员为辅组成协作团队，根据研学旅行主题和课程内容的不同，可以由不同学科和特长的教师加入。

（二）自主与合作——课程开发的基本原则

以儿童为中心，是"寻访娄东"研学旅行课程开发的基本理念，我们更关注儿童在课程实施过程中的参与、成长和收获。在课程内容制定、学习方式选择、课时安排、评价反思等方面都尽可能地让学生多参与，教师引导学生根据实际情况自主选择相应的课程内容，调整

学习的进度和方法,找到最适合自己的个性化学习方式和成果展示方式。

建构主义学习观主张"学生与学生之间进行丰富的、多向的交流、讨论或合作性解决问题,提倡合作学习。[①]""寻访娄东"研学旅行课程是以主题研究的形式进行综合实践探究学习的活动,这就要求学生必须以研究小组为学习单位来开展研学。在研学旅行的过程中,学生组建小组要有明确的责任分工,需要制定小组活动计划,需要小组成员间进行讨论、争辩、协调等合作性学习。合作学习能使学生从不同视角看待问题,会对自己和他人的观点进行批判性地思考,从而构建起新的更深层次的理解,同时也增强了学生间的团队协作的精神和能力。

(三)过程与发展——课程评价的基本原则

"寻访娄东"研学旅行课程的评价立足于过程,以促进学生的发展为目的,评价贯穿于整个课程学习的始终。加强了评价的灵活性与开放性,为学生自主建构和发挥自己的独特个性给出足够的探索空间和余地,在建构有个人意义的评价方式与发展性评价体系的同时,也关注了同伴之间的评价和激励。提升学生的自我意识,尊重学生的自我认同感、存在体验和自我价值感,激发学生学习的内驱力,使学生更深入地了解自己和认识自己,不断地自我反思和自我激励,使学生获得自主发展的期望和动力。在评价过程中,重点考查学生在探索娄东文化的活动中的思维品质、学习态度、价值取向以及交流、合作、实践等方面能力的发展与变化。

"寻访娄东"研学旅行课程的评价主体是学生,使学生从被评价的对象转变为评价的主体,赋予学生自主制定评价标准、选择评价方式和评价内容的权力,从而增强他们对自己评价的责任感与能力,这样有利于学习者元认知能力的发展。

---

① 张大均.教育心理学[M].北京:人民教育出版社,1999:66.

表4-4　"寻访娄东"研学旅行课程学生自评互评表

项目＼状态		保持状态	加油努力		有待提高	
活动过程	活动参与	能积极参与并有好建议的	能主动参与活动的		能参与活动的	
	合作研究	能积极参与小组合作并有成效的	能参与小组合作，成效一般的		被动参与小组合作的	
活动成果	成果积累	有丰富的资料积累，积极参与成果设计，获好评	基本完成资料积累，在成果设计中承担一定职责		有部分资料积累，在成果设计处于辅助角色	
活动态度	自主性	活动中表现较强自主性的	活动中有一定自主性的		能参与活动的	
	创造力	有想象力并积极参加研学活动的	有想象力但实践不足的		能参与共同实践的	
自我评价			小组评价			

二、"寻访娄东"研学旅行三大课程的具体实施

基于以上三点课程实施的基本原则，"寻访娄东"研学旅行课程的三大课程在具体实施时各有侧重和特色。

（一）校本研学课程的实施

"寻访娄东"的校本研学课程的定位是为学生积累研学旅行的知识技能储备，因此其大多数的课程都将在校园内完成，以校本课程、活动课程、社团课程相结合的方式，学校专科教师和校外辅导员、外聘专家组成师资团队，从课时、人员上保障了课程的实施。

1. 制定研学计划

不同主题的校本研学课程都需要制定保障其正常开展实施的研学计划。

艺术特色课程的实施:需要以校级社团课为课程实施阵地,音乐、美术教师为指导老师,有机会的话可以外聘专业老师客座指导,以专业教师指导、学生技能训练为主要学习方式进行课程学习。每周两课时,每学期保证 32 课时。

阅读赏析课程的实施:以文体活动课为课程实施阵地,语文教师为指导老师,以教师指导、学生阅读为主要学习方式进行课程学习。每两周一课时,每学期保证 8 课时。

主题研究课程的实施:三到六年级以研究性学习课为课程实施阵地,综合实践活动课程教师为指导老师,以学生主题研究为主要学习方式,进行课程学习。每学期保证不少于 12 课时。

文化传播课程的实施:每学期第三个月进行"娄东文化"学生大讲堂活动,少先队大队辅导员和校外辅导员为指导老师,学生以"课题申报——培训指导——校园试讲——成果展示"为学习模式展开,每学期开展一次,为期一个月。

2. 设计研学手册

研学活动也可以看成是一次主题式的项目化学习,强调的是学生关注真实世界中的问题、研究身边常见的事件,使学生能够主动、持续地卷入项目探索中。因此,校本研学手册的设计应侧重于主题选择、资料的收集积累、学习方法的改进与变革,体现出学生的自主学习和小组合作学习的优势,培养学生项目化学习的能力。

3. 调动校内资源

艺术特色课程主要是通过社团活动,学生能够感受到娄东艺术的独特魅力;阅读赏析课程主要是通过文本阅读,学生能够增进对娄东文化的了解;主题研究课程是学生选择娄东文化中感兴趣的主题进行深入研究,用辩证的眼光重新审视娄东文化;文化传播课程是学生梳理、总结自己研究的成果,进行成果发布,是对娄东文化的认同和推广。同样是在校内完成的研学课程学习,但不同的课程在学生培养目标和实施推进方式上各有侧重,这就需要最大程度上调动校内的学习资源进行协调和统整。

首先,学校方面需要组建优秀的教师团队开发出适合学生阅读和学习的校本教材,根据研学主题配置好相关的学习资料,定期开放图书馆、信息教室供学生查阅资料等。其次,教导处和德育处在开学前的课务安排时,要对研究性学习课程师资安排、专用教室的使用、研学旅行课程的上课时间等进行全盘的规划和协调。第三,根据不同的校内研学主题,不同学科的教师可以进行跨学科的教学研讨活动,既要有分工又要有合作,建立课程资源库,群策群力,积累课程资源。第四,对学生来说,各年段的研学主题相对固定,学生在自主选择的时候可能会出现人数分配不均的现象,特别是当某个学生既有美术特长又有民乐特长时,如何选择课程就会成为一个难题……这也需要教师、学生之间进行协调和资源共享。

4. 课程实施案例

研究主题:探秘太仓方言(主题研究课程)

适用年级:三(下)　　　　　　总课时:16

开发背景:

太仓方言是吴方言中的一株奇葩,但在普通话普及推广的今天,许多优秀的语言文化在逐渐消亡,太仓方言也在生活中渐渐淡出。有人说:"越是民族的,就越是世界的。"京剧之所以成为国粹,就是因为在世界上独一无二。昆曲之所以备受欢迎,就是具有地方特色。太仓方言是我们家乡的特色,是娄东的地方文化、地方艺术,需要我们保护、继承、发扬。

课程理念:

我校在综合实践活动校本化开发和实施过程中提出"整合+优化"的策略,将综合实践活动课程与娄东文化资源整合,选择优秀的地方文化资源作为课程内容。本活动以太仓的方言为载体,设计这一综合实践活动,让学生体验太仓方言的魅力,亲近家乡的语言。

课程目标:

① 通过活动,让学生了解太仓方言的特点及分类,能听懂太仓话,学说太仓话。在活动中,学生能够获得亲身参加与实践的积极体验和丰富经验,发展学生的创新精神、实践能力,初步养成从事探究活动的态度,发

展探究问题的初步能力。

②通过活动,让学生了解研究活动的一般过程;学会用多种方法进行研究活动,学会制作调查问卷,学会访谈,学会统计、概括、整理的方法。在活动中学生能够养成乐于与伙伴互相帮助,分工合作;克服依赖心理,养成认真完成分工的自觉性;形成人际沟通的初步能力;热爱集体,乐于与同伴交流和分享信息、创意及成果。

③通过活动,让学生感受到太仓方言的语言魅力,亲近家乡的语言,了解娄东文化,培养学生热爱家乡的思想感情。在活动中,学生能够品味自己动手动脑探究和解决问题的愉悦,获得问题探究的初步经验,激发对自然与社会问题探究的兴趣,初步养成好质疑、好探究的心理倾向。

课程安排:

活动阶段	具体内容	课时安排
准备阶段	开题拓展、制定计划	3课时
实施阶段	资料收集、实地考察、集体参观、交流整理	7课时
成果展示	成果设计、成果完善、成果展评	4课时
总结反思	撰写活动收获	2课时

课程资源:

专家资源:陆建德(太仓方言研究专家)

　　　　　凌鼎年(娄东文化研究学者)

媒介资源:多媒体教室

活动过程:

[活动准备阶段]

①阶段目标

通过活动,学生学会合理组成研究小组,为活动的顺利进行打好基础。

通过活动,学生的创造能力得到激发,设计具有特色的小组资料卡。

通过活动,学生学会制定活动动计划,关注可行性、详实性。

②活动过程

A. 合理分组。

a. 教师讲解分组的重要性：顺利地进行研究活动，一个团结合作的小组是必要的前提，所以我们必须进行有效的分组。

b. 学生竞选组长（班级选秀）。

c. 组长、组员双向选择，组成小组（小组成员应聘制）。

说明：班级设成小型人才市场，组长为招聘单位，组员为应聘人员，实行公开招聘。

招聘原则：男女均衡；能力均衡；特长互补。

（设计意图：激发学生的参与兴趣，以学生听说，但没亲身经历的人才市场招聘的形式进行分组，学生很好奇，有参与热情。同时要给学生足够的自主选择的权利。）

B. 设计小组资料卡。

a. 教师激趣：一个团结奋进的小组，应该有一个富有含义的组名，一句响亮的口号，一个具有创意的组标。

b. 教师提供表格，分组设计。

c. 交流资料卡（小组风采展示）。

d. 完成评价表。

（设计意图：唤起小组合作意识，小组成员一起设计口号、组标，并上台介绍，集体喊出口号，展示小组的凝聚力。建议：在评价时，教师在学生的展示过程中及时捕捉学生创意的火花，及时鼓励，提高学生参与的积极性，体现实时评价的作用。）

C. 选择主题，制定活动计划。

a. 选择主题

教师讲解：吴方言是汉语的七大方言之一，历史悠久，丰富多彩，主要分布在江浙沪一带。太仓方言属于吴方言范畴，其语汇源远流长，精彩纷呈，有着其独特之处。

出示太仓方言集萃，激发学生的兴趣

说明：教师可通过PPT展示方言中的常用语、谜语、童谣，来激发学生的研究兴趣。

（设计意图：兴趣是最好的老师，用各种形式的方言唤起学生与生俱来的好奇心，从而激发学生的研究兴趣。）

罗列问题，确定主题

教师：你准备了解太仓方言的哪些方面？和你的小伙伴一起讨论吧！

说明：分组讨论，交流有价值问题。

预设问题：方言的历史、方言的使用范围、方言的形式、方言的使用情况……

研究问题：根据学生提出的问题进行整合

（设计意图：学生所提出的问题往往比较片面、浅显，通过这一环节对学生所提的问题进行整合归并，形成有研究价值的问题，亦在讨论的过程中引导学生明白所确定的研究问题必须具有研究的价值和可操作性。）

b. 制定计划

教师提示：开展活动要有明确可行的活动计划或活动方案，与组内伙伴一起，围绕刚才确定的主题，制定活动方案。

根据教师提供的活动计划表，开展小组讨论，形成完整的研学计划

研究课题：关于太仓方言的（　　　　）研究

研究内容	研究人员	研究方法	完成时间
实地参观采访(有这项活动的填写)			
时间	地点	校外辅导员信息	
单位	电话	姓名	
器材准备(√)	相机(　)	摄像机(　)	录音笔(　)
	纸笔(　)	安全急救箱(　)	其他：
预计成果	资料(　)篇　短视频(　)份　照片(　)张		
	采访记录(　)份　其他：		

（设计意图：教师提供计划的样表，在集体讨论的基础上，引导学生学会制定计划的一般方法，了解研学活动的基本过程。通过活动，学生明确计划制定的步骤需要详实可行。）

［活动实施阶段］

① 阶段目标

通过活动，学生能够了解并掌握有效的资料收集方法，进行有效研究。

通过活动，学生能够学会资料整理，建立"云"资源库。

通过活动，了解太仓方言的特点与形式，能讲一些常用的方言。

② 活动过程

前期指导

A. 明确资料收集途径。

a. 要想了解太仓方言，必须进行大量的资料收集，其途径有哪些？

b. 学生讨论，确定收集途径

如图书馆、网络、采访专业人士、询问家人、观看地方台的专题节目……

（设计意图：复习资料的收集方法，为以下的活动打下基础。）

B. 设计资料卡。

a. 讨论资料卡的内容（样卡）。

b. 设计资料卡，交流修改。

（设计意图：资料卡的设计既培养了学生的动手能力，又增强了学生的资料素养。）

C. 讨论收集时注意的问题。

（设计意图：本环节学生自由讨论，教师要重点指导的是采访专业人士、询问他人方式的收集，让学生做到有礼貌、问题提出要明确。）

小组活动指导

本阶段活动主要关注事项：

A. 小组必须明确自己的活动任务。

B. 互相协作中完成相关资料收集并及时记录。

C. 必须要有小组外出收集的安全措施。

(设计意图:教师不仅要注重学生调查收集资料的实效性,更要指导学生不断调整方式,提高资料收集能力。在收集过程中,教师应该鼓励学生尝试用不同的途径进行资料的收集,做到资料形式的多样化。)

建立网上资料库指导

本阶段主要任务:

A. 交流资料,对收集的资料进行互补,提高认识。

B. 建立自己小组的资料库与其他小组进行分享。

C. 评价自己的资料。

(设计意图:本阶段活动中要使学生在收集内容的不同展示中充分交流提高认识,同时教学中要注意阶段性评价,资料卡中的星级评价方式有效的体现了学生的自主评价与教师评价的结合,也能使学生对前阶段活动有一个自我认识。)

[成果展示阶段]

① 阶段目标

通过活动,学生能够进一步了解太仓方言。学会用不同的形式展示自己的研究成果。

②活动准备:评价表、各类制作材料。

③活动过程。

A. 成果创作。

我们收集了大量的有关于太仓方言资料,对太仓方言也有了较深入地了解,那如何将这些资料展示出来?

a. 分组讨论各组的展示方式。

(设计意图:根据预期成果进行探讨,形式力求多样,鼓励创新。)

b. 小组各成员根据自己的特长,设计自己的展示作品。

制作幻灯片、小报、制作专题网页……

B. 成果展示。

a. 全班进行成果展示。

方法：小报展示、PPT 交流、小品表演……

（设计意图：学生的展示是学生研究知识内化的体现。多样的形式可让更多具有不同特长的学生参与其中。展示中学生的合作、互补意识进一步得到了提升。）

b. 结合展示，对各小组进行成果评价。

［活动总结阶段］

A. 撰写个人体会。

通过参与本次主题活动，我们亲身体验了资料收集、调查访问，设计、宣传等活动，一定有许多收获和体会吧，把它们用你喜欢的方式记录下来。

B. 撰写活动小结。

根据小组活动情况，撰写小组活动小结、感想以及得失成败的体会等，并把研究过程中积累的各种资料整理到小组的网络档案袋中。

C. 评选优秀。

交流本次实践活动的体会、收获以及感受等，评选出优秀活动小组、最佳创意小组、团结协作榜样小组等。

活动效果与反思：

此次主题研究活动进行的较为成功，主要得益于以下几个方面：

① 选题：顺应特点贴近生活。

教育家陶行知先生说过：解放学生的头脑，使他们能想；解放学生的双手，使他们能干；解放学生的嘴巴，使他们能问；解放学生的空间，使他们能到大自然大社会里扩大认识和眼界，获得丰富的学问；解放学生的时间，使他们有时间学一点渴望要学的知识，干一点他们高兴干的事情。这是要求教师在教学过程中必须以学生为主体，让学生在探索中学习创新。在选择主题的时候，力求突出学生生活的特点，做到从学生现实生活出发，贴近学生生活，力求可操作。

② 过程:形式多样重视指导。

形式单调的活动会使学生乏味。我们在活动中采取各种形式。如:实地拍摄、即时采访、制作宣传板、校园宣传等,学生每次都有不同的体验,都觉得其乐无穷。在不同形式的活动中也发展了学生的不同能力。

③ 评价:重视过程面向全体。

综合实践讲求的是学生在活动过程中获得的知识技能、情感体验及人格完善,不是为了追寻研究本身的结果,所以,老师应该更注重对学生在过程中取得的点滴进步进行表扬鼓励,以促进学生更好地进行研究,而不是用研究是否出成果来衡量活动的成败。在评价的过程中,要以激励为主,要看到学生的成功之处,发现学生的进步,关注全体学生,使每一个学生通过活动都能有所收获、体验成功的喜悦。

（二）跨校研学课程的实施

跨校研学课程的总目标是注重学生体验、倡导学生自主、凸显校际之间的联动,以主题研学活动为主要实施形式,强调学生亲身经历,要求学生积极参与到各项活动中去,更多体现学生参与活动的自主性,注重"看"、"做"、"学"的过程,在"探究"、"设疑"、"创作"、"反思"、"体验"等一系列活动中发现和解决问题,体验和感受生活,使学生在活动和体验中感知并提升综合能力。

1. 制定研学计划

"寻访娄东"的跨校研学计划的制定必须"坚持学生的自主选择和主动探究、促进学生个性发展;推进学生与自我、社会和自然之间内在联系的整体认识与情感体验,谋求自我、社会与自然之间的和谐发展;强调走向社会,走进生活,拓展学生的学习空间;提倡自主参与式实践性学习,改变学生的学习方式"等基本理念。各联盟校因地制宜,充分开发地方资源,共享社会体验课程。队员们走进青少年活动中心科技体验馆、大科园、名人馆、宋文治艺术馆、规划馆、污水处理厂、德企、沙溪古镇等。通过对地方文化的认知、感受和理解。从而形成自己的文化品格和人格修养，让家乡文化、中国文化成为青少年现代人格的根基，使他们对家乡本民族的文化产生归属感，认同感和自豪感。

习总书记强调并指出："一个国家、一个民族不能没有灵魂"。红色基因作为先进思想文化因子的高度凝练和升华，已然深深地融入中华民族的灵魂血脉之中。进入新时代，面对错综复杂的国际形势，青少年儿童更需传承好红色基因，筑牢中华民族伟大复兴之魂。因此，跨校研学课程计划结合了联盟党建"转起来"活动，以"党史、队史、校史"课程为跨校公共必修课程，推广"1＋2＋3"（党带团、团带队）党建工作新机制，在正本清源中帮助孩子坚守红色基因的政治底色。跨校研修课程以一日或多日活动时间为线，以特色活动为点，以具体的体验为案例，形成一个点、线结合的一日活动计划。每次参与跨校一日体验活动的具体内容都来源于活动框架，但又并不完全相同，活动组织者与参与活动的同学们可以根据活动计划与资源列表自己选定体验科目，围绕一日体验活动时间表有序开展。

2. 设计研学手册

跨校研学体验课程是联盟校之间的联动的多向互访体验课程，通过主题套餐，让跨校研学体验丰富多样。为了让各校学生在课程中收获更多的体验，我们制定了规范的课程方案，对课程设计背景、宗旨、性质、目标、内容、实施、评价、保障等多方面进行了详细的阐述。在课程方案的统筹安排下，各校教师协同开发了极具校本特色的"跨校研学体验"课程主题套餐。有漫步校园主题套餐、生态探秘主题套餐、老街探古主题套餐、科技概览主题套餐、"红色胶囊"主题套餐等。

学校根据不同的研学主题套餐，精心设计研学手册。研学手册的作用是以学导行，自主体验。在手册设计中，关注学科整合，将语文中的描述、数学中的计算、美术的描绘、体育的游戏、科学的研究在手册中体现；关注能力培养，运用"写"、"画"、"摄"、"录"等多种方式记录与研究；关注评价导行，不同体验场景中有不同的评价单；关注成果展示，让学生自主选择不同的方式来呈现体验成果。手册注重人文性、知识性与趣味性的统一，辅助孩子在实践体验过程中得到各方面的锻炼与提升。

3. 建立跨校机制

虽然同在娄东，但因为身处地域的不同，所以不同学校周边的社会环境、资源各不相同。太仓市实验小学地处市中心，有着不可忽视的政治、文化资源；太仓市科教新城实验小学和南郊小学地处科教新城，有着科技产业园和高铁新城的科技资源；新区四小地处新区，与德企有着密切的联系；港城小学地处太仓港口开发区，是一所窗口示范学校；沙一小地处沙溪古镇，是娄东文化的经典所在……这些都是学生跨校研学不可多得的庞大资源库。

"寻访娄东"跨校研学的侧重点在"跨校"，不同的学校在研学资源开发的过程中也会出现不均衡的现象，因此要使跨校研学课程能够顺利实施，必须要建立完备合理的跨校研学机制，以保障跨校间的沟通协作和资源共享。

太仓市实验小学教育联盟本身就有完备的"联盟章程"，六校间有着凝聚人心的共同教育愿景，各校都开发了丰富的研学旅行课程，也有着适合城乡学校共同体建设的组织架构、运行机制和资源共享机制，这些都是跨校研学课程实施保障机制，为实现跨校合作构建了良好的物理空间。

与此同时，当互联网成为改变我们生活的巨大推力，也成为变革教育的一大契机之时，我们的学生都是在网络环境下成长起来的，他们更喜欢技术，更依赖网络，更习惯于碎片化的学习。除了物理空间外，网络也可以成为我们实现跨校研学的平台，建立依托网络的跨校研学互通机制，可以实现学生学习方式的变革。各校在原有特色文化课程的基础上，进行联盟研讨、论证，推出更为成熟的"寻访娄东"跨校研学系列网络课程。后期通过信息技术的支撑,录制相关的微型课程,放入联盟共享资源库,学生通过资源下载,达到"云上游学",让课程的受众面有更多的突破,普及面更加广泛。

实小教育联盟用组织架构创新突破了顶层设计的难点,用研学形式创新落实了课程与教学的研究,用党建联动突出价值引领,通过网络平台促进各校共享资源,共建学校研学旅行的品牌。

4. 课程案例

太仓市实验小学教育联盟暑期
"红色背包客"活动方案

指导思想

为了进一步做好太仓市实验小学教育联盟融合育德培养目标,进一步做好"淘金计划",实现优质课程的辐射与放大,形成优势互补、共创共赢,特制定本方案。

活动目标

1. 通过党带团、团带队的形式,在党课、队课的引领下,让红色的种子播种心田。

2. 通过联盟校特色课程与实践课程的分享,丰富学生的课程体验,启迪学生的创新思维,让习得知识与发展能力得到更好的协调。

3. 通过住家体验,让孩子学会做客、学会与人交往,与社会相容。

活动时间

2019 年 6 月 26 日—6 月 27 日

活动地点

太仓市港城小学

参加对象

各联盟校支委 1 名,党员 2 名,团员 1 名,每校四、五年级每班 2 名学生代表,共计 140 人。

活动安排

日　期	时　间	项　目	负责部门/人	备　注
6月26日	8：30—9：00	"红色背包客"开营仪式	实验小学、港城小学德育处	两校校长致辞编好班级、标识
	9：00—9：40	破冰游戏	教官/体育老师	准备好每组的营旗等材料地点:体育馆
	9：40—10：00	能量加油站（休息）	港城小学总务处老师	三间教室:美术教室1—3
	10：00—10：40	我是小军人	外聘专家/体育老师	体育教师协助地点:体育馆
	10：40—11：40	自救自护我能行	外聘专家	党员教师共同参与
	11：40—12：40	午餐、午休	港城小学食堂负责老师	食堂一楼
	13：00—14：00	访郑和纪念馆	港城小学分管校长	全体党团队员参与
	14：20—15：30	探德宝企业园	港城小学大队辅导员	全体党团队员参与
	15：30—16：30	家校对对碰	实验小学分管校长	合班教室住宿孩子家长到校，参加教育指导活动
	16：40—	我做小客人	家长	港城小学15位学生家庭
6月27日	8：30	与小伙伴一起上学	家长	港城小学数学实验室（地点:远识楼4楼）
	8：40—9：40	特色课程体验1（数学实验,39人）	港城小学教导处/数学教师	数学实验室（地点:远识楼4楼）
	9：40—10：00	能量加油站（休息）	港城小学总务处老师	美术教室1（地点:远识楼2楼）
	10：00—11：00	特色课程体验2（农场STEAM创意制作,39人）	港城小学教导处/美术教师	美术教室1（地点:远识楼2楼）
	11：00—11：20	总结	实验小学分管校长	美术教室1（地点:远识楼2楼）

其他

① 安全事项

安全预案研制——实验小学　校长室

安全告家长书——实验小学　校长室

安全教育宣传——实验小学　校长室

②车辆安排

6月26日

沙一小自行包车前往港城小学,8:15分前到达;实小、科实小、南郊小学、新区四小7:15分集中实小包2辆车一起出发。

三辆车包车一天,下午社会实践需要用车。

6月27日

下午包一辆车,接所有师生回家。

③氛围营造

做好各类场馆的氛围布置,体现联盟特色和活动主题。(港城小学德育处、装备室、总务处)

④成效预估

做好可视化资料的收集——港城小学少先队

做好微信报道和太仓电视台的宣传等——港城小学德育处、教导处

"红色背包客"活动感受

太仓市沙溪第一小学　五(4)班　张高誉

随着夏天的到来,期末考试也从紧张的气氛中结束了。我有幸参加了太仓市港城小学开展的暑期"红色背包客"活动。

2019年6月26日,天空淅沥沥的下着小雨,即使天公不作美,也阻挡不了我对这次活动的期盼和热情。我怀着激动的心情,在老师的带领下来到了太仓市港城小学。刚踏进大门,耳边已传来悠扬的乐曲声,走进校园,映入眼帘的便是一排排美丽的花丛和港城小学同学们的一张张笑脸。

两天的活动是丰富多彩的。在这里我认识了许多新的朋友。我们跟着解放军叔叔一起训练,"立正,稍息,踏步走……"这些都让我更深刻的体会了解放军那种钢铁般的精神,这样的训练不仅锻炼了我的身体,也增

强了我的忍耐力和纪律性,这一刻仿佛我就是一名小军人,仿佛能让我克服所有的困难。

接着,我们参观了郑和公园,学习了郑和下西洋的历史;探访了德宝企业园,近距离的了解了玩具的制造过程;"变废为宝"制作美丽的花瓶,插上花儿,光彩夺目!这不仅锻炼了我的动手能力,更教会我们要爱护环境、保护环境,这样才能让我们的家园更美丽。

在这两天的活动中,最让我难忘的还是住家活动,这是我第一次离开父母住宿新朋友家,我又期盼又担心,期盼离开父母的羽翼,成长为一个独立自主有担当的小大人,但是我又非常担心,担心自己不受新朋友家人的欢迎。但这一切的担心都是多余的,奶奶给我准备了我最喜欢的红烧肉,阿姨给我们准备了蛋糕,我和小主人——浦郝奕成更是成了无所不谈的好朋友,我们一起学习一起玩耍,在一起度过了一个美好的夜晚……第二天我们交换了礼物,我邀请他下次也来我们家做客。

这次的活动给我留下了深刻的印象,学到了许多课本以外的知识,锻炼了我动手动脑能力,有趣的游戏更是让我沉浸其中,这也让我明白团队合作的重要性以及纪律性,这些都让我受益匪浅。

（三）在地研学课程的实施

游览寻访娄东文化需要学生走出校门,深入到太仓的各个角落,研学前,研学课程设计组的老师要对此次研学的目的、内容、安全等进行缜密的计划,学生也要接受必要的文明礼仪、生活技能、行程安排等预备课程学习;研学中学生要对照研学手册完成多维度的研学任务,教师要进行相关的引导和点拨;研学后,学生还要就研学成果进行多平台的展示与分享活动。

1. 制定研学计划

凡事预则立,不预则废。做什么事有了计划就容易取得好的结果。每次研学前,老师要根据上级教育部门的相关文件要求,做到计划先行,高度重视学生参加研学旅行的安全问题,严格执行《学生伤害事故处理办法》,制定切实可行的安全措施与预案。除此之外,娄东文化的游览寻访课程因为只在本土进行,且学生经过了前期校本研学课程的浸润,所以研学主题的选择、研学计划的制定都可以更多地让学生参与进来,充分发挥学生的自主性和主观能动性,更大程度上培养学生的综合素养。

2. 设计研学手册

学校成立了"研学"课程开发小组。课题组成员通过文献研究、实地勘察、亲身实践,整体建构学校的研学课程,并在此基础上设计每次研学的《研学手册》。每一次研学目标设定既是多元的,又不求面面俱到,通过小学六年对娄东文化的研学,学生就可以达成多重目标,得到更多的收获。从出发前的线路设定、装备整理、行程安排,到活动中的记录,再到活动后的评价,《研学手册》都有明确的提示和要求。同时,在研学完成后,还会请学生、老师一起对已有的研学手册进行修订迭代,在一次又一次的经验积累中,不断提高师生的课程开发能力,也使得手册内容不断完善,更能满足不同儿童研学的需求。

3. 建设导游队伍

为了更好地理解和传播娄东文化,让每个学生都能够成为本土文化的传播者和创造者。我校在各年级组建了"我是小导游"的学生研学团队,吸纳那些对研学活动热情高、具有研究愿望、语言表达较好的学生成为"娄东文化"寻访活动的小导游。通过校内培训、娄东文化研学实践基地的亲历实践、娄东本土专家辅导等手段,提高"小导游"的专业技能,使其成为娄东文化寻访课程的友好传播使者。同时也让这些小导游在研学实践过程中经历职业体验,培养热爱家乡的情感,逐步形成积极的人生态度和正确的价值观,提高审美情趣和艺术品味,增强社会责任感。

4. 课程案例

主题:南园研学

适用用年级:三、四　　　　　　　　　总课时:6—8 课时

案例背景:

南园是我市名园,为太仓明代万历年间首辅王锡爵赏梅种菊处,距今

四百多年历史,内有董其昌、文征明、王世贞、吴梅村等手迹,有200年以上的古木榉树、黄杨等,有精美花窗"琴棋书画"等。春暖花开,学校常会带学生前往踏青体验,但这样的"春游"活动,往往会走马观花,流于"聚餐"游玩。

我校对于研学旅行从2008年开始启动,不论是与国外友好学校的浸润式修学旅行还是春秋季短途游学,更有立足本土的"娄东文化"研究,我们都精心为学生设计系列导学单,以南园为例,我们对于该类参观活动进行了改进的思考与设计,以期让学生在玩中学,在玩中有所得。

太仓市义务教育段综合实践活动课程实施意见(试行)附件2中指出:"综合实践活动是基于学生直接经验,密切联系学生自身生活和社会生活,注重对知识技能的综合运用,体现经验和生活对学生发展价值的实践性课程。"本项研学实践活动,紧密结合学生的参观过程,巧妙设计活动内容,以若干研究任务为驱动,单一的学科能力不足以完成本次研学实践的体验活动,我们的活动设计中,融合历史文化、信息技术、道德与法制、数学、科学、语文、美术、口语交际等多学科的知识和能力要求,极大地调动学生的综合素养,进行跨学科深度学习,适合小学中高年级的学生参与活动。

同时,该综合实践活动内容的设计尽管是针对本市名园,但也可以借鉴用于江南水乡的任何一个园林,有其灵活性,可有效渗透"爱家乡"及"保护环境"等思想教育。

活动时长及活动目标:

该活动为短周期研学实践活动,包括在准备阶段的2课时,实践体验阶段的3课时,总结交流与表达阶段1课时,共6课时,除此之外,有未计入活动时间但学生需要搭成研究任务的搜集资料、资料整理等课外自学时间。

活动的总目标为:

认知目标:

① 学习南园历史,感受中国古典园林的建筑、书法、花窗建造等

特色；

②结合停车场的实地统计加深对节能减排的认识；

③亲近自然，对植物的观察和比较；

能力目标：

对学生进行综合能力的培养,包括:搜集与整理信息的能力(看懂地图);将计算应用于实际的能力;观察、绘图的能力;与人交流的能力等。

情感目标：

培养学生对古典园林的审美意识和能力,激发学生热爱家乡、保护环境情感。

活动准备：

在活动前,教师需要做好完善的前期准备工作,包括:

①了解学生的关注点所在,与学生共同商讨并指导学生课外做研学攻略,合理设计学生的学习活动内容;

②考查学生步行前往南园的路线,要求:在安全的基础上选择最近路线,确定大概距离及学生步行需要花费的时间;

③考查园林中的活动安全问题:园林内关于水池等方面的安全隐患,设计各班在园林内各组的参观路线,避免学生活动时拥挤于一处;

④了解园内的各种特色植物,尤其是古树名木的情况;

⑤班内活动小组的确定,进行活动前的外出纪律教育:

A.步行从南园来回时遵守交通规则,注意安全;

B.在外活动时保持应有的礼仪和礼貌;

C.分小组活动,设立组长,组员服从组长的指挥,不可擅自离队;

D.遇到突发情况及时向指导老师寻求帮助;

E.可以带笔、记录纸、照相机(手机)、学习资料和饮用水,但不可带零食,如带照相机,需仔细保管好。

F.在拍摄南园特色时,注意取景时脚下的安全。

⑥指导教师的任务安排——指导老师至少每班2人,并各班征集家长义工2人,以保证学生的安全性和指导的有效性。指导教师需明确本

次活动的主要内容,配合行动,错开不同班级的学习活动顺序,如,1班首先在南园大厅完成"我的地图"的环节;2班首先在停车场完成"停车场上的环保问题"的环节;3班首先进行全园游览;4班首先了解园林内的铺地和花窗……以此类推,各个活动环节的时间控制在30分钟左右,以防止学生活动的随意性,避免拥挤于一处。

⑦ 争取家长及社会的支持,发放"告家长书",详见导学单。

活动过程:

① 学生的准备阶段活动

A. 指导学生利用各种方法查找有关南园的资料,如访问、书本调查、网络调查等,提出和南园有关的问题,进行二次筛选,由学生寻找与选择有较大研究价值的问题,在班中进行有关南园知识的介绍,引起学生对于参观南园的兴趣;

B. 出示南园地图,指导学生认识出入口、厕所等常识位置;

C. 学生交流活动时的注意点;

D. 发放告家长书,争取家长的支持。

② 学生的实地研学考察活动

学生的活动内容详见导学单。

教师指导重点:

A. 指导观察——在步行沿途对学生进行出行礼仪、位置方向、街道名称、特色建筑的提问及介绍,帮助学生大致建立关于学校至南园的路线图;

B. 指导调查——在停车场选择安全区域组织学生进行二氧化碳排放的测算;

C. 指导参观——组织学生在门楼大厅区域集合,了解南园历史,可请园内导游介绍南园特色;

D. 指导比较——指导学生如何去学习古树名木的介绍,对专业名词进行解释;指导学生从各个方面去比较两种植物的不同;

E. 指导讨论——在南园"绣雪堂"(南园主厅)集合,各个学生交流参

观南园的感受,并请学生写下来;

F. 指导访问——在游览过程中,提醒学生留意不同的花窗及铺地,可根据实际情况采访园内导游;

G. 指导评价——指导学生在每项活动完成之后,进行自评与组评,可以采用简短文字。

③ 活动成果的交流与总结

学生的交流展示与评价活动,是对研学实践的深化。学生的研学水平,就是在这样的互动、交流以及自省的过程中得到提高。评价分为3个维度:自评、组评、师评。教师指导学生从过程和结果两方面对各项活动进行合理的评价,评选出4个"最佳"。然后总结自己在活动中的收获,反思需要改进的地方。

A. 我是南园小司机:采用图示法展览并交流学生绘制的路线图;在这个过程中,我们除了绘制出既定路线以外,也可以介绍,从自己家去南园的路线等。看懂地图,有助于发展学生的空间观念。

B. 我是南园小导游:

a. 展览学生的摄影作品,作者首先进行介绍,其他学生作出评价,评价可以从摄影作品的取景、光影以及对于作品的解读等多方面来进行,同时也通过摄影作品的展示,让我们再次回忆起这次研学旅行的点滴过程;

b. 学生交流南园主要特色:铺地、花窗、特色建筑等,可以采用PPT、小报等方式辅助交流,南园是典型的明代建筑,有很多传统文化的细节特色,然而,若没有相关指导,学生对于这些传统文化就不会欣赏,描摹铺地的花纹,花窗的结构,可以让学生初步领略到匠人匠心;

拓展活动:将我们制作的摄影、小报、文章等在校内做展板交流。

c. 我是节能小先锋:学生进行节能问题的研究交流。环保并不只是一种意识,更是一种行动,数学的统计和计算,让学生深切感受到数学作为工具学科的重要作用,那些数字,也在真真切切地传递着环保的价值。

拓展思考:(1)讨论减排对于环境的意义;(2)讨论我们所获得的这些关于减排的数据如何可以让更大范围内的人群知晓并促进人们加入减排

行列中来。

d. 我是植物小博士：学生进行南园植物考察的交流；园林尽管以人工之美见长，但植物的布局安排也非常重要，细细地比较并发现植物的不同，认识植物独特的美。

拓展思考：为了更好的保护植物，我们怎么做？

学生的评价也需要有指导，我们且用若干小类别来说明对于评价的指导方式。当然，实际的评价过程可以更加灵活机动，采用更多不同的维度，比如设立最具团队精神奖、最会观察奖、最佳审美奖⋯⋯，可以充分发挥学生的自主性，也将提高学生评价的导向性。

⑤ 活动评析

目前，我们通常的"春游"、"秋游"往往与学生学习特点结合不够紧密。学习是一个内化与外显的过程，先要将新知识内化整合，再进行二次表达，内化是一个层次，能用自己的理解再次表达，又是一个层次。我们的综合实践活动，大多还处于走马观花阶段，学生能走出去了，但他未必能把这份认知与自己的"学习"联系起来，只是接触了些新事物而已。

我们发现，用导学单的方式，指导学生的社会实践，优于普通的参观活动，因此，我们通过精心设计的实践记录来外显其社会实践研究的深度和广度。教师对学生的过程性指导，可以通过社会实践记录的内容来渗透。

本项南园研学实践活动，就是在了解学生兴趣点的基础上，设计了相关的实践记录表，通过任务驱动的方法，让学生在参观活动中不仅是体验，更是学习和研究。这样的社会实践活动，比单纯的参观然后回来通过回忆写篇作文要有意义得多。但这样的确然的设计，也有其局限性，不能完全体现出"研究学生自己的问题"，学生必须统一于大多数人的意愿之下。或许还可以在活动前，请学生自己设计活动内容的记录表，确定研究自己所感兴趣的内容，或者，在记录表后，添加空白表，方便学生个性研究的发挥。

此外，要重视评价对于相对松散的参观访问活动的促进作用，在每个环节完成之后,教师要及时引导学生合理评价,不仅可以促进学生更加投入地进行探究,而且可以对部分研究水平较低的学生及时进行纠偏与指导,以保证下一环节的认真探究。

三、"寻访娄东"研学活动实施的反思

开设"娄东文化"的项目研究,在活动中学生有了任务驱动,能更深入地研究娄东文化,在研究过程中感悟家乡文化的魅力。有一位学生活动后这样说:"通过本次活动,加深了我对"娄东文化"的了解,培养了我的口头表达能力,增强了我克服困难的勇气。我决心今后以名人为榜样,当好"校园文化形象大使"为传承"娄东文化"、建设家乡、振兴中华作出应有的贡献!"

各类娄东文化课,还是以课本为载体,以教师提供的学习资料为核心的课堂学习。研学跟是学生自主选择内容而进行的课外学习,充分调动学生学习的主观能动性,为学生自主学习、主动学习探索新路径。它以学生进行自主性学习为模式载体,以学生研究、讲课为实施方式。通过问题的引导,让学生通过走出校园的方式主动观察、动手实践、搜集、整理、研究的过程中获得体验,了解自己获得知识的主动过程,学会拓展自己的精神视野,引导学生将外在知识转化为内在经验,从而进一步提高学生的思考能力、判断能力、分析能力和表演能力。

但在具体实施过程中,仍发现一些问题,对后续的研学课程开发和实施都将会有一定的帮助。下面以二年级的电站村研学活动的反思为例,谈一谈研学课程的生长点。

"我们的活动真是实惠,体会到劳动可以丰衣足食。"年级组长龚老师如是说。

"今天是我带班以来,最有意思、小朋友收获最多的一次研学活动。"班主任吴月萍老师这么说。

"孩子们简直开心坏了!"家长义工说着。

"孩子们都很不错,能分清子茎和母茎,也没特别多拿,看看差不多有三斤了就不继续挖芋艿了。"导游姐姐们夸赞道。

"我们一回家就烧芋艿了,把收获都吃到肚子里啦!"孩子家长传达着孩子们回家后的一系列活动。

······

家长们、孩子们、老师们,都对这一次的研学活动充满了肯定,可见我们前期的研学课是做足了准备的,孩子们在这次研学实践活动中也是真正地体验着、收获着。但我们也在活动的一些"糗事"中发现了问题,借此找到了下一次研学的生长点。

1. 丢东西"糗事":自理能力更需加强

"老师,我的雨鞋丢了,我待会不能下地挖芋艿了。"一个虎头虎脑的孩子歪着脑袋向老师诉说着自己的遭遇。

"老师,我找不到我的背包在哪里了,你能帮我找找吗?"一个小女孩在自己班级放背包的区域徘徊着。

······

若你仔细听,你会发现各种"找不到"充斥在班主任和带队老师的身边,甚至在队伍行进中,孩子一边走,边上的带队老师一边捡水壶、捡衣服、捡袋子,一个个"没头脑"在研学过程中暴露无遗。

【反思】现象的背后,就是我们的孩子的自理能力是急需要加强的。家庭过多的帮助和溺爱,学校缺乏自理能力锻炼的机会,这些都是导致学生自理能力下降的原因。孩子的自我管理能力亟待加强,我们可以结合平时的班队、晨会等课程,系统地进行自理能力的培养。

2. 玩游戏"糗事":同伴交往更需提高

"哎呀,你踩到我的脚了!"

"你自己不往后一点!"

"你踩到了我,你还不道歉,还说我。"

"谁让你不听好的教练的话,自己站着不动,还怪我踩了你。"

两个小姑娘你不让我,我不让你地争吵了起来,最后两人都"哇哇"大哭起来,直到老师走过去劝慰。

【反思】这只是研学过程中个别的现象,但也是值得我们去关注的现象:同伴之间的交往问题。可以从上面的案例中看出,其实本就是一件小事,互相退一步,一句"对不起"就可以解决的问题,到最后却使得矛盾最大化了。可见,孩子的交往力、沟通力、解决问题的能力都有待提升,我们也要在研学的过程中进行同伴交往的指导。

3.画风景"糗事":活动指向更需明确

"来,让我看看你们的画片上面画了些什么呀?"

有的给我看,就画了几棵树木,有的画了一片草地,有的画了天空白云和小鸟。孩子们的作品呈现单一,且秋天的特点也并不是十分明显。

【反思】我想到的是,如果在教室里的一节美术课"画秋天"肯定不会是这样的零散和无特色,美术老师肯定会抓住季节的特点指导学生将画面画丰富。而本次的画风景,走进了生活,走进了农村,从本意来看,应该更有画的素材,但是结果却不尽如人意。我想原因有二:一是导游姐姐组织画的时候没有明确的指令,就说"现在大家画画吧!"这么大范围的话题,对一个二年级的孩子来说是很难自己切入到小点进行创作的;二是选择画画的时机不对,导游姐姐选择在集体游戏完之后画身边的景色,这时候学生并没有参观开心农场,也没有开始挖芋艿,他们对秋天的景、秋天的事了解还不深刻,此时选择画秋天,就导致学生没有素材可画。可以画信片放在参观完开心农场,了解芋艿,等待挖芋艿前的那段时间。

第五章

行走中国

　　文化,是一个国家、一个民族的灵魂。回溯世界历史长河,中华文明是世界上唯一没有中断的文明,作为炎黄子孙,我们有义务保护、传承和创新中华文化。上一章中,我们走访娄东,寻的是本土文化,扎的是家乡之根。而这一章,我们是要行走中国,走进中国文化,走进文明,去挖掘丰富的历史,去感受中华文化的价值,在行走中坚定文化自信,延续根脉,让中国文化薪火相传、与时俱进。学校开发的行走中国版块与国家课程紧密结合,与中华地域文化相互结合,关注特色课程挖掘和优质课程开发,以行走作为获取知识的方式,让学生通过行走感知中华传统文化,增加对中华传统文化的认可和理解程度。

　　本章节中,我们将共同探究中华文化,中华地域文化及其与人的价值,在深挖中华文化、中华地域文化资源的同时,结合学校开发的社校合作、家校合作等案例,再现行走中国的方式和样态,走出校门、走出长三角,在行走中、在文化承载中去感受中华文化,去探寻华夏灵魂,增强对学生中华文化的认同感和自豪感,提高民族凝聚力,培养爱国主义精神,从而培养具有民族自豪感的开拓进取的社会主义接班人。

第一节　中华地域文化及其育人价值

中国文化是把中国人民结合为一个民族整体之基本要素。中国作为幅员辽阔、历史悠久的多民族国家,在文化资源方面有着得天独厚的优势。自然环境的差异、行政区划的影响、方言俚语和风俗习惯的不同,使得中华文化在不同的地域里呈现出独特的印记。中国是一个多民族国家,每一个地区、每一个省份、每一个民族都有自己璀璨的文化特色,地域文化是中华文化的重要组成部分,而地域文化的多样性,就是中国文化的生命力。

行走中国具备巨大的教育价值,学生在行走中国中发掘地域文化,促进其对中国文化的认识,对提升国民的文化自信、民族自豪感和爱国热情都有着重要作用。我们要借助研学旅行,把握中国文化的精神,挖掘中国文化特色,去深入了解历史文化遗址与民风民俗,感受美丽中国。

一、中华文化之美

何为中华文化? 习近平指出:"文化是一个民族的魂魄,文化认同是民族团结的根脉。"[1]中国文化的追求所形成的,既有自强不息的进取,坚忍不拔的意志,又有厚德载物的刚毅沉着,追求和平发展、天下共荣的大德大善。这是人类文明的崇高精神与品格。中国文化之美的追求是永恒的、稳定的、不朽的,同时是一个连续有内在深度的过程,它富有沉静之美、和谐之美、含蓄之美、情理之美。

(一)亘古久远,彰显沉静之美

中国文化的许多艺术作品的美是生动而形象的,真实地反映着人生

---

[1]　习近平.习近平谈治国理政(第三卷)[M].北京:外文出版社,2020:300.

百态,富有内涵和深度,透露出一股沉静之美。沉静代表了一种修养,一种内涵,一种力量,一种积累和沉淀,过滤了浑浊,把澄明还原进了那种叫深刻的东西。反映到人与人之间的关系,传统社会中人际关系的那种含蓄、细腻、从容的沉静之美,树立了中国人的典雅形象。

近年来,西方文化如潮水般涌入中国,影响小学生的世界观、人生观和价值观。小学生作为祖国的未来、民族的希望,其文化素质与价值观对中华民族有着巨大影响。借助中国文化的沉静之美进行小学生美育有助于把中国深沉、富有内涵的文化更好地传承下去,帮助小学生提高民族认同感,强化民族自豪感,增强社会责任感,传承与创新中国文明。

(二) 天人合一,表达和谐之美

在中国传统思想当中有追求大自然与人类社会关系的天人统一的思想,这直接影响了中国传统的审美意识,形成了万物一体、天人亲和的审美观,也造就了国人亲近自然、热爱自然的情感,认为人作为自然界中的一部分应与自然保持一种密不可分、互依共存的关系,用当代的可持续发展观念来说就是互依、多元、共兴。自然是美的,是有灵气的,应该以热爱、崇敬、保护和赞美的态度去感受和吸收自然之美,把这些美的养分充实到自己的生活和内心之中。

在中国传统哲学中,道家崇尚"自然",老子在《道德经》中说道:"人法地,地法天,天法道,道法自然。""以道观之,何足贵贱"。① 希望通过"道法自然②"来实现天道与人道的统一。庄子也提倡淡化人生欲望,体味与宇宙万物合而为一的美好境界,"天地与我并生,万物与我为一"。儒家也有"天人合一"思想,是以人作为出发点实现"仁者以天地万物为一体"。儒家经典《中庸》中有载:"唯天下至诚,为能尽其性;能尽其性,则能尽人之性;能

---

① 王弼注,楼宇烈校释. 老子道德经注校释[M]. 北京:中华书局,2008:64.
② 王弼注,楼宇烈校释. 老子道德经注校释[M]. 北京:中华书局,2008:64.

尽人之性，则能尽物之性；能尽物之性，则可以赞天地之化育；可以赞天地之化育，则可以与天地参矣。"①中国文化强调和谐、整体、统一，主张天人合一，针对现代社会大众文化的浅薄、破碎的缺陷，传统文化能够帮助小学生树立整体有机的思想，追求精神世界与美的实践的和谐一体。

（三）自然合理，展现情理之美

先秦时期的情理美学观是从"诗言志"观念生发为儒家的以理节情论、道家的情感自然论和屈原的"发愤抒情"论的不同理论形态，它们共同确认了文学情感表现的文艺本质论。中国文化中许多艺术作品富有情理之美。"半亩方塘一鉴开，天光云影共徘徊"，诗词中的形象美与情理美令人回味悠长。中国古代园林艺术、器皿等设计传递着素雅、讲究实用的设计思想；中国的传统服饰传递出了极其丰富的文化内涵，体现"不偏不倚、两端执其中"的理念，透露出一股情理美；中国绘画讲究和谐与统一，传递文化理念。

现代社会是科学技术占重要地位的社会，社会存在许多规则与秩序，如何协调好集体与个人，如何平衡自由与规则的关系对小学生是一个不小的考验。中国传统文化对自然的追求和推崇有助于小学生心理健康的平衡。中国文化蕴涵丰富的美学价值，我们要善于利用中国传统文化对小学生进行教育。以中国传统文化促进小学生审美。一方面体现美的本质。真正的美是富有内涵的美，充满着文化的底蕴和文化特色，对小学生进行美育，脱离不开文化，特别是老祖宗留下来的宝贵的文化遗产，倘若善加利用，引导出潜藏在每一个炎黄子孙身上的文化细胞，对于美的传承自然而然地会延续下去。

二、中华地域文化的内涵和特点

纵观上下五千年，因其幅员辽阔、民族众多，各个地域之间存在着较

---

①　王国轩译注.大学中庸［M］.北京：中华书局.2006：105.

大的文化差异。从地形上看,其西面是高原,发源黄河与长江两条伟大的河流,贯穿整个国家。它的南面与北面,都有高耸入云的大山,中原地区形成一个巨大的盆地,面向太阳升起的东方与浩瀚的大海。所以,八方风雨汇中州,在中原地区出现比较早的文明国家,以河洛为典型,汇聚了来自四面八方的文化。不同地域的饮食、服饰、建筑、语言等都是不尽相同的,因此,中国传统文化具有地域性①,中国传统文化与地域文化密不可分,他们是主流与支流、共性与个性、一般与个别的关系②。地域文化是不同地方的人类创造的文化区,中国地域文化大致可分为齐鲁文化、燕赵文化、吴越文化、秦文化、楚文化、三晋文化等。③ 不同的地域文化有各自的特殊之处,而不同地域文化的共同之处则汇聚成为中国传统文化,因此,每一种地域文化都以自己独特的方式呈现中国传统文化。地域文化是中华文化的重要组成部分,更是行走中国宝贵的课程资源。

(一) 和谐相生,地域文化中的人类智慧

每个地方都有因特殊的地理构造而赋予独具风情的山川景色。不同地域下的人们都找到了与自然相处的方法,不同地域的发展模式也跟它的地理环境因素密切相连,构成了与自然风光和谐相生的多样气质与人文情调。

不同地域上的人们既不缺与自然抗争的勇气,更不缺乏各地域的圣贤。不同地域的自然美景都是与人文气质紧密结合的,不同地域有其特有气质。行走中国,能让学生走进中国的东南西北,在行走中消除对中国地域文化的陌生感,更能提升文化自信。

---

① 蒋宝德,李鑫生主编. 中国地域文化[M]. 济南:山东美术出版社,1997:5—6.

② 王利平,贾俐俐. 地域文化课程教学的"文化立场"研究[J]. 教学与管理,2021(24):77—79.

③ 蒋宝德,李鑫生主编. 中国地域文化[M]. 济南:山东美术出版社,1997:69—70.

（二）同源异流，地域文化中的民俗风情

民俗文化在每个地域都有独特的表现。祈求祝福的，除了云南澜沧江边的孔明灯、安徽汪满田的嬉鱼灯外，还有湖南郴州的香火龙巡游；展现民族特色的，除了施秉的摸鱼节、肇兴侗寨的侗族大歌外，还有湘西花瑶的盛大婚礼；传达中国特有乡村生活意趣的，除了安徽呈坎人的晒秋习俗、贵州凯里的斗牛外，还有吉林查干湖的冬捕；赞美民间传统技艺的，除了贵州赤水的独竹漂、河北长海沟门村的抢花艺人外，还有山西绵山惊险刺激的挂祥铃……中国地域有多辽阔，地域文化就有多精彩。这些趣味横生的民俗文化融入厚重的地域文化中，丰富了地域文化的多彩底蕴。

（三）古今相望，地域文化中的发展传承

不同地域的文化又与其建筑师密不可分的，不同地域的建筑代表的是不同的历史阶段和文化背景。楼庆西在《中国古建筑二十讲》中谈到，建筑与大众的关系密切，以中国古代建筑而论，无论是宫殿、寺庙、陵墓还是园林、住宅，他们的个体和群体形象都是一个时期政治、经济、文化、技术（包括建筑材料、结构方式、施工方法等）诸方面的综合产物。

行走中国我们要兼顾"传统文化"与"现代文化"，了解中国文化的发展对当今中国乃至世界的影响，将传统文化与今日中国之现实生活相对接。除此以外，我们还应带着学生展望未来，去了解不同地域的现代化建设。如云南昆明动车所和斗南国际花卉中心，就让世界看到了中国西南也有风驰电掣的速度；安徽科学岛孕育的全球首颗量子实验卫星，让世人知道了中国科技已然取得了丰硕成果；山西一年拆掉一万多根黑烟囱，高耗能、高污染产业告别太原，绿色的延伸见证了中国产业的换代升级，也印证了中国参与并引领全球绿色发展的决心和担当。

不同地域的文化是说不完道不尽的，还有各地的历史文化遗址、各地的博物馆、各地的服饰文化……这些都是课程开发的资源，行走中国，就是让学生在行走中去感受中国文化，有"各美其美，美人之美，美美与共，天下大同"的包容气概。

三、中华地域文化的育人价值

中华地域文化是人们在长期从事的物质生产、精神生产和社会生活过程中所形成的具有浓厚地域特色的价值观念、思维方式、人文心态、民族艺术、风俗习惯、道德规范等的总和,体现着一个地方的文化、饮食、历史、地理和方言等特点,蕴含丰富的教学素材,具有独特的育人价值。为丰富学校研学课程内容,我们聚焦地域文化中的圣贤文化、红色文化、山水文化,将地域文化和研学相互融合,构建新型教育模式,从而发挥地域文化独特的教学价值,全面提高学生的综合素质。

(一) 圣贤文化,文化传承之根

中国优秀传统文化承载了圣贤的智慧,只有认同并传承本民族优秀文化,坚持本民族的文化自信,才能增强民族凝聚力,构筑幸福人生。

圣贤,被赋予以优良的品格,成为凝聚人心、激发人奋斗的文化力量。家族、宗族、祠堂、家谱等血缘关系,与邻里等地缘社会元素,常常成为中国社会的特色,融入天下一统的文化。在文化认同上,我们推崇中华民族文明共同体的发展意义,讲究社会团结、民族平等,从而形成尊老爱幼、互帮互学、见贤思齐、情同手足、情深意长等文化传统。在历史文化发展中,中华民族形成一个多民族国家,众多民族相互间讲究同舟共济,属于同胞。爱国主义、集体主义等精神传统,既属于历史,也属于社会现实。这也是大一统的文化特色。

(二) 红色文化,文化传承之魂

红色文化旅游资源是中国共产党领导人民在长期的革命斗争和社会主义现代化建设实践中形成的宝贵精神财富,红色文化的本质、内涵、精神价值等与校园文化在价值层面上是有机统一的,都统一于中国特色社会主义文化建设实践。习近平总书记视察南京战区时指出,"要把红色资源利用好、把红色传统发扬好、把红色基因传承好。"我们要培养的是社会主义接班人,研学地选择了常熟沙家浜,将红色文化旅游资源与研学旅行紧密结合起来。

1. 爱国主义教育的新载体

许多红色旅行地就是一块富有光荣革命传统、爱国主义精神和开拓创新精神的热土,遗留有革命先贤和英烈生活、战斗的胜迹,保存着一些革命前辈们艰苦奋斗、抗击强敌的红色旅游资源。学生来到研学地,就能切身感受当年的革命气氛,激发学生爱党爱国情感。革命历史传承着过去,指导着现在,启示着未来,红色文化旅游资源具有独特的历史性和鲜明的现实性,是进行研习的宝贵精神食粮。我们要加强对学生的红色文化教育,加深其对党艰苦奋斗的发展历程认识,理解中国革命和现代化建设过程中形成的红色文化的精髓,有利于培养学生的爱国主义精神,更加满怀信心投入到中国特色社会主义事业建设之中。

2. 廉洁自律宣教的新阵地

红色文化旅游资源中有不少关于人生观、价值观、权力观的教育素材,为进行廉政文化教育提供了鲜活的题材。

中国革命战争和现代化建设历程中有许多廉洁方面的感人事迹,如毛泽东、周恩来、习仲勋等革命领袖和焦裕禄、孔繁森、郑培民、牛玉儒等党的好干部的廉洁自律行为。通过研学,让学生在情感上引起学生共鸣,感化心灵,从小筑牢反腐倡廉思想防线。利用红色文化旅游资源的独特素材,使师生在受到廉洁思想的教育感染后,逐渐地把廉洁作为行为准则,并使之内化于心,外化于行。

3. 核心价值观教育的活教材

红色文化承载的精神价值是学生的精神食粮,将红色文化融入到学生的社会主义核心价值观教育中是培育和践行社会主义核心价值观的内在要求。培育社会主义核心价值观要求我们要传承与创新红色文化,通过将其融入到校园文化建设中,把红色文化资源转化为学校育人资源的途径、方法及措施,切实提高大学生核心价值观教育的实效性。红色文化旅游资源的意识形态功能,提供正确的政治引导;红色文化旅游资源的文化传承功能,奠定坚实的精神基石;红色文化旅游资源的道德示范功能,树立生动的榜样典型。红色文化旅游资源以马克思主义为指导思想,代表着中国先进文化的发展方向,具有强大的生命力。弘扬和培育以爱国主义为核心的民族精神与以改革创新为核心的时代精神是社会主义核心价值观教育的精髓。"红色文化旅游资源包含的无数红色先进人物和感人故事,提供了榜样激励和价值标杆,对学生核心价值观教育有巨大的示范激励作用。

（三）山水文化,文化传承之本

1. 读万卷书,研学万里路

中国风景名胜集中国大地自然美和人文美之精华,能给人以美感、熏陶、认知、遐想、舒畅等高层次的精神文化享受!"读万卷书,行万里路",旅游是我们与大自然和人类社会的一种交流方式。我们选择研学,以阅读大地和解析人类社会的名义,领略、欣赏和感受中华风景名胜之美。

中华风景名胜对于我们来说,不仅仅是青山秀水、空气清新、生态环境的优美,更是在行走的过程中,去尽情感受大自然的美好,去用心阅读那令人回肠荡气的人文历史画卷,是奇妙而丰富的精神文化享受!

2. 行万里路,感悟民族美

美,是风景名胜的最强大吸引力之所在,而风景名胜之美,则源自于自然山水之美,源于历史与人文之美,源于民俗风情之美。

自然之美,它以一种宇宙的大力、万物的造化和大自然的关爱,通过名山大川、浩瀚林海、奇花异卉、珍禽异兽以及变幻莫测的气象气候景观等美轮美奂的自然形态,向我们展示大自然的真实面貌和揭示大千世界演变的自然规律。

而人文之美,则是那些存在于先祖聚居的文明发源地以及那些附丽于名山大川的人文古迹与当代社会民俗风情和时尚所蕴涵和折射出来的人类先祖先辈的物质与精神创造,通过历史古迹、宗教文化、园林、城镇、社会风情、文学艺术景观等辉煌灿烂的人文形态,向我们体现人类审美观念和标准、历史发展轨迹与规律、科学技术水平以及其中蕴涵的人们智慧和创造的力量。

我们通过研学,去感受自然之美,体会人文之美,从那些看似平凡的一砖一瓦、一草一木、一言一行中,去体会中华民族的处世之道,去了解、追忆、体察和憧憬中华民族的过去、现在以及未来的辉煌。

第二节 "行走中国"研学课程方案

要了解博大精深的中华文化和中华地域特色,须有"行中国"的雄心壮志;根据小学生年龄和身心特点,我们制定了多层次、切实可行的儿童"行走中国"研学方案。

在方案开发中,我们也遇到了政策约束的现实问题,《教育部等11部门关于推进中小学生研学旅行的意见(教基一【2016】8号文件)》中提出"学校根据学段特点和地域特色,逐步建立小学阶段以乡土乡情为主、初中阶段以县情市情为主、高中阶段以省情国情为主的研学旅行活动课程体系。"因此,我们的研学方案也参考了全国其它小学"行走中国"的元素——搜索相关资料,借鉴别人的研学案例,通过比较优化、交流研讨而最终确定通过与旅行社、家庭等协作共同研发和落实。

一、借鉴案例,构建行走中国

因为受到文件约束,我们并没有像寻访娄东一样组织学生大规模地开展研学活动,而是在学校内结合班会、语文、美术等课程,让学生通过文字、图片、视频去了解中国,在学生心中种下行走的种子。而在课程开发上,我们也搜索了许多相关资料,如北京中学行走中国研学的课程构建。

北京中学以校本化和课程化作为研学旅行落地的两个关键抓手,研发了覆盖贯通小、初、高学段,以"知根—寻根—培根"为主轴的一体化、分学段、有序推进的研学课程贯通体系。①

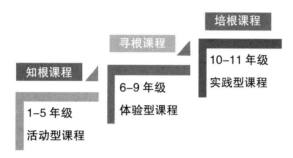

图 5-1 北京中学小、初、高综合一体化研学课程体系图谱

特别是以"读万卷书、行万里路、听万家言、说万家事"为主线,精选了以北京周边区域和中国"两河文明"为核心的研学课程,形成了主题互通、逻辑贯通、学科融通的中华文化寻根之旅课程,具体课程包括:《崇文致理徽州文化》《灵动隽永 吴越文化》《西域风情 丝路文化》《钟灵毓秀 巴蜀文化》《汉风唐韵秦陇文化》《大象无形 中原文化》《厚德载物 齐鲁文化》《游牧骑射 草原文化》等。

表 5-1 北京中学小、初、高研学课程一体化贯通课程体系

学段	知根课程		学段	寻根课程	学段	培根课程
一年级	七彩蝴蝶园	北京植物园	六年级	灵动隽永·吴越文化	十年级	责任担当·边疆支教
	孔庙国子监	西山森林公园		大象无形·中原文化		生涯规划·职业体验
二年级	北京老字号	自然博物馆	七年级	汉风唐韵·秦陇文化	十一年级	坚毅笃行·戈壁徒步
	石花洞岩洞	京剧体验馆		厚德载物·齐鲁文化		爱心感恩·公益服务

① 刘洪涛,孟青,赵娜. 在研学旅行中培养学生地理核心素养的实践研究——以北京中学"中华文化寻根之旅——徽州行"为例[J].学园,2020,13(34):5—7.

（续表）

学段	知根课程		学段	寻根课程	学段	培根课程
三年级	中华民族园	农业博物馆	八年级	钟灵毓秀·巴蜀文化		
	北京天文馆	洼里乡居楼		西域风情·丝路文化		
四年级	古建博物馆	黄花城水长城	九年级	崇文致理·徽州文化		
	皇家颐和园	北京科技馆		游牧骑射·草原文化		
五年级	故宫博物院	航空博物馆				
	胡同四合院	北京猿人遗址				

　　知根课程主要在小学阶段开设，以活动型课程为主。课程内容聚焦北京周边区域文化，如西山文化、皇家建筑、环境物候、植物生态等，通过走访北京地区的自然、人文和科技等遗址、古迹，了解和体验发生在身边的自然和文化现象，厚植学生的人文基础。

　　寻根课程主要在初中阶段开设，以体验型课程为主，聚焦区域典型文化，走向外省，了解中华优秀传统文化在各地域的典型代表；进而走向世界，了解世界文明和优秀文化，培养具有国际视野、多元文化素养的创新拔尖人才。

　　培根课程主要在高中阶段开设，以实践型课程为主，聚焦人生职业规划、理想信念和价值观。

　　我们借鉴了北京中学开发的寻根课程，聚焦中国区域的典型文化，挖掘研学点，通过与旅行社、家庭等多方协同实施，开发行走中国课程。

太仓市实验小学"行走中国"的主题课程

主题1：红色追踪

　　现在的美好生活是革命先烈用热血和生命铸就而成，不忘历史，不惧未来，追寻英雄们抗击外敌的足迹，了解英雄们的丰功伟绩，感受他们不屈不挠的坚韧斗志和高尚的精神信仰，用红色精神滋养学生的心灵，培养学生爱国主义情怀。

主题2：对话历史

　　上下五千年，中华民族的历史文化源远流长、博大精深。游览历史名城,了解其历史典故,阅读相关的经典名著。以史为鉴,指导未来,增强民族自豪感和自尊自强的情感,培养学生勇于传承和创新的意识和能力。

主题3:走进新农村

随着国家对新农村建设的推进,农村变化也是日新月异。学生走进新农村,感受科技发展带来的新变化,不仅了解周边农村的生活、农业发展水平,而且能够体验到农民们的生活,感受"粒粒皆辛苦"的内在含义。

主题4:科技畅想

科学技术是第一生产力,科学不只是知识的传递,更是开启人类思考的密匙,它能改变世界,创造未来。鼓励学生尽可能多地体验科技馆里的互动游戏,对感兴趣的一种科学现象作后续研究或记录,培养学生的探究能力和思维能力。

主题5:登高望远

攀登一座高山,认识山上两至三种名贵树木,找到一种山上的小动物,了解与这座山有关的历史文化、名人佳作等。锻炼学生身体,开阔学生视野,增长学生见识,更能培养学生坚韧不屈的意志品质。

主题6:动物世界

在大自然中生活的形形色色的动物,它们与人类的生存和生活息息相关,认识几种野生动物,了解它们的特征和生活习性,培养学生热爱生命、热爱自然、热爱生活的情感,提升学生生态保护和公益环保的意识。

表5-2　美丽中国课程内容与课时安排

板　块	课程内容	课时安排	学分制
美丽中国课程	历史古城系列课程 红色根据地系列课程 科技新城系列课程 美丽新农村系列课程 人与自然系列课程	6课时	5分

二、多方协同,开发研学课程

在和旅行社合作开展的研学旅行课程开发的时候,我们本着学校提供课程，旅行社协同实施的原则，开发了长三角研学路线、北京研学路线（爱国、历史、政治中心），齐鲁研学路线（儒家文化），周至和玉屏研学路线（支教交流）等的研学课程。

（一）长三角研学课程开发

长三角研学是我校研学课程四大体系之一。在了解娄东文化的基础上，为了学生能够尝试去了解我们地处的长三角地区的景观与文化，我们根据不同研学地点设计了不同主题的活动。有科技探秘的上海科技馆研学、有红色之旅的常熟沙家浜研学、有登高远望的穹窿山研学、有动物世界的上海野生动物园研学、有穿越历史的"三国"与"水浒"研学……

案例一：科技探秘——上海科技馆研学案例

课程背景

上海科技馆位于浦东新区市政中心广场的南侧，与世纪公园相邻与东方明珠电视塔相望。作为上海市最主要的科普教育基地和重要的精神文明建设基地，上海科技馆以"自然·人·科技"为主题，馆内共分为六个展区、一个分馆：体验各种地质变化的地壳探密展区；展现雨林地形、热带植物、奇妙物种，展示生命奥妙的生物万象展区；少年儿童观察外部世界，参与科技实践活动的儿童科技园；揭示自然规律，演示多种科学现象的智慧之光展区；强调"好主意"是创新之源的设计师摇篮展区；展示现代信息和影视技术的视听乐园展区；陈列逾三千件的人类、动物、古生物珍贵标本，讲述生命传奇的自然博物分馆。大到宇宙苍穹，小到生物细胞，众多科学原理和科技成果在这里得到声情并茂的展示，以学科综合的手段及寓教于乐的方式，使每个来参观的学生能在赏心悦目的活动中，接受现代科技知识的教育和科学精神的熏陶。

课程目标

1. 参观上海科技馆各展区，让学生在研学过程中感受科技知识的神奇，接受现代科技知识的教育；

2. 学生学会用照片、图画、文字记录、录像等多种方式来进行探究，

完成研学手册的填写和研学成果汇报;

3.践行社会主义核心价值观,在研学活动中培养学生的游览之礼,提高自我的行为礼仪素养。

课程资源

地壳探密展区:通过横拟场景,互动展项/展品、标本、影视片和多媒体等综合手段,展示了我们的地球是一个"动态的构造体",无时无刻不在运动,它有一个自身发展演变的规律。展区主要介绍了地球在宇宙中的位置和运动状态,地球的物质组成,地球的构造形式,地球的表面形态特征以及上海自然地理。展区面积共有2200平方米,分为三个部分,即"磁悬浮地球厅","地壳探秘之旅"和"上海自然地理"。以"从太空看地球——深入地壳探秘——返回地表看地球上的一颗明珠——上海"为主线,阐述了"认识我们人类赖以生存的星球——地球"的展示主题。

生物万象展区:展区景观仿照我国云南的自然风光,向人们介绍生物的多样性。在这里你可以尽情领略到丰富多彩的生命现象以及物种与生态的相互依赖关系,并认识到保护自然环境的重要性。

儿童科技园:是根据1—12岁而设计的梦幻般的儿童世界。通过一系列生动活泼的科技娱乐活动,让孩子们感知外部世界,观察自然现象,参与科技实践。展区的主题是知识与娱乐,科学与游戏。在轻松愉快的氛围中获得科技知识,感受科技力量。

智慧之光展区:是上海科技馆最受欢迎的展区之一,以大量互动展品为主要展示手段,演示物理学、数学、化学、生物学等学科的典型现象,揭示其基本规律、基本原理,培养参观者的动手能力,了解科学方法和科学思想,以及科学家孜孜不倦的探索精神。

展品描述——泗水拔鼎,它主要演示了大气压强的基本原理。你可以选择不同公斤力的铜鼎,按下按钮用真空泵抽去铜鼎内的空气,用力将铜鼎拔起。据记载,这是发生在中国古代的"马德堡半球事件"。相传秦朝时期,泗水河中有一大香炉(鼎)倒置在河底,秦始皇组织了许多人齐力拔鼎,结果绳子断了,鼎却未被拔起。本展品中利用大气压强原理,让观众自己用真空泵抽去鼎内的空气后,铜鼎内的气压远小于铜鼎外的大气压强,于是大气压力牢牢地压信了铜鼎。所以鼎就拔不起来,一般来说,大气压强随高度的增大而减小,即离地面越近,大气压强值越大。

设计师摇篮展区:展示主题是计算机辅助设计(CAD)和计算机辅助制造(CAM),展示面积800M2。在这里,参观者亲自动手参与一些简单的设计和制造活动,体验现代设计和先进制造的一些基本技术,包括(CAD/CAM)、激光刻录技术、快速成型技术等。设计师摇篮展区就是要让参观者通过自己亲自参与的方式,体验到生活中处处有设计,人人都可以成为设计师。展区设置有设计制造区、游客设计区、设计杰作区,主要有礼品雕刻站、三维头像扫描与制作、柔性装配线、名片贺卡制作站、MTV制作站、CAD教室、设计长廊等展项。

视听乐园展区:入口即是影视合成,可以模拟滑雪,漂流和走钢丝,通过进行实际人物和设定背景的合成,作出逼真的视频,当然如果有一点表演的成分,让人会感觉更逼真。随后分别进入海上航行的模拟和"全息"音响室,分别通过视觉和听觉给人以身临其境的感觉,建议晕船的人可以省略航海模拟,而至于"全息"音响室倒是值得体验一把,在密闭的方面,一些倒水,耳语,移动桌子等声音就像在你旁边,还配合雷声,雨点声和灯光,恐怖气氛瞬间产生,整个氛围真实渲染得淋漓尽致。

研学手册

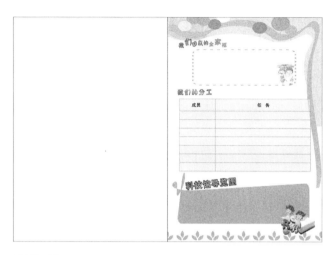

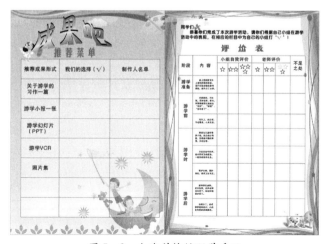

图5-2 上海科技馆研学手册

案例二:红色之旅——常熟沙家浜研学案例

课程背景

沙家浜风景区位于明媚秀丽的阳澄湖畔,占地面积 6000 多亩,交通便捷。景区利用革命历史、绿色生态、民俗文化等旅游资源发展旅游业,建成了革命传统教育区、水生植物观赏区、红石民俗文化村、芦苇水陆迷宫、横泾老街影视基地、沙家浜湿地公园等功能区域,先后形成了红色教育游、绿色生态游、金色美食游、演艺文化游、休闲养生游等旅游产品,是长三角地区独具特色的休闲旅游度假胜地。景区全力打造的大型实景剧《让子弹飞》、《芦荡烽火》已相继上演,该剧运用现代高科技特效手段,演绎沙家浜的传奇故事,运用诙谐、幽默的表演手法,讲述军民紧密配合,共同抗击日顽的英勇斗争故事。学校着力打造"沙家浜红色之旅",为学生们上了一堂生动鲜活的革命教育课,使孩子们了解历史,学习"沙家浜"精神,并希望学生们在以后的学习生活中继承发扬老一辈的优良传统,提高自身的责任感和使命感。

课程目标

2017 年秋季研学,我们选定了沙家浜——适合学生身心发展的革命根据地,设定了三个目标:

1. 参观瞻仰广场、纪念馆,国防教育基地等,对学生进行革命传统教育;

2. 践行社会主义核心价值观,在研学活动中培养学生的游览之礼;

3. 指导学生学会生活,学会精打细算。

设定这样的目标,意图通过沙家浜红色旅游体验,寓教于乐,以经验学习和情景学习为途径,将革命精神和传统文化通过研学让学生体验和理解。

课程内容整合

与课堂教学相比,研学的价值在于其开放性和综合性。研学符合旅游中的学习特性,更有利于实施素质教育。我们在确定内容、研学线路、时间以及方案的制定、活动的安排等时,充分考虑了学生的身心发展和兴趣特点,设计了行前课程,包括:学前故事会(沙家浜的故事),致四年级家长的研学建议,学前动员大会,研学音乐,研学手册。这些内容均在游前利用班队课程,对学生进行了游前指导。

1. 学前故事会。布置学生提前对沙家浜的历史、故事进行了解与学习。途径是听老一辈将革命历史故事,也可以是观看相关的文字和影像资料。当学生对沙家浜有一个大致的了解,好奇心被激发出来之后,让学生以小组为单位确定主题,预设内容。

2. 致四年级家长的研学建议,学前动员大会。这一课程的设置主要是为了让学生学会生活——安全、文明,学会管理自己的财物。途径是观看学前动员大会(视频),家长配合共同教育,从安全、文明的角度告诉孩子,自觉遵守游览规则,文明有礼,文明乘车,文明行走,文明观赏,文明相处。从午餐不浪费,到手机挂挂绳,到遇到突发情况的处理这些方面告诉孩子学会管理自己的财物。

3. 研学手册。研学手册的设计从培养学生学会学习的宗旨出发。从整本手册的背景上来说,突出"红色"的基调,以沙家浜著名的故事"智斗"为手册串联的线索。封面上采用了沙家浜景区的著名的雕像——阿庆嫂与叶连长为主图,激起孩子研学探究的欲望。第一板块内容为"走进沙家浜"。对沙家浜革命纪念馆,红石民俗文化村,横泾老街,沙家浜芦苇活动区进行了图文并茂的介绍,为孩子的前置性学习提供了文字、图片资料。第二板块的内容为"瞧,我们这一家子",内容包括研学小组在研学时的合照,展示小组的风采;任务分工,研学小组内每人承担的任务;安全小贴士,记下带队老师和导游的手机号码,当遇到突发事件时,可以寻求帮助。第三板块为"现代革命京剧——沙家浜"专页。旨在学生观看大型情景剧《芦荡烽火》后,知道一个故事,了解一段历史。第四板块为"课内知识拓展区"。内容包括英语类"指示牌上的英语",数学类"我是理财小能手"(这里涉及研学前的准备所用的花费,研学中的花费,研学后对自己的花费的感受),语文类"研学中的故事"。第五板块为"评价专区"。当学生选择相应的研学成果展示方式(可以是PPT,可以是微视频,可以是图文周记,也可以自己创新)进行展示后,就会获得同伴、家长、老师给予的评价。

组织实施

此次研学的活动方式我们采用排队参观和小组自由活动相结合。沙家浜景区水域面积大，从学生的安全角度考虑，在参观"沙家浜革命纪念馆""瞻仰广场"，观看"芦荡烽火"，我们以班级为单位进行；而在横泾老街、国防教育基地活动时，则以小组为单位进行。

对于刚从三年级升入四年级的孩子来说，分组研学能保证他们的研学安全和研学效率吗？这也正是我们老师最担心，觉得最棘手的难题。

在游前指导课上，学生观看了"学前动员大会"，分好小组。师生共同创编了"四个好"的研学儿歌：文明有友善好，服从纪律好，研学收获好，交流展示好。大家一致商定把它作为我们此次研学评价的标准。

孩子们出色的表现给了我们老师很大的灵感。老师以此为标准，设计了"研学集印花"活动。在研学过程中凡是做到了"四个好"的学生均能获得印花一枚；而反之，如果有违反"四个好"的行为则予以"负能量"，抵扣所获得的印花。而印花以小组为单位收集，在活动结束后以印花数量的张数为依据，印花获得最多的小组即为"研学明星小组"。

研学活动组织开展的有条不紊。车上，孩子们安静地休息，没有吃零食，没有大声喧哗，礼貌地和司机叔叔、导游姐姐打招呼。到达景区后，主动地观看，尝试实践。

在横泾老街的街头，老师把各研学小组的组长集中起来，再次确定了小组集合的时间和地点，明确了小组活动的任务：逛老街，买礼物，吃中饭。孩子们分组活动了，作为研学的带队老师，我们的任务是一路游，一路检查，老师戏称之为"督导"。随机对偶遇的小组进行评价，相机奖励"印花"和"负能量卡"。

研学活动不等同于课堂教学，有很多情况都无法预设。作为研学活动的组织实施者，最好的就是教会学生通过对突发情况的应对，让学生在研学活动中自己教育自己，学会独立应对处理。这样的研学旅行，才能真正成为小学生的第二课堂。

成果展示

旅游注重游玩的趣味性,研学则需要在事后进行及时总结评价,以判定其开展效果。在研学活动结束后,我们又利用班队课,开展了"沙家浜红色之旅"研学展示会。学生可以自主选择展示的方式:PPT,微视频,美篇,图文周记等。以此对学生的活动表现,身心变化,成果展示进行全方位评价,并给予奖励相应印花。最后依据各组所得印花数量,评出"研学明星小组"。

案例三:登高望远——穹窿山研学案例

课程背景

穹窿山地处苏州西部,紧邻太湖,交通比较便利,一小时就可以到达。对于生活在太仓这样一个平原地带的学生来说,对于山的向往是发自内心的。穹窿山拥有着一定的自然景观和独有的人文景观对于学生进行自然探究和文化熏陶有着重要的作用。于是,学校着力开发了"登高远望"为主题的穹窿山研学活动。

课程目标

1. 学生能够了解穹窿山上的一种植物特征能够了解穹窿山中的一处人文景观,能够了解万鸟园中的一种鸟类。

2. 学生能够学会用照片、图画、文字记录、录像等多种方式来进行探究,完成研学手册的填写和研学成果汇报。

3. 学生能够学会遵守团队纪律、运用礼貌用语、践行游览之礼,提高自我的行为礼仪素养。

课程资源

穹窿山为苏州第一名山,又名"智慧山",主峰"箬帽峰"。海拔 341.7米,为太湖东岸群山之冠,因而又有"吴中之巅"的美誉。古代大军事家孙子隐居在此,写出了《孙子兵法十三篇》。清帝乾隆六次登山,留下无数鲜为人知的趣闻轶事。西汉大臣朱买臣,曾在此砍柴、读书。抗金名将韩世忠与部下相聚于此观景赏月。穹窿山还拥有丰富的自然资源,612 亩的省级自然保护区茅蓬坞是一座天然的植物博物馆,穹窿山还是苏州地区最大的"天然森林氧吧"负离子含量是普通屋室的 400—500 倍。

孙武苑，是孙子隐居著《孙子兵法十三篇》的地方。草堂依山而建，堂内陈列仿春秋时期的古床、古凳、蓑衣、锄头等，再现当年孙武隐居撰写兵书，与好友饮茶对弈的生活场景。

上真观，始建于东汉初平年间，距今已有两千年右的历史。清同治年间，上真观达到鼎盛，时有殿房 5048 间，能容纳万人，规模浩大，为江南道教中心。

御道，1.5 米宽的砚华石铺成的小道，是乾隆皇帝六次登山必经之路，走御道，大可沾点皇家灵气。

朱买臣读书台，中国五大名台之一。当年朱买臣打柴之余，常坐卧石上读书，后人称为读书台。磐石上现刻有明代学者都穆题写的"汉会稽太守朱公读书之处"11 个字。

苏州万鸟园，位于苏州穹窿山风景区内，占地积 130 亩，是华东地区唯一的鸟类主题生态旅游景点。园内采用传统与现代相结合的建筑风格，集观赏、科普、休闲于一体。园中汇集了国内和世界各地珍奇鸟类 150 多个品种，上万只鸟。其中世界珍稀鸟类 20 多种，国家珍稀鸟类 30 多种，主有：红鹏、火烈鸟、戴冕鹤、凤冠鸠、犀鸟、红腹锦鸡、鸭鹏、天堂鸟等。是目前国内鸟类品种最全、数量最多、鸟艺表演最丰富的观赏园之一。

课程计划

时　间	地　点	活动内容
8：00	实验小学校门口	乘坐大巴出发
9：15—9：30	穹窿山风景区	到达景区门口，整队准备研学
9：40—10：40	孙武苑、读书台	参观孙武苑 参观朱买臣读书台
10：50—11：10	上真观	参观上真观
11：10—12：10	御道	走御道，观察山间植物
12：10—13：10	风景区	休息、午餐
13：30—14：00	万鸟园	观看鹦鹉表演
14：00—15：00	万鸟园	自由活动，观察不同鸟类
15：10—16：30	万鸟园门口 实验小学校门口	返程 到达

研学手册

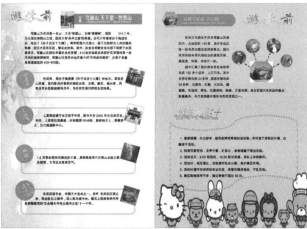

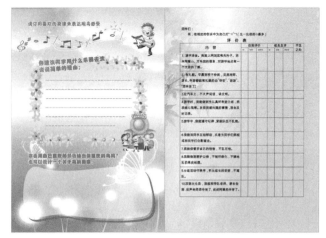

图 5-3　苏州穹窿山研学手册

研学评价

表　研学评价表

内　　容	自我评价			组员互评			不足之处
	★			★			
研学前我能通过上网、图书馆阅览等方式浏览有关孙子、苏州穹窿山、万鸟园的信息,对研学地点有一个大致的了解。							
研学中我能认识、倾听导游的介绍,然后仔细观察。发现感兴趣的事情,及时记录。							
研学中我能遵守各项秩序,如保管好自己的财务、讲究卫生、不破坏绿化,听从老师和组长安排。							
研学中我能常用礼貌用语,微笑待人。							
我能和小伙伴相互分工,团结协作,互相勉励,共同完成制定的研究任务。							
我能认真完成研学手册,并做好研学成果展示。							

成果展示

在穹窿山的研学之后,各个中队的学生还将开展后续的成果展示活动,研学不仅关注了游中的观察和体验,更重要的是游后的总结和提炼。

展示阶段活动主要用以下方式进行：

1. 主题队会齐分享

在穹窿山研学活动后，中队辅导员指导中队中的队员，以小队的形式，来准备研学成果汇报，一般时间为一周。

在中队主题队会中，辅导员将根据本中队的活动开展情况，确立活动主题。一般主题队会分为几个部分：活动回顾、活动成果及心得、活动评价、活动展望。

在队会中，评选研学之星，激励队员向榜样学习。队会后，老师收集活动中的手册、研究报告、绘画作品等内容，将作品布置在黑板报上，研究报告向报刊投稿，优秀的研学小组拍好录像宣讲。让学生真正从研学中受到教育。

2. 写贴画研更深入

穹窿山、万鸟园的主题研学活动，涵盖的知识内容非常丰富，有名人探究、动植物研究等等，光靠一次旅行的走马观花是不容易深入的，对于一些自然爱好者来说，是激起了兴趣却又意犹未尽。因此，学校结科学课程，由科学老师招募有兴趣的学生，继续进行进一步的探索研究，如穹窿山植物种类与特色研究、鸟类生活习性的研究等等，并且形成一些微型的研究报告、剪贴画、海报和导图的形式，进行展示。

（二）北京研学课程开发，爱国自强

1. 活动背景与目的

爱国，是中华民族精神的核心，是中华民族生生不息、薪火相传的精神血脉。千百年来，中华民族之所以能够历经磨难而不衰，饱尝艰辛而不屈，千锤百炼而愈加坚韧，其重要原因就在于，爱国主义传统已经深深融入我们的民族意识之中。北京作为中国的首都，拥有 166 处爱国主义教育基地，整个北京城都散发着强烈的民族自信。

（1）参观博物馆，深刻体会为实现民族解放和民族独立的道路上，先辈们做出的艰苦卓绝的斗争；

（2）与解放军战士亲切互动，感受为保护祖国荣誉，捍卫国家尊严，不惜牺牲生命的那份铁血丹心。

2. 活动主题:红色研学　爱国自强

3. 具体安排

表 5-3　北京研学课程日程表

时　间		活动地点	活动内容
第一天	上午	乘　车	学校集合,车站乘车前往北京。
	下午	天坛公园(开营仪式)	■ 素质拓展:达·芬奇密码、超音速、抓逃手指等,进行团队训练、研学宣誓; ■ 实地实验天坛三大声学现象,小组讨论,研究声学现象原理。
	傍晚	军营/学校(熄灯休息)	■ 学习军训课程:整理内务(一)
第二天	上午	起床号-训练	■ 军训课程(一):纪律规定,站军姿。
	下午	八达岭长城-参观体验	■ 不到长城非好汉:在长城宣誓、吟诵,激荡浓厚人文情怀; ■ 长城的地理意义是什么？为什么被称为龙脊？带着问题进行"小课题"探究。
	傍晚	熄灯号-参观体验	■ 学习军训课程:整理内务(二)
第三天	上午	起床号,升旗仪式	■ 参加天安门广场升旗仪式:精神抖擞,参加庄严的天安门升旗仪式。
	下午	三军仪仗队-参观体验	■ 探访三军仪仗队:记录铁血战士平时训练作息。
	傍晚	卢沟桥抗战纪念馆	■ 抗战纪念馆集体宣誓,奋发图强; ■ 纪念馆留言板写下理想,精忠报国。
第四天	上午	故宫博物院-参观学习	■ 聆听辅导员讲解,填写研学手册故宫地图与故宫成语; ■ 寻找故宫中的神兽:由辅导员布置神兽任务,寻找故宫中的神兽,调查神兽能力,相关传说。
	下午	中国公安大学教授讲座	■ 学习教授讲座,提高自我防范意识,提高安全意识,抵抗校园暴力欺凌。
第五天	上午	军事博物馆-毕营仪式	军训课程:学习英雄事迹
	下午	离开北京	挥手告别:离开北京,满载收获和希望登上回家的旅途。

备注:

活动结束后,带队老师组织学生互动交流活动收获(视频、ppt 演讲、成果展等)。

其余安排略。

(三) 传承经典,齐鲁研学课程开发

1. 活动背景与目的

齐鲁大地,沧桑厚重,山海并存,波澜壮阔,巍峨壮观,汶河古渡,飞阁回澜……这些熟悉的词语蕴含着山东道不尽的千古风尘和厚重的历史文化,行走齐鲁大地,走进孔庙孔府探寻深邃厚重的儒家文化,走进孟子故里,品孟子文化,养浩然正气。

(1) 了解齐鲁厚重的文化历史,感受爱国主义教育;

(2) 走进圣贤文化,学习尊师重教传统美德,树立尊师重道的正确价值观;

(3) 传承圣贤文化,体验传统文化,通过格物致知的方式传承中华传统文化。

2. 活动主题:诵国学经典　沐孔圣之风

3. 具体安排

表 5 - 4　齐鲁研学课程日程表

时　间	活动地点	活动内容
第一天	台儿庄大战纪念馆-参观学习	■ 重忆战火硝烟,感受峥嵘岁月。
	台儿庄古城-参观学习	■ 了解近代中国战争史以及运河文化,重温历史,进行爱国主义教育。
第二天	孟府孟庙-参观学习	■ 结合研学手册,仔细聆听讲解,对《孟子》所谓"浩然正气"做出自己理解的行为准则。
	孔子文化园拜师礼-参观体验	■ 体验古时候拜师礼,学习尊师重教传统美德,树立尊师重道的正确价值观。
	传统文化课程-书篆体验	■ 传承古老技艺,感受古人智慧,通过格物致知的方式传承中国传统文化。
第三天	孔庙孔府-国学课程	■ 听国学大师解读《论语》,结合研学手册,完成手册内《论语》部分内容,学会自主学习。
	岱庙-参观学习	■ 了解米芾书写特点,传承中国书法文化。

（续表）

时 间	活动地点	活动内容
第四天	泰山－全天探索观察	■ 攀登泰山,磨炼意志;小组竞赛,泰山诗词接龙;傍晚总结。
第五天	山东师范大学－采访交流	■ 参观山东师范校园,了解学校校史校训,种下梦想。
	趵突泉－参观学习	■ 探寻泉水成因,了解地理地貌,了解老舍笔下的山水秀丽的济南城。
	返程回家	

备注:

活动结束后,带队老师组织学生互动交流活动收获(视频、ppt演讲、成果展等)。

其余安排略。

（四）大国重器,玉屏研学课程开发

1. 活动背景与目的

学校常年与贵州玉屏结对帮扶,玉屏隶属贵州,而贵州又是远古人类发祥地之一,有丰富的远古文化遗迹,是世界知名山地旅游目的地,2016年9月25日具有中国独立自主知识产权的"中国天眼(FAST)"之称的500米口径球面射电望远镜标志着贵州成为国际天文学术交流中心。我们研学不仅要了解和传承中国文化,也要展望世界展望未来,因此具有重要的研学意义。

（1）了解贵州多民族文化特色,了解贵州发展史;

（2）走进遵义会议旧址,体会先辈们为民族解放和独立作出的艰苦卓绝的斗争,激发学生的爱国之情、社会责任感和历史使命;

（3）近距离了解FAST,与顶尖科学院科学家面对面交流,学习和了解我国最前沿科技力量,培养科学思维和科学素养,从小立志争当科学家。

2. 活动主题:大国重器　红色遵义

3. 具体安排

表 5-5　贵州研学课程日程表

时　间	活动地点	活动内容
第一天	贵州省博物馆-探索学习	■ 参观贵州省博古馆,学习贵州多民族文化特色,了解贵州发展史;了解贵州民族构成等知识。
	前往克度镇	■ 分享天文学知识,为参访 FAST 做准备。
第二天	FAST 园区-参观学习	■ 听天文老师讲 FAST 的历史,学"天眼"工程背后科学家奋斗的艰辛和毅力。
	刻度天文馆-参观学习	■ 学习天文基础知识
	会议室-聆听讲座	■ 聆听射电天文学讲座,学习关于宇宙起源的探索历程,互动提问。
第三天	指定研学场地-探索体验	■ 探洞历史文化介绍、喀斯特地形地貌介绍。
	喀斯特溶洞-探索体验	■ 开展地心历险记课程,辨识和了解洞内的各种钟乳石。
第四天	平塘天坑群-定向穿越	■ 了解平塘天坑群地貌,介绍徒步穿越及时理论与实践指导。
第五天	遵义会址-参观学习	■ 走进遵义会址旧址,体会先辈们为民族解放和独立作出的艰苦卓绝的斗争,激发学生的爱国之情、社会责任感和历史使命。
	会议室-交流	交流研学收获

备注:

活动结束后,带队老师组织学生互动交流活动收获(视频、ppt 演讲、成果展等)。

其余安排略。

三、家校合作,亲子研学课程

学校开展研学课程以来,一直将亲子研学作为课程开发的另一重要版块。学校陆祗平爸爸就意识到"文化衍生于自然,最终也要回到自然"。有句话叫"多识鸟兽草木之名",比认识更重要的,是启迪孩子们去观察,自然总是给我们太多的线索,大山高原深邃,大河滋养万代,平原庇佑安康,海岸五洲通山,每天都在发生着不同的趣事。因此,他参考了学校开发的研学课程,一个人,两个娃,一个月,带着孩子们进行了两万里的研学。

在旅途中他结合实地情况,让孩子了解汉字的起源,从仓颉造字到甲骨文到小篆,让孩子既看到汉字文化的时世更迭,也看到天地万物的生生不息,希望孩子们能在大自然中发现每一个汉字的位置。一路上,他们还一起体验气概豪迈意境深远的边塞诗歌,认识大自然的植物与衣食住行和传统文化的关系。孩子们在天安门前看国旗升起;在天坛了解祭天大典;在八达岭和嘉峪关上望长城内外;到开封府了解清明上河图中的北宋盛景;在茶卡盐湖畔行走于天空之上;到敦煌感受莫高窟的千年文化;在张掖看看童话般的七彩丹霞;到西安体会世界四大文明古都之一的文化积淀;在兵马俑重温大秦帝国的兴衰成败;到恩施、张家界体验大自然的神秀……他希望通过研学,让孩子们成为有意思的人,更给他们留下一个美好的童年与回忆。

具体安排

表 5-6 亲子研学课程日程表

时间	行程安排	活动地点	活动内容
1	上海—开封	西司夜市	■ 开封古称东京、汴京,简称汴,有"十朝古都"、"七朝都会"之称。是世界上唯一一座城市中轴线从未变动的都城。"黄河泛滥两千载,淹没开封几座城",开封是一座"城摞城"的城市,地下叠压着六座古代城池。三千多年的历史,七个王朝的更迭变换,一幅清明上河图,勾画出北宋汴京的盛世繁荣,一部《东京梦华录》让人禁不住感叹昔日的皇城胜景。建都或迁都至此的政权:夏(帝杼后)、诸侯杞、战国魏(前364年后)、后梁、后晋、辽(辽太宗三个月)、后汉、后周、北宋、张楚(一个月)、刘齐、金(海陵王及宣宗南迁后)、韩宋。十三政权。 陪都政权:明。一个政权。合计:十四个政权。
2	开封	万岁山大宋武侠城→清明上河园→龙庭 清明上河园	■ 繁华落尽,开封城变成了寻常人家。金秋时节,这里菊花遍地,满城金黄;落日余晖下,那些古代的建筑更显沧桑;灯火阑珊中,鼓楼夜市的喧嚣演绎着市井百态,眼前的开封城又是一番崭新的风貌,给人无限惊喜。

（续表）

时间	行程安排	活动地点	活动内容
3	林州	清明上河园→安阳→林州 林州大峡谷 红旗渠	■ 太行大峡谷风景区有着典型的北方山水特色,整个景区分为桃花谷、王相岩和太极冰山三大区域; ■ 被称为"人工天河"的红旗渠是 20 世纪 60 年代,安阳林县人克服艰难条件,从太行山腰修建的引漳入林工程,被誉为"世界第八大奇迹"。
4	安阳	殷墟→中国文字博物馆	■殷墟是中国商代后期都城遗址,是中国历史上被证实的第一个都城。 ■ 中国文字博物馆是世界首座文字博物馆,博物馆内收藏有 4000 多件珍贵文物,涉及甲骨文、金文等多方面,记录了从文字起源开始到电脑时代五笔输入的文字发展历程。
5	安阳—北京	世界公园→天安门	■ 北京,位于华北平原,有着三千余年的建城史和八百五十余年的建都史。北京是中华人民共和国首都、中央直辖市、中国国家中心城市,也是中国政治、文化、教育和国际交流中心,是一座传统与现代交融的城市。建都或迁都至此的政权:诸侯蓟、诸侯燕、秦末燕王、前燕、安史燕、刘燕、辽(1125年)、金(中期海陵王后)、元、明(成祖后)、大顺、清、中华民国(早期)、洪宪、中华人民共和国。合计:十五个政权。
6	北京	天安门升旗→十三陵→长城→鸟巢→水立方 天坛公园 故宫	■ 天坛建议从南门进、北门出,这样能够按照圜丘坛、回音壁、祈年殿的顺序参观。
7	西宁	日月山→青海湖→茶卡盐湖 茶卡盐湖→张掖	■ 张掖位于甘肃省西北部,距兰州 547km,是古时河西走廊四郡之一,旧称"甘州",地理位置险要:西接酒泉、嘉峪关,东邻武威,与武威并称"金张掖,银武威",往北到达巴丹吉林沙漠入内蒙,向南翻越祁连山可至青海。张掖丹霞论色彩为全国一等,雨后欣赏尤为浪漫。除丹霞外,张掖必游的另一个景点是祁连山脚下的马蹄寺,正所谓"不望祁连山上雪,错把张掖当江南",来到张掖,你会发现粗犷的大西北也有柔美的一面。

（续表）

时间	行程安排	活动地点	活动内容
8	张掖	康乐草原→七彩丹霞 平山湖大峡谷→玉门	■ 康乐草原是高山草原,气温很低,包车前往。张掖丹霞地质公这里的丹霞地貌行成已有 600 多万年,数以千计的悬崖、山峦勾勒出奇特别样的造型,丹红色和红褐色的砂岩更是将这片丹霞地貌染就出了壮阔绝美的色彩! 作为国内唯一的丹霞地貌与彩色丘陵复合区,这里被《中国国家地理》评为中国最美的七大丹霞地貌之一。层叠起伏的丘陵被五彩的色带层层覆盖,阳光照耀下,灿若明霞,宛若上帝掉在人间的调色盘。 ■ 平山湖大峡谷被称为有中国的"科罗拉多"。这个彩色丘陵和宫殿式丹霞地貌兼具的大峡谷,不仅有奇峰怪石的百态峰林,还隔着走廊平原与祁连山遥遥相望,来这里,赏景之余,还能体会一线天和云梯带来的惊险刺激!
9	玉门—敦煌	敦煌夜市	■ "敦煌",本意为"盛大",这个词语足以彰显这里显赫的过往。敦煌地处河西走廊的最西端,是古丝绸之路上的名城重镇。历史上,它是中原通往西域、乃至欧洲的唯一通道,是中国、印度、希腊、伊斯兰四大古老文明的汇流地,也是西域民族集散的大舞台,充满了异域风情和古老的传说。
10	敦煌	莫高窟→鸣沙山 月牙泉→沙漠 露营基地 敦煌夜市 敦煌古城→阳关→ 雅丹魔鬼城→	■ 莫高窟暑假要提前一个月订票,人非常多。莫高窟,俗称千佛洞,坐落在河西走廊西端的敦煌。它始建于前秦宣昭帝苻坚时期,后历经北朝、隋朝、唐朝、五代十国、西夏、元朝等历代的兴建,形成巨大的规模,有洞窟 735 个,壁画 4.5 万平方米,泥质彩塑 2415 尊,是世界上现存规模最大、内容最丰富的佛教艺术地。 ■ 月牙泉被鸣沙山环抱,因水面酷似一弯新月而得名,这是鸣沙山景区最著名的地方。 ■ 上午从露营基地回宾馆休息,晚上继续逛逛夜市上午从露营基地回宾馆休息,晚上继续逛逛夜市。 ■ 西线包车。
11	敦煌→ 嘉峪关	嘉峪关长城	■ 嘉峪关长城分关城、长城和天下第一墩。这里是古丝绸之路的交通要道,张骞曾带着满载丝绸的骆驼商队,缓缓西行;这里是明时万里长城的西起点,古时出了嘉峪关,就是茫茫戈壁,告别了中原故土,进入蛮荒之地。如今的嘉峪关,这个因酒钢而发展起来的移民城市里,聚集了来自东北、四川、河南、甘肃等地的人们,给这座新城带来了无限活力。

（续表）

时间	行程安排	活动地点	活动内容
12	嘉峪关	嘉峪关方特	■ 人少,很不错。烟花表演很漂亮。
13	嘉峪关—西安		■ 带娃感受下卧铺。
14	西安	西安 秦始皇兵马俑博物馆→半坡遗址博物馆→西安城墙 陕西历史博物馆→大唐不夜城→大雁塔	■ 西安古称"长安",地处中国中西部,是陕西省的省会。这座历经13个朝代的兴衰的城市,犹如一座巨大的博物馆,无论是世界八大奇迹之一的兵马俑、历经沧海桑田的古城墙,还是曾经藏有天竺经书的大雁塔……古人留下的一砖一瓦,无不揭示着历史的底蕴。建都或迁都至此的政权:西周(初年、末年)、秦、西汉、新莽、更始、赤眉、东汉(献帝初)、西晋(愍帝)、前赵、前秦、后秦、西燕(一个月)、东魏、北周、隋(文帝)、唐、武周(2年)、黄齐、大顺(一个月)。十九个政权。　陪都政权:曹魏、后赵、五胡夏、后唐、中华民国。　合计:二十四个政权。 ■ 半坡遗址是距今大约6000多年前的一处典型的新石器时代仰韶文化母系氏族聚落遗址。半坡博物馆是新中国第一座史前聚落遗址博物馆。 ■ 大唐不夜城,这是我见过的最有历史文化的一条街。1500米的中轴景观大道分布着盛世帝王、历史人物、英雄故事、经典艺术作品等九组主题群雕,把炫美的盛唐天街、绝美的盛唐画卷壮美铺呈、完美展现,让你切身感受到大唐王朝四海咸服,万国来朝的盛世景象。
15	西安—重庆	重庆	■ 重庆市位于中国西南部,长江上游。其曾是战时陪都,1997年成为了中国四大直辖市之一。重庆四面环山,依山而建,又因地处盆地边缘,两江汇合处,常年雾气朦胧,故而又有"山城"与"雾都"之称。
16	重庆—武隆	天生三桥 龙水峡地缝→仙女山草原 芙蓉洞 恩施女儿城	
17	恩施	石河门景区→恩施大峡谷	■ 石门河景区享有"世界第一古人,中国第一古河,巴楚第一古道,施南第一佳要"的美誉。景区内有三段幽奇峡谷,自然经典,天然奇观,约200多个景点。绝壁古洞,漫道雄关,蟒藤古树,鸟语花香,与世隔绝,一尘不染,游览景区有穿越时空之感。我在尘嚣中消失一天,石门河还你两百万年。眼前这座巍然耸立的"佛",静静地守护了石门河两亿多年。它无声地告诉世人,抛开世俗烦恼,"佛"会保佑您平安。 ■ 恩施大峡谷是世界地质奇观、喀斯特地形地貌天然博物馆。

（续表）

时间	行程安排	活动地点	活动内容
18	恩施—张家界	武陵源	■溪布街，布满小溪的街道。
19	张家界	张家界森林公园 五号山谷客栈 天门山	
20	张家界—上海	回家	

前后四十三天，陆祗平爸爸独自一人带着 7 周岁的儿子和 3 周岁的女儿到了八个省（河南、北京、青海、甘肃、重庆、湖北、湖南），行程超过一万一千公里，虽然没有读过万卷书，但真的是做到了行万里路。

这一路上，他们遇到了不少困难，对他，对两个孩子都是很大的挑战，陆爸说："现在回想起来开始佩服自己当初的勇气，如果再来一次，我觉得我可能坚持不下来，甚至出去的勇气都不会有。每天娃睡之前把衣服泡了，娃哄睡着了再起床去洗衣服，洗了晾好再订第二天的酒店，（因为考虑到娃的状态，虽然整个大体的行程出发之前就计划好了，但是具体的酒店、景点都要临到前一天才能确定），整天的日程就是抱娃，走路，彻底体会了一把生活中除了娃就是娃的感觉。

出去靠的不仅仅是冲动，我好几年前就已经有过计划，转业待岗的时候一定要带娃来一次长时间的旅行。部队那么多年，陪伴家庭的时候很少，出去一次，一方面是补偿下陪伴很少的孩子，另一方面也是给辛苦多年的警嫂好好放个长假。时间和机会也就这一次，以后很难很难再有这样单独和娃长时间的旅程了，可能是人生唯一一次经历的这个信念支撑着我从出发到归来吧。我现在都无法想象五个小时、六个小时抱着妹妹我是怎么能抱得动的？估计是因为亲生的没法扔了吧……

两个娃偶尔也会互相争吵、吃醋，抢爸爸，但是大部分的时候还是能够和谐相处的，我为了自己省事，很多时候都会要求哥哥让着妹妹，估计哥哥心里也会有些委屈，但是没办法，一个是妹妹什么道理都讲不通，另一个是一个人带俩娃,很多时候真的是分身乏术。整个行程能够走下来,儿子是最大的功臣。我要感谢他的坚持和独立,每天短则三个小时,长则七八个小时的平路或者山路他都完全是自己走了下来,如果他也像女儿那样,走一分钟路就开始往我手上爬,可能我们出门一周就要回家了。

真的也感谢旅途中朋友、同学和陌生人的帮助,让我和娃们都感受到了世间的善意,非常感谢。

半年多过去了,现在两娃有时候还能记得路上的一些点滴,也许过两年就会忘了,但是这并不重要,忘记的景色以后他们会有机会再去走一遍看一遍,但这四十三天里爸爸的陪伴,也许能够与他们相伴一生。

于此,管中窥豹,我们真真切切地从一个家长的缩影中感受到研学对家长、家庭带来的教育理念的转变,也从家长的感想中可以感受到,研学,真正让"研"、"学"发生在路上!

第三节　"行走中国"研学课程实施

课程实施是研学旅行的重中之重,也是保证课程质量的重要内容。优质的研学课程在实施过程中既要体现课程的系统性、逻辑性和结构性,又要给学生带来愉悦的学习体验。

一、"行走中国"研学课程的实施

（一）确立课程开发设计理念

研学课程是全球化视野中的"草根情怀教育"下的子课题,以全球化视野为背景和价值关照,围绕"草根情怀"这一概念对学校教育进行整体建构并加以具体实践,是一项当代小学素质教育的校本探索和行动研究。

我们所倡导的"草根情怀教育",植根于民族文化,培养学生的民族认同感和民族自豪感。认识中华民族在世界发展中的地位,树立民族自尊心和自信心。在此基础上了解世界，学习世界，以宽容、开放的心态看待世界上的不同文化传统与不同的价值观念，形成一种开放的民族心态，为培养走向世界的人才奠基。

我们将研学课程作为校本素质教育的探索，以地方教育资源为基础，以国内、国际交流活动为载体，并在此基础上进行课程教学及学校文化的整体建构。关注学生发展的设计理念是研学课程开发的具体着眼点和最终落脚点，研学课程开发必须面向学生，既要考虑学生已有的发展状况和发展条件，又要科学估计学生未来发展的最大可能。

（二）课程开发与国家课程相融合

在小学教材中，有很多内容都涉及到祖国的大好河山，如语文课文中的《从百草园到三味书屋》、科学学科的《动物》、《矿石》，音乐学科中一些民歌知识、美术中的一些作品都与我国丰富的物质人文资源密切联系，因此，学校以苏州市研学试点学校为契机，依托政策优势，以春、秋季研学和夏令营为抓手，设计与课本内容相吻合的研学课程，这种坚持知与行相统一、注重实践、强化体验的学习方式更贴近学生的认知、更能被学生所接受，而且他所带来的信息量是课堂上无法比拟的。同时，这样的研学课程使学生亲近自然、接触社会，走到陌生的自然、社会环境中去游历，去学习的同时，感受不同区域文化的多元与包容，拓展研学课程的广度与深度。

（三）组织实施以"前中后"为体系

行走中国课程版块依旧遵循学校研学行前、行中和行后的课程划分进行实施，三者共同构成了整个研学旅行课程体系的闭环。

行前课的主要内容为：研学目的地基本知识介绍，研学过程中的科研课题和学习任务发布、研学过程中的小组活动安排。简单来说，就是主要是回答两个重要问题，即：为什么要去那个地方？去那个地方做什么？

行中课指在研学旅行过程中，研学导师指导和帮助学生开展学习任务的过程和活动,主要涵盖研学导师指导小组学生学习的研究课、晚间的分享会和进度报告会,以及学生自主开展的学习。行中课主要有以下四种学习方式:任务式学习(与学科学习挂钩),指根据学科知识体系,基于目的地和资源点的特点和优势而设计的一种学习方式。体验式学习(以具身学习为主),指通过学生的生命在场和听、看、说、做、观、演等身体感官参与的一种学习方式。研究性学习(以考察探究为主),指学生以从学习生活和社会生活中获得的各种课题或项目设计、作品的设计与制作等为基本的学习载体,自主采用研究、探索等思路方法开展的一种学习方式。服务式学习(以社会公益实践为主),指学生走进社区,或者以岗位角色扮演等方式,将课堂学习与现实问题和需要结合起来的一种学习方式。

行后课指研学旅行结束后学生回到学校后的评价课程。评价是课程的重要一环,斯塔弗尔比姆认为,"评价最重要的意图不是为了证明,而是为了改进"。为此,学校主要采用过程性评价、发展性评价以及增值性评价来评价学生的表现。在具体操作上,主要是借助几项大活动来达成对学生进行评价的目的。除了常规的师生、生生通过纸质表格互评以外,还可以开展专项活动,专门进行研学成果的汇报和展示。如研学成果汇报会,主要是汇报研学课程中取得的学习成果;过程分享会,主要是分享研学过程中的所见、所闻、所思、所得;项目进展会,主要是汇报小组项目学习的阶段性成果、存在的问题及展望;反思改进会,主要是阐述研学过程中所存在问题的改进思路和协商方案等,用看似非常规的评价方式来"倒逼"学生的成长和发展。

（四）课程实施以学生合作为主体

行走中国课程实施时间主要集中在寒暑假,每次研学实施一个专题,路上行程时间一般为 5 天左右。要让学生自己到自然、到生活中去发现、探索还是有一定难度的,因此在研学中我们更注重学生学习小团队的组织。

1. 组建学习团队,形成合作原则

"学习团队组织"用通俗易懂的话来说就是"小组合作",即在研学过程中为了完成共同的任务,小组成员有明确的责任分工的互助性学习。就拿我们三年级学生到上海野生动物园这个研学案例来说吧,在组建学习团队的时候我进行了如下的思考:

(1) 科学组建学习团队

针对以往研学中出现的交往冲突,在研学学习团队小组的组建中,我们采用了"组内异质,组间同质"的原则,即组内成员之间是互补的,而组间差异不明显。这样尽量避免小组中有部分学生有"霸语权"现在,并在分配小组的时候,尽量考虑学生在性格上的互补。本班有 41 名学生,因此我分成了 10 组,9 组为 4 人,1 组为 5 人。这个小的学习团队就相当于整个班级的一个缩影。

(2) 明确任务合理定责

为了在研学中有效合理地开展活动,我们根据学生情况分配了任务,如:组长、监督员、记录员、卫生员。这样就让每个学生明确自己的任务,确保每个学生参与到合作交往中来。

比如领导能力强的学生当组长,信息搜集能力强的学生研学前负责搜集资料,书写端正的学生负责书写《研学手册》,做事负责的同学负责管理各自小组的垃圾……这样,保证每一个学生都积极参与,并在小组合作中都体现自己的价值,促进不同角色的相互尊重和依赖。

2. 依托《研学手册》,具体策略指导

贯穿研学活动的《研学手册》可谓是研学活动的"灵魂",从一年级到六年级,只要是研学的,我们都会根据研学地和学生的需求设计《研学手册》。《研学手册》主要包括旅游地介绍、安全注意、研学收获、成果展示和自评互评五部分。依托《研学手册》,我们展开了如下具体的策略指导:

(1) 研学前:明确目标

在设计《研学手册》的时候,我们每个年级的老师都与孩子聊聊研学地,看看他们对研学地知多少,让手册设计真正是"站在"孩子的角度。除此之外,每个年级的领导亲自到研学地考察,经过反复思量、推敲,最后制定最适合孩子的一条研学路线。

在研学前一天,我们每个带队老师都会根据每个年级的《研学手册》上一《研学前》一课,和孩子们一起学习《手册》上的内容,了解研学,了解第二天要去研学地要去学什么,了解在研学中要注意的安全事项和自评互评的要点。在出发前就让孩子明确目标:在游中学。

(2) 研学中:学会交往

研学中也是同伴交往、相互影响的过程,但上文中也提到说在研学中也会有交往冲突的存在,因此我们依托《研学手册》,让孩子在研学中学会交往、学会合作,形成积极向上的正能量。

为了不让研学中的小团队学习不流于形式,我们结合《研学手册》上的小组合作,进行了合理明确的分工(参照上文)。让每个学生明确自己在小团队中的任务,确保每个学生参与到活动过程中,而不仅仅是"旁观者"。

图 5-4　研学手册封面局部

表 5-7　研学旅行小组分工表

角　色	角色任务
组　长	统筹小组成员,起领导作用。
监督员	确保小组成员能及时归队、合作完成研学。
记录员	认真、细致填写《研学手册》。
卫生员	管理小组的垃圾,确保文明研学。

在研学中,教师并不是旁观者,对于学生的现状不闻不问,而是一个观察者、调控者。在研学过程中,要适时介入每个小组中,关注每个小组在研学的过程中是否始终围绕研学主题展开,避免"跑题",变成只游不学;并关注每个小组的研学进程;在小组成员处于"愤悱"状态的时候,恰

当点拨,让学生通达彼岸,不至于会争得面红耳赤,并在研学中有机的结合《手册》上的自评互评进行点拨指导,例如我们三年级游穹窿山的《手册》中所示:

研学自评互评表

同学们:

很高兴能和你一起参加本次的研学活动,请你根据自己在研学活动中的表现,在相应的栏目中为自己打"√"!(比一比谁的☆最多)

评 价 表

内　　容	自我评价			组员互评			不足之处
	☆	☆☆	☆☆☆	☆	☆☆	☆☆☆	
1. 研学准备。我能上网浏览有关穹窿山的信息,对研学地点有一个大致的了解。							
2. 有礼貌。早晨到校不吵闹,见到老师、家长、导游都能有礼貌地说"早安"、"谢谢"、"您辛苦了"。							
3. 在汽车上,不大声说话,讲文明。							
4. 研学时,我能做到先认真听导游介绍,然后细心观察。发现我感兴趣的事情,我会及时记录。							
5. 研学中,我能遵守纪律,紧跟队伍不乱跑。							
6. 我能和同学互相帮助,乐意为同学们照相或同学们合影留念。							
7. 我能保管好自己的钱物,不乱花钱。							
8. 我能做到爱护公物,不破坏绿化,不随地乱扔果皮纸屑。							
9. 分组活动守秩序,听从组长的安排,不离队。							
10. 回到太仓后,我能和带队老师、家长告别,说声老师您辛苦了,叔叔阿姨您辛苦了。							

（3）研学后：学习延伸

《研学手册》中有一项内容就是成果展示，如图：

图 5-5　研学手册局部

根据手册上的要求，每个班级研学会都会展开各种形式的研学成果展。比如去海洋动物园的班级会把自己看到的海洋动物做成卡通形状的头饰，并将动物的介绍写在上面；有的班级将自己小组的研学成果做成展板进行展示；还有的年级根据自己班级的情况开展了《研学后……》的主题班会等。以多样的形式将自己的成果"晒"出来，将研学的主题升华！

以三年级上海野生动物园研学为例。研学结束，我们每个班级展开了《研学后》班队主题活动进行成果展示，根据研学时分的小组，每个小组的介绍都是侧重不同的内容，有的小组负责录像，有的负责摄影，有的绘画介绍，有的故事讲述，有的还绘制成了绘本……在班队成果展示中，小组分享研学中自己的收获，如绘画、照片、ppt 等，再现了当时的场景，孩子们从中感受"游中学"的独特魅力。在回顾过后，我们针对《研学自评互评表》进行小组讨论，自评互评，在评价中感受合作的重要性，了解研学中存在的问题，并提出改进意见，为下一次研学做更好的准备。

二、行走中国研学课程实施中遇到的困难及解决办法

1. 受政策文件限制

在前文中我们也谈到，当时在开发"行走中国"这个版块的过程中遇到了政策约束的现实问题，《教育部等 11 部门关于推进中小学生研学旅行的意见（教基一【2016】8 号）》文件中提出"学校根据学段特点和地域特

色,逐步建立小学阶段以乡土乡情为主、初中阶段以县情市情为主、高中阶段以省情国情为主的研学旅行活动课程体系。"因此,我们的研学方案也参考了全国其它小学"行走中国"的元素——搜索相关资料,借鉴别人的研学案例,通过比较优化、交流研讨而最终确定通过与旅行社、家庭等协作共同研发和落实。

2. 受研学经费的约束

第二个最直接的影响应该是经费的约束,走南闯北终究要考经济基础的支持,怎么解决这个现实问题? 我们就通过与旅行社签约,招募能承担相应经费的家庭、学生参与到研学的过程中。再者,学校提供研学方案和课程,可以由家庭自主选择研学地,以家校合作的方式开展研学。

3. 受新冠疫情的影响

2020 年年初,一场突然来袭的新型冠状病毒感染的肺炎疫情,按下了生活的"暂停键",每个人只能"宅"在家。教育部更是发文"严格控制各类聚集性活动,所以会议、培训、活动尽量采取线上方式,尽量减少线下大型活动。"假期能"延长",而教育的脚步不能停止,研学的脚步亦不能停止,因此,在疫情期间我们的老师排除一切困难开发了线上云游课程,确保行走中国在线上亦能"行走"。

三、行走中国研学课程实施积累的成功经验

既然行走中国困难重重,那我们为什么还要坚持去做呢? 因为我们在行走中国的研学过程中发现,研学旅行开阔视野和增强了学生的民族文化自信,磨炼意志和提升了学生的社会实践能力,协同共育和助推家庭教育与学校教育的密切合作。

1. 行走中国课程促进亲子成长

在我校研学旅行课程开发和实施中,很多家长都自主加入到了亲子研学课程中,我校一(6)班龚亦陆家长以"南浔·探寻文化根源之旅"浅谈亲子游的收获。

南浔，不难寻

太仓市实验小学　一(6)班　龚亦陆家长

说起旅行，一时思绪起，从孩子外出抱在手中到现在能一路行走一路拍照记录，那一段段累积的时光，真的让我感受到，是和孩子**一起行走在成长的道路上**。

一、家庭有计划，共同制定目的地

每年我们家庭会有两次的远行，安排在寒暑假，目的地是我们共同家庭会议选定的。考虑到孩子年龄偏小，**远行的亲子游以舒适为目的**。寒假的时候，我们去温暖的南方，去三亚、去厦门、去香港……去感受沙滩阳光；炎热的时候，我们会选择凉爽点的地方，往祖国的内陆走，感受祖国山河的壮丽秀美。

平时最多的，就是结合周末的近段游，江浙沪也成了首选。**孩子最近的兴趣点在哪，哪儿就成了我们的旅行地**。当孩子对自然界感兴趣的时候，我们去上海自然博物馆；当孩子对山川向往的时候，我们就去浙江爬山体验；当孩子对历史故事感兴趣的时候，我们就去水浒城走一圈……**季节的变迁也成了我们旅行的参考之一**，春天到了，我们会去寻找春天，去千灯看油菜花；夏天来了，我们会去西湖看荷花；秋天到了，我们会去觅一处丹桂，闻一阵桂香……采摘游、CS体验游、露营都是周末的亲子活动。每次的亲子游虽说是说走就走，但也往往会**结合孩子最近的兴趣点或者是季节变化而选取**。

最近的一次旅行，就是在开学一个月后的一个周末，在孩子了解了书法、练习了笔画，对中国的汉字、书法，**对中国的文化感兴趣**的基础上，我们进行的一次"有目的"的说走就走——去湖州南浔。

二、游学有目标，学习历史传承文化

源于孩子对中国书法、雕刻感兴趣的基础上，我们这次的游学目标就是去寻找失落的中国文化，去感受那段历史，去传承我们的经典。

驱车近两个小时,我们来到了位于湖州的六大古镇之一的南浔。南浔古镇并不像西塘、乌镇那样的商业化,更趋于一种生活、一种文化的沉淀。因为游前做了攻略,我们的目的一是**品尝当地美食**,二就是**寻找文化源头**。

孩子在游学的过程中,找到了湖笔制作的源头,他聚精会神地看着老奶奶亲手将一根根狼毫梳理整齐,他惊讶于一支毛笔的制作需要历经几个月的反复,他拿着相机不断记录。当他置身于宏伟的藏书楼的时候,他惊讶于刘墉的藏书量,更惊讶于古时候的书的出版是多么繁琐复杂,一本书就是厚厚的一架子的木刻雕版,更在自己亲手体验中,感受了中国印刷术的魅力和古人对文化、知识的渴求。

南浔之旅,寻的,是一种文化,寻的是一段历史,更寻的是作为一个中国人的根。

三、锻炼有途径,在游学中培养能力

想起第一次带孩子出行,那时候他总是依偎着我们,不敢和陌生的朋友交流、不敢和别的小伙伴交往。但,慢慢的,真的发现孩子在游学的过程、与事和物的接触中成长着。

在旅行中学会了交往。这个交往并不仅仅局限在和同行的小伙伴之间的交往,会一起旅行,一起玩耍,而是学会与当地的人进行沟通,学会自己遇到困难的时候解决问题。

在旅行中锻炼了自理。在远程的旅行中,我们每人都有自己的行李箱,孩子就需要整理自己的东西,带什么不带什么,在动手整理的过程中,培养了他自理的能力。

在旅行中培养了摄影。从很小的时候起,我们每次出游,单反就是挂在了他的脖子上,每次不管孩子记录的好与不好,我们都会存在他的电脑相册里,著名拍摄日期和地点,也会给予一些构图的技巧指导。孩子也会在一次次的旅行中,一次次拍摄的对比中提高自己的审美能力、观察能力、构图能力,也会主动去发现生活中的美。

在记录中拓宽了人生。每一次亲子游后,孩子作为记日记的习惯,都会用拼音记录下来,或多或少。空闲时,我也会和孩子一起将他拍摄的照片冲印出来,一起动手做 DIY 相册作为一段经历的回忆,更在累积的过程中,无意地拓宽了我们的人生,回过头看,也是极有意义的。

亲子游,相比学校的研学,多了一份家庭的温情、多了一份旅游的松散与闲适、多了一份自主的选择、多了一份生活自理的能力,它**弥补了学校研学不能给予的部分**,和学校研学一起,构建起了一个完整的人。

2017 年 11 月 28 日发表于《太仓日报》

2. 行走中国课程提升教师课程开发能力

在新冠疫情之下,研学只能从线下转为线上,而这也正考验教师们的课程开发的能力。因此,在疫情下我们课题组聚集在一起,共同思考疫情下如何开发课程。在大家的共同努力下,我们停课不停研,停学不停"行走"。在后疫情时代,我们实施了"云游澳门"行走中国微课程,语文、数学、英语、信息技术教师四位老师聚焦"澳门"共同上台执教,美术课 4 课时,信息技术 4 课时,语文阅读＋音乐 1 课时,形成了一个 9 课时的微课程。

课程围绕音乐学科四年级下册的歌曲《七子之歌歌——澳门》展开教学,歌曲以孩子希望回到母亲温暖的怀抱作比喻,深情讴歌了澳门人民期盼回归祖国的赤子之心。要能将这样的情感充分地唱出来,就必须要了解澳门的历史,我们通过美术课"我手绘澳门"初步了解澳门,再通过信息技术课自主搜索资料、制作 PPT、并以四人小组汇报的深度阅读的方式呈现"我眼中的澳门",再结合语文课的歌词赏析,深切地感受到澳门与祖国分离就仿佛一个失去母亲的孩子对母亲的真诚倾诉,通过多"学科＋"阅读让学生深深感受那份内心压抑已久的急切期盼之情,最后在唱歌中用歌声对母亲澳门发出深情的呼唤,在云游澳门中让学生了解澳门的历史文化、建筑特色,激发学生的爱国之情。

美丽中国,走出家乡,走近长三角、走近北京、走近齐鲁……我们基于家校社合作进行课程开发的视角,学校提供跨省的研学旅行课程建议,结合语文课程学习,由家长自主带着孩子进行更加有意义的亲子游,在研学旅行过程中领略祖国大好风光,了解中华民族的悠久历史,去红色基地感受优良革命传统,在欣欣向荣的城市中感受现代化建设的成就,爱国主义教育就在这样的脚步中,传递给了我们的学生。

第六章
"迈向世界"

从小学的研学旅行而言,"国际研学"是一个较为前瞻的更具挑战性的项目。首先它需要一定的经济基础;再次,家长要对"国际研学"有一定的认识并积极支持;最后,因为行程遥远,国情迥异,这就需要更加完备的出行方案和更加契合的课程方案,在旅行途中,各种突发事件的处理,也更加复杂。

在经济较为发达的长三角地区,学生跟随家长出国长见识的较多,以太仓市实验小学某届三年级学生中的调查为例,和父母最远的旅行去过国外的,比例是 25.33%,随着年级的上升这个占比更大。由此可见,家庭中,普遍都认同"读万卷书,行万里路"的教育理念,那么,更好地发掘国际研学中的教育意蕴和实践课程就成为了必然。由学校组织的研学旅行与亲子研学不同,在课程的依托下,小学生开展的国际研学,其教育目标、教学内容、实施策略及评价视角,都需要符合学生实际的发展水平,多方的协同实施,更是学生研学成效及安全出行的保障。"迈向世界"的这一步,毕竟有它不可替代的教育价值,在家长殷殷的期待中,学校精心的设计和各机构的密切配合下,小学生稚嫩的脚步,仍是小心翼翼又鼓足勇气地迈出了。

第一节 世界多元文化及其育人价值

迈出国门走向世界,最不可替代的是培养学生的全球素养,为学生了解世界多元文化搭建平台。在构建人类命运共同体的愿景下,教育不仅要关注自身,更要学会向外看,而且要看得远。2020年,教育部等八部门印发的《关于加快和扩大新时代教育对外开放的意见》指出,教育对外开放是教育现代化的鲜明特征和重要推动力,要把培养具有全球竞争力的人才摆在重要位置,要求提升我国人才培养的国际竞争力,加快培养具有全球视野的高层次国际化人才。小学生虽小,也要培养他们的大格局。太仓市实验小学草根化办学的核心教育理念"自由成长和社会责任相伴,民族情怀与国际理解融通",就是对这一教育要求的积极呼应。

一、对国际理解的认识

"冷战"结束以后,国际交往的性质发生了深刻变化,世界呈多极化发展的格局。加之进入90年代以后,以网络通讯为标志的信息技术迅猛发展,为人类全面进入"全球化时代"奠定了基础。然而,暴力、种族歧视、仇外情绪、寻衅的民族主义、文化排斥、恐怖主义等现象并未终结,反而具有了新的性质。在这种背景下,联合国教科文组织于1994年10月召开了"第44届国际教育大会",确立了新时期国际理解教育及相应的"和平文化"的基本内涵。大会通过了《第44届国际教育大会宣言》及相应的《为和平、人权和民主的教育综合行动纲领》。《宣言》和《行动纲领》标志着"多元主义教育价值观"理论与政策上的确立,这种价值观体现了全球化时代的基本精神。

国际理解教育(Education for International Understanding)是指世界各国在国际社会组织的倡导下,以"国际理解"为教育理念而开展的教育活动。其目的是增进不同文化背景、不同种族、不同宗教信仰和不同区域、国家、地区人们之间相互了解和相互宽容;加强他们之间相互合作,以便共同认识和处理全球社会存在的重大共同问题;促使每个人都能够通过对世界的进一步认识来了解自己和了解他人,将事实的相互依赖变成为有意识的团结互助。

而国际理解教育最早由联合国教科文组织在 1946 年提出,2016 年我国将"国际理解"作为中国学生发展核心素养体系框架中的一项,赋予了其新的内涵。2020 年印发的《教育部等八部门关于加快和扩大新时代教育对外开放的意见》,更进一步强调了培养具有全球视野高层次国际化人才的重要性。

为落实国际理解教育,我国中小学的国际理解教育实践也相应兴起。一类是在国家课程中开始重视渗透国际理解教育,如英语学科加强了对文化意识的关注,包括对中外文化的理解和对优秀文化的认同,学生在全球化背景下表现出跨文化认知、态度和行为取向[①];另一类,就是我们学校进行的国际研学课程活动,并将其建构为正规的课程体系,开展一系列的国际研学活动。

二、国际理解的育人价值

"教育有一个使命,就是帮助人们不把外国人当作抽象的人,而把他们看作具体的人,他们有他们自己的理性,有他们自己的苦痛,也有他们自己的快乐"[②]。理解以认识为前提,认识越全面和深入,理解才能愈理性而深刻。因此,国际理解教育的开展首先需要给学生呈现各种不同的文化形态并使学生对其有较全面的了解。在多元文化的背景之下,学校

---

① 殷洒.国际理解教育的内涵及目标设定——基于校本课程纲要的文本分析[J].基础教育课程,2021,(13).

② 联合国教科文组织国际教育发展委员会编著.学会生存——教育世界的今天和明天[M].教育科学出版社,1996:191—192.

实施国际理解教育对于培养学生的国际理解精神,拓展教育的国际视野等意义重大。

（一）有助于激发学生的民族认同感和民族自豪感

祖国在日益强大,在领略祖国的壮美山河及科技发展之时,也可以看看,国门之外,究竟是怎样的。在通讯技术如此发达的现代社会,学生可以通过各种媒体渠道了解异国的风情,太仓紧临的上海就是非常开放的国际大都市,拥有"德企之乡"美誉的太仓,学生身边,也常会有国际友人交流。

但这样的信息体验,毕竟与自己直接沉浸于异国环境中,感受会完全不同。而国际研学的教育目标的一个重要指向,仍然在于激发学生的民族认同感和民族自豪感,研学旅行这个核心的目标始终需要牢牢把握。

世界历史表明,若没有本民族的文化认同和价值观念,将很难作为一个平等的世界公民立足于世界民族之林的。"越民族,越世界"。具有鲜明民族的文化传承特色,有别于其他文化的特点和个性,是文化间交流的前提和基础。

就国际理解而言,在理解基础上的尊重、平等,能强烈地折射出自我和自尊。我们在理解他人的同时也会使自己更好地为他人所理解并使自我得以显现,理解的过程同时也是一个重塑自我的过程。因此,国际理解教育强调,学生在理解他国、他民族的文化并充分吸收其精髓的同时,也应以自尊、自信、自主的心态将我们自己的文化"输出去",使本国、本民族的优秀文化传统及国粹精华被他国、他民族所理解和接纳。

"了解他人才能更好地了解自己",我们在理解他国、他民族绚丽多彩的文化的同时,才能更好地领略中华民族文化的源远流长与博大精深,在与他文化交流沟通的过程中才能更好地彰显本民族文化的个性与特色,从而不仅使自己能够更好地为他人所理解,也能够更深刻地了解自己。涵盖这些内容、体现如此精神的国际理解教育,自然有利于激发学生的民族认同感和民族自豪感。

比如,在进行国际研学时,学生通常会带一些小礼物给国际友校的同学作为交流,那么,学生就需要精心准备富有我们民族特色的小礼物并学习怎样去介绍这些礼物。学生在交流的场合中,也可以准备几个小节目,进行文化交流,在彼此沟通过程中,就可以输出我们的中国文化。

（二）有助于培养学生成为"世界公民"

早在古希腊时期,斯多亚学派的哲学家们就指出,"我们每个人都同时属于两个社群,一个是自己生长的地方,另一个则是普遍性的人类社群,同样,我们每一个人既是城邦的公民,又是平等的世界公民"①。

当今社会,全球化已成为不可回避之现实,而诸如生态失衡、资源短缺、贫富不均等世界性难题的解决也需要世界各国人民联合起来协同努力。对此,教育应以开放积极的姿态予以回应。

学校通过国际理解教育将世界性的新观念和动态讯息主动地引入课堂,使学生意识到我们的世界是一个相互依赖紧密联系的整体,每个人都是一定意义上的世界公民,在全球性的问题面前都应以休戚与共的态度对待之,而个人未来更好的发展不仅需要了解本国国情及文化传统,更需要具备国际视野和全球意识,从而促使学生不仅具备世界公民的意识,还能够以世界公民的姿态关心整个人类的命运,理性地审视和批判问题并积极地参与到促进世界可持续发展的行动当中。

表 6-1　世界公民需要具备的条件②

序号	世界公民需要的条件
1	留意国际新闻(例如:战争、天灾、疫症)
2	尊重不同种族的文化差异
3	懂得其他国家/民族语言

① 李庆伟,萧婉玲. 谁是"世界公民"? ——香港中学生对世界议题的认知、态度和行为调查[J]. 青年探索,2011(04):27—34.

② 李庆伟,萧婉玲. 谁是"世界公民"? ——香港中学生对世界议题的认知、态度和行为调查[J]. 青年探索,2011(04):27—34.

（续表）

序号	世界公民需要的条件
4	学业成绩优异
5	留意本地新闻
6	认识不同种族的文化
7	能体会别人的感受
8	拥有批判思维
9	周游列国
10	关注环境保护
11	关注世界上不公义的情况
12	结识很多不同国籍或种族的朋友
13	关心别人的生活困境
14	良好的表达能力
15	以行动维护社会公义
16	能与意见不同的人合作
17	关注可持续发展

国际理解能增进不同文化背景的、不同种族的、不同宗教信仰的和不同区域、国家、地区的人民之间相互理解和相互宽容，加强他们之间相互合作，以便共同认识和处理全球社会存在的重大共同问题，探讨全人类共同价值观念，将各种生物与自然和睦相处、共同繁荣与发展为旨归。

国际理解教育承认每一种文化都有其独特的价值并尊重其客观存在的形态及方式，倡导摒弃文化偏见及种族歧视，这些思想反映在具体的教育过程中就是在课程中融入不同群体的历史和文化，在教学中展现不同群体认识和处理问题的方式方法，给予各种不同类型的文化以充分展现自我的平台，从而帮助学生形成文化多元意识。在这样一种开放的文化观和多元的文化价值体系观照之下，学生得以突破地域的局限，充分领略世界各种文化的绚丽与别样，感受世界文明的丰富与繁华，从而不断地开阔文化视野，走向国际理解。

（三）有助于提升学生的核心素养

2016年2月，中国教育学会向各省市教育学会和相关分支机构下发了《学生发展核心素养(征求意见稿)》,指明了学生发展核心素养的九大维度。其中"国际理解"素养,即强调全球视野和尊重差异,引起了笔者的注意。尽管在某种程度上,国际理解已经是"老生常谈",但它却是 21 世纪大众所必需的素养。因为从时间维度来看,早在 1948 年,UNESCO(联合国教科文组织)召开的国际公共教育大会第 11 届会议就发表了《发展青年的国际理解能力和国际组织教学》(The Development of International Un—derstanding among Young People and Teaching about International lO rganizations)的报告,建议各国教育部和其他教育当局鼓励、培养青少年的"国际理解"素养,建议教育机构培育学生的责任感和社会合作精神,发展其对世界、社区的责任,所有的教学也应有助于培养学生的国际团结意识,等等。1994 年,UNESCO 在日内瓦召开了第 44 届国际教育大会,对国际理解教育进行了总结与展望。大会期间共举行了 6次会议,主要内容分别为"经济全球化与教育政策""为宽容和相互理解的教育:宗教的作用""联合国教科文组织联合学校项目,促进为和平、人权和民主的教育所行之有效的网络""相互开展外语教学:国际理解的一种因素""人权教育""媒体和国际理解:为更好地理解提供信息"。1995 年,UNESCO 出台了《第 44 届国际教育大会宣言》和《为和平、人权和民主的宣言和行动框架》(DeclarationandFrameworkofAction on Education for Peace, Human Rights and Democracy)两个总结性文件。从世界各国来看,培育学生的"国际理解"素养已经成为了教育领域的重要议题。且不谈美国、日本、英国这些较早实施"国际理解"教育的国家,新近实施者,如新加坡,其教育部也明确提出将"公民素养、全球意识和跨文化技能"(civic literacy, global awareness and cross-cultural skills)作为 21 世纪人们的必备能力之一,这一提法的目的是让学生在保持对新加坡有强烈认同感的同时,能更好地应对全球化生活。具体来说,新加坡于 2014 年颁布的中小学《品格与公民教育课程标准》就要求学生(针对五六年级及以上的学生)在世界层面必须明确:"如何在全球化的世界里做一个积极的公民""如何在一个全球化的世界里与他人进行交流""如何善用自己的优势和能力来应对全球化世界的需求"。是否成为一名有见识和负责任的公民,能否及时对社区、国家和全球性课题进行反思并作出回应,成为了学生发展的重要评价指标。此外,我国《国家中长期教育改革和发展规划纲要(2010—2020 年)》也明确指出,要加强国际理解教育,推动跨文化交流,增进学生对不同国家、不同文化的认识和理解。由此可见,"国际理解"成为核心素养的重要维度,既尊重了历史脉络,又符合现实情境。

三、对于小学生的国际理解能力培养,要符合学生的认知发展水平

教育不应仅仅是知识传授和技能习得,而要使受教育者在身体、知识、智力、道德、批判性思维、创造性、精神、价值操守等方面都得到发展。国际理解课程作为一种提高学生国际素质的重要途径和方式,在培养学生先为全人、后作优秀公民、再当领导人才方面具有重要意义和作用。国际理解课程与传统专业课程相结合,可以弥补通常情况下专业知识强但能力相对弱的缺点。同时,国际理解课程引导学生关注和思考日常生活中的国际事务,对于培养学生的终身学习能力具有重要作用。

(一) 在学生的眼中,"世界理当如此"

文化感受力并非只在研学旅行期间才能培养,学生在成长过程中,身边的所有人与物,都是"文化"的承载,随着网络媒体的普及,足不出户,同样能知天下事。

学生,尤其是经济较发达地区的学生,从小也接受着来自不同国家不同文化的影响,比如,学生从小会看各种动画片,进行绘本阅读,国外很多优秀动画片和绘本就会成为家长的选择,在小学生必读书目中,也有很多外国作家的作品;乐高玩具、机器人、芭比娃娃是孩子们的心头好;很多小学生会学习一种西洋乐器,如钢琴、小提琴、架子鼓等,或者学习街舞、拉丁舞、滑板等;还有很多小学生会上外教课,已经说一口流利的英语。

不同人群之间价值规范、思想观念及行为方式上会有差异,人们普遍地、潜移默化地受到各种文化形态的影响,文化多元的态势日趋明显。传统文化与外来文化的角逐、主流文化与亚文化的碰撞、不同民族文化的交锋……在成年人视野中的这些文化的差异,在小学生眼中,并没有这么明显。新时代的小学生,在受教育的过程中,自带了很多"国际元素",在他们看来,"世界理当如此"。

(二) 走出国门,原来"世界并不只是如此"

但异国旅行时,沉浸在巨大的差异中,确实能更加实质地让学生感受到不同国家和地区的文化特点。"世界并非只是如此"。

对于小学生,教师需要指导学生在行前作好一定的知识储备,如了解该国的历史、地理情况,了解所要到达的研学地点有哪些特色,包括饮食特色、名人事迹、代表建筑、生活习俗包括信仰禁忌等。

在国际研学时,学生会看到很多迥异的风景,遇到不一样的人群。比如对于新加坡的绿化,日本的垃圾分类,在意大利品尝砖窑披萨,在英国参观常青藤名校,在澳大利亚观赏毛利舞等。研学旅行时,教师可以有意识地引导学生体验与思考,让孩子们提出自己的想法,比如:日本的垃圾分类对我们的城市建设能有什么启发? 参观了世界顶级名校,你有什么样的想法? 毛利舞让你感受到了什么? ……鼓励孩子多看,多问,多想,多讨论。学生会遇到同龄的小朋友,他们受到教育的方法和我们不尽相同,鼓励学生之间的交流,分享不同的思维视角。

学生也会看到不尽光明的一面,比如,在罗马街头也能看到流浪者,有的地方有军队荷枪巡逻站岗,甚至个别的排华行为,与祖国的平安稳定形成了鲜明的对比。

有了这些不相同,学生才会发现,世界并不只是他一贯熟悉的样子,不同的人,在不同的地方,有不同的生活习惯和思维方式,更加能够让学生体会到文化和国情的多样性,才有可能对多元文化持理解和宽容的态度。

（三）在行走中思考，"我与世界何关"

价值观并不是被告知的，而是学生自己去理解的。

小学生也可以去思考，我究竟有怎样的价值？我要做一个怎样的人？我能为这个世界贡献怎样的光和热？

国际研学，为学生打开了大千世界的大门，面对纷至沓来的多元文化及其伴随的多元价值，我们不是要告知学生必须认同哪种价值，也不强求学生一定去理解或认同异国文化，而是要教其学会辨别与选择，引导其自主建立自己的价值观念和是非标准，发展其道德地判断社会事务和他人行为的能力。

同时，我们也应引导学生充分地尊重他人的价值选择，对他人不同于自己的价值观念及行为方式等持宽容和理解的态度，并在此基础上唤醒学生作为平等的世界公民的理性意识和社会责任感，激发其为共同利益而行动的愿望以及致力于和平的决心。这无疑会使学校德育在基于现实的文化环境下获得更加充实的、生活化的内容，从而实质性地提升多元文化背景下，学生的道德水准和思辨能力。

从对国际理解、国际理解教育内涵的分析亦可看出，作为当代国际教育新理念和新趋势之一的国际理解教育，同时也是素质教育在新的时代背景之下的应然要求和具体实施，国际理解教育的施行使素质教育具有了国际视野、时代特色和更加丰富的内容。

第二节　"迈向世界"的研学方案

研学旅行在我国正处于起步和探索阶段，然而从世界范围内来看，研学旅行作为一种高效的教育方法已经在很多国家形成了成熟的体系。研学旅行在日本被称为"修学旅行"，是一种十分普遍的教育模式。日本政府对学生的修学旅行有着严格的制度，对于每年学生修学旅行的上课方式、时间、地点以及课程都做了明确的规定。韩国教育部门也十分看重基础教育阶段的研学旅行,鼓励学生在研学旅行中了解国家的特色文化,更好地接受世界视野下的多元文化教育。研学旅行的主题多种多样,涉及动漫、影视、体育、科技、文学、历史、生物、探秘等多种内容。

鉴于上一章节的阐述,结合我们学校所研究的研学课题,我们根据现有的国际研学友好学校资源以及研学线路,来具体实施"迈向世界"的研学活动。在此之前,不同研学主题的确定,不同研学课程的建构,不同研学方案的设计都需要一一细化。首先,从国际研学旅行的主题资源来看,目前,澳大利亚、英国、意大利、日本以及新加坡这五个国家是我们学校研学旅行的固定目的地。这些国家的文化背景具有一定的地域代表性、历史性和内涵性,是当前我们学校开展研学旅行的重要资源支持,也是我们学校"迈向世界"研学主题课程开发的主要活动场域和活动主题。根据我校在这五个国家的主题式研学方案,现从学科拓展、历史文化、自然环境、体验技能、科技创造这五个维度进行课程框架的建构。

一、学科拓展课程

研学旅行是与课堂教学互补的实践学习,是行走在现实场景"手脑并用、情知一体"的浸润性、体验性学习,是丰富学生生活、对接和拓展校内教学,弥补学校教育不足的旅行式学习活动。

研学旅行是学科知识应用的综合学习,是课堂到生活的互动迁移,是发现、思考与研究真实环境中问题的创生性学习。因为在研学旅行中,学生的学习环境是无限制的,可以打破地域的限制;学生的学习内容是多选择的,可以根据研学主题进行选择;学习的主要途径就是学生自主体验。我们可以从以拓展、前置、互补、融合、展现、分享等多个维度,将学生的学科知识与研学的主要内容进行对接和整合,为学生设计相匹配的学科拓展课程。学生在这类课程的学习中,可以自主进行思考、发现,还可以与组内同伴交流、合作,他们可以在多种学习情境下迁移与创生学习、重组与应用知识、触发与丰富情感,拓宽他们的视野。

作为学科拓展课程的设计者,老师应当注意设计课程时既不能像课堂教学那么结构化,也不能将研学旅行设计得随意化。为了处理好研学旅行中"旅行"与"研学"的关系,我们课程设计者需要有计划、有目的地对旅行场景进行学习化重构,是融入现实场景的"所看即所学、所做即所学"。而且在研学活动中,作为拓展课程设计者的老师们还需要充分发挥主导作用,帮助学生去发现、探究、体验和感悟。

根据不同国家、不同研学地点和研学主题,课程设计时我们挖掘了旅行线路中内含的学习属性,并且依据预定的学习任务和目标选择旅行线路和场景,利用研学手册、小组交流平台,设计了科学、德育、体育、科技、生命等拓展类课程。

（一）传承与感恩课程

我们的研学课程可以有多元的定位,它既是综合实践课程,也是一门文化及德育课程。意大利拥有丰富的历史文化底蕴,因此意大利的行程中蕴含了许多德育与文化教育资源。研学中,参观一家百年农场,与农场主一家一起认识各种植物、果树,还和农场中的小鸡、小兔一起玩耍,这样亲近自然的课程能使学生们感受到意大利文化中尊重大自然,人与自然和谐共处的,并且不断传承历史的文化。同时,农场女主人设计的亲手为妈妈制作薰衣草香囊的环节,更是充满了真挚的情感,走入了孩子们的心灵。这样的感恩教育不同于动之以情、晓之以理的说教,而是学生们在体验活动中就能感受到爱,爱家人、爱朋友、爱他人,感恩生活中给予自己帮助的人和物。

（二）利物浦城市课程

英国的利物浦,是英格兰西北部的港口城市,也是英格兰八大核心城市之一,人口约为 52 万。利物浦是英国研学过程中重要的一站,因为它具有丰厚的人文底蕴,它有着英格兰足球历史上最成功的俱乐部之一的利物浦足球队,还是著名的披头士乐队四位成员的故乡,并且拥有一所英国久负盛名的老牌名校利物浦大学。同时,利物浦与中国的贸易源远流长,可上溯至清朝年间。市内建有欧洲最古老的中国城。利物浦也是重要的客运港,与世界各大港有定期班船联系。学生在研学过程中,能从体育、音乐、教育、经济等各个领域深入了解英国利物浦的发展文化,不论是选择一个方面进行研究,还是对比中国文化进行研究,都会获得很大的收获。

（三）种族和谐课程

新加坡这个国家也值得我们认真研究,它是一个多种族的国家,人口主要由华人、马来人、印度人及欧亚裔人所组成。新加坡为种族和谐做出了不少努力。在官方语言为英文的情况下,新加坡的公共场所,比如:地铁报站和各种指示牌,均有英文,华文,马来语,淡米尔语四种语言的标识。新加坡的小朋友们,更是从小就受到关于种族和谐的教育。新加坡的种族和谐教育自小开始。无论是幼儿园或托儿所,包括小学和中学,所有的学校每年一定会有一项名为种族和谐日的庆祝活动,目的是让各族学生了解新加坡其他种族的文化与习惯,提醒学生们不分种族、语言和宗教,大家都要团结一致,并学习互相尊重。我们中国也有 56 个民族,学生们可以在研学过程中,研究并学习新加坡种族和谐的亮点,推彼及己,这是十分有意义的研究与做法。

（四）著名建筑课程

建筑与社会的发展是息息相关,基本保持同步的发展,也就是说建筑发展的阶段性与社会发展的阶段性一致,比如:意大利古罗马为纯消费性大型公共建筑,中世纪为宗教建筑,文艺复兴时期为贵族府邸,反宗教改革时期为天主教堂;英国则在民族国家形成之后的中央集权制时为宫殿,资产阶级革命后为银行和交易所等。所以我们的学生将各国的建筑作为主题课程的学习也是完全可行的。

昔日"日不落帝国"称霸全球,英国的文化也开始影响整个世界,即使到了现在,很多国家还是在被英伦风格所影响,这尤其体现在建筑中。所以,研学过程中,我们的学生选择进行英国著名建筑的研究是十分必要和有意义的。学生们首先可以了解:英伦风格作为现代建筑、园林风格主流,它的空间更宽阔更优美,且摈弃了规则和对称的园林布局,追求更宽阔、优美的园林空间,并且以绚丽的花卉增加园林鲜艳、明快的色调。多重人字形木质的坡屋顶是英伦风格建筑的一大特点,一排排人字形的屋顶,让整栋建筑看起来更加高端大气,有皇族的气势。英伦风格建筑的屋顶喜欢使用木质作为材料,木质材料坚固耐用,整栋建筑显得十分自然、大气。

学生们在参观英国著名建筑:大本钟,伦敦眼,教堂的过程中,不仅可以仔细观察它们的特点,同时可以了解他们背后的文化,与中国的建筑派系和特色以及文化进行对比研究。

二、历史文化课程

世界文化由不同民族、不同国家的文化组成,而这些文化中具有某些共性,只要是存在于地球上的文化,都可以称之为是世界的,所以这些文化都具有世界性,也就是这些文化都有共通点,但是又有不同点,因为它们又是民族的。所以,从全球视野来看,越是民族的文化就越是世界的文化。在世界日益全球化的今天,各国文化的交流日益频繁,各种的影响日益加深,在文化趋同的世界大趋势下,各国的文化仍然会保持着其特有的烙印,各民族的也仍然有着其独特之处。我们研学的意义也就在于其中,我们可以通过我们的研学活动,迈向世界各个国家,立足中国的本土文,与国外的文化进行文化的比较。再通过这些比较努力汲取异域、异族的长处,寻找文化发展的动力,从而使我们中国的文化保持其旺盛的生命力。文化比较时,我们通常可以从历史、经济、人文、地理、语言、名人、发展过程等主要客观因素引起的一系列不同入手。因此,我校结合中国本土文化和澳大利亚、英国、意大利、日本以及新加坡这五个国家的文化进行比较,设计了一系列的课程。

（一）中国本土文化课程

一个民族如果失去了自己的文化之魂,这个民族在世界必将失去活力,最终走向灭亡。在与国外文化进行对比和向国外文化学习之前,立足中国本土文化是我们的学生最应该做的事情。所以,在国外研学之前,我们的学生最需要进行中国本土文化课程的学习。中华五千年文化源远流长,中国文化课程的内容也就异常丰富,我们可以为学生提供丰富的课程内容,如:中华风俗、中华美食、琴棋书画、中国传统文学、中国戏剧、中华武术、中国传统中医、中国民间工艺、中国名山大川、中国神话故事、中国汉字汉语、中国建筑等,学生可以选择自己感兴趣的某个或几个课程进行较全面的学习。经过中国文化的学习后,学生在研学活动时不仅可以充当中华文化的传播使者,同时还可以立足中国文化,进行国外文化的学习,取其精华吸收。

另外,我校的学生还可以立足太仓本土文化进行课程学习,了解太仓本土的娄东文化,与国外的文化进行对比学习,弘扬本土娄东文化与精神。春秋时,太仓隶属吴国之地,由于吴王在此地建仓屯粮而得名"太仓",又称娄东。被太仓人亲切地称为母亲河的娄江,不仅滋润了一方沃土,养育了这里的儿女,而且随着历史的发展,孕育出了一种独特的文化现象,人们称它为"娄东文化"。历史在孕育太仓的娄东文化的同时,也造就了它鲜明的文化特征。而这些优秀的地域文化,对丰富中华文化元素,的确起到了不容置疑的作用。其中"娄东画派"是太仓人引以为傲的,学生可以进行专项课程的学习。

（二）历史名人课程

研究国外的历史名人也可以作为我们选择的课程主题,因为历史人物不是一般意义上的人,他是所处时代的突出代表。他们的活动对当时社会和历史发展都产生了巨大的影响。在意大利进行研学活动时,我们的学生就可以选择马切拉塔市当地的名人利玛窦进行研究,因为我们的研学地点马切拉塔市就是利玛窦的故乡。利玛窦在中国传教的过程中,还把西方天文、数学、地理等科学技术知识不遗余力地传授给中国学生,启蒙了一批中国科学家,他被尊称"泰西儒士",他是西方先进科技在中国的传播者。我们的学习可以研究利玛窦的生平,可以研究利玛窦的朋友,可以研究利玛窦在中国的传教方式,也可以选择研究利玛窦的主要成就等,这些都是名人课程的组成部分。

另外,根据利玛窦生活的年代是 1552 年—1610 年,正是西方的文艺复兴时期,同时也正是我国明朝时期。学生还可以选择这两个时期进行对比研究,或者对文艺复兴感兴趣的学生,可以选择研学过程中佛罗伦萨这一站作为研究主题。佛罗伦萨是公认的文艺复兴的发源地,其中佛罗伦萨美术学院是全球第一所美术学院,创建至今有将近七百年历史,有"世界最高美术学府"之称。瓦萨里担任首任院长,文艺复兴晚期的代表人物、著名艺术家提香,以及法国最伟大的艺术家大卫、安格尔都曾担任过学院的教授。还有我们熟知的达·芬奇、米开朗琪罗和拉斐尔这三位伟大的艺术家也可以成为学生研究的对象,从他们的生平、创作过程、成就等各个维度进行研究,从而形成系统的课程,也是非常有意义的事。

（三）异国美食课程

饮食文化往往是一个国家、一个地区文化的浓缩。我们中国与其他国家对于饮食的观点和态度、对于饮食的烹饪方法和饮食的内容及特点等方面都存在着显著的差异。而我们的学生在国外进行研学活动时,常常能体验到异国有特色的美食,我们完全可以将其确立为一门课程,学生们可以通过对饮食差异的分析研究,了解中外饮食文化的差异,并且揭示这些差异以及内在的原因,有助于我们跨越文化鸿沟,有助于世界性的文化融合。同时,我们的学生还可以学习到西方的餐桌礼仪,以更积极的姿态去接受国外的饮食文化。

以新加坡这一个国家为例,我们的学生可以进行更全面的异国美食课程学习,因为新加坡是一个多民族居住的地方,因此它的饮食习惯也是多元的。学生们在新加坡研学的过程中,一定能尝到新加坡的娘惹饭菜、肉骨茶和海南鸡饭。这些具有代表性的菜品体现着新加坡多元融合的美食文化,它们不仅表现为不同类型美食的汇聚、不同国别食客共享美味,也体现在一道道特色料理的发展演变中。中、新饮食文化的同、异对比是一个很值得研究的话题。

（四）土著文化主题课程

澳大利亚土著人是澳大利亚最早的居民,他们属游牧民族,没有固定的居住点,分散在整个澳大利亚,在欧洲人占领澳大利亚之前,共有500多个部落,人数达七十五万之多。澳大利亚土著人的文化是全世界历史最悠久,迄今一直充满活力的文化。艺术是土著人生活的中心,因为艺术与宗教有天然内在的联系,通过这种方式把过去与现在,人类与超自然世界联系起来。艺术表达了个人与集体的特性以及人与土地之间的关系。在研学的过程中,我们的学生就可以参与澳大利亚学校特有的土著文化课程,比如:土著人历史介绍课、画土著画等,进一步了解土著文化,感受古老民族的魅力。

三、自然环境课程

自然环境是人类社会赖以存在的基础和前提,是社会物质生活和社会发展的经常的必要的条件。自然环境或者说地理环境、自然条件、自然基础,它包括在历史上形成的与人类社会活动相互起作用的那些自然条件,如地理位置、地形、气候、土壤、水文、矿藏、植物、动物等及其交互作用下形成复杂的综合体。不同自然环境的研究,是全球变化研究中的重要组成部分,因此在研学过程中,我们设计各种课程,帮助学生在不同国家中研究其气候、动物、植物等内容,让他们了解人类活动对全球变化的影响,和人类如何适应全球变化研究,这种多"样态"的学习其实是很有意义的。

（一）迥异气候课程

气候是大气物理特征的长期平均状态,不同国家和地域的气候往往是不同的。我们的学生参加国际研学活动有更多的机会可以在不同的环境中去体会不同的气候对环境的影响,这是一种极好的生活体验。通过参加研学,学生完全可以走出课本与课堂的限制,去体验异域、异国、异地区的气候变化,如此一来,他们的知识体系将更加健全、完整,这样的学习对于他们今后的学习将起到很好的协助作用,也将提升他们的独立思考能力,也对打破不同学科之间的壁垒有着不错的效果。

以澳大利亚为例,特别适合我们的学生进行气候课程的学习。澳大利亚在南半球,而南半球的气候、季节正好与北半球相反,即9—11月为春季,12—2月为夏季,3—5月为秋季,6—8月为冬季。因为澳大利亚被海洋围绕,又错落在赤道附近,所以气候类型比较复杂。不过整体而言,澳大利亚偏暖,没有恶劣的气候特点。一般夏季最高在30℃左右,当然北方沿海为热带气候,又潮又热。南回归线贯穿了澳洲的各个城市,对于南回归线以北的地区,属于热带区,气温相对于澳洲其他地区要高很多,且日夜温差明显。但是南回归线以南的地方,气候偏温带类型,这里的四季分明,人们可以体会春、夏、秋、冬不同季节的风采。因为澳洲的地理位置和我们中国相对,所以变换的四季也是截然相反的。正是由于澳大利亚的气候与我们国家截然相反,因此我们的学生对于两个国家的气候可以进行较为详细深入的对比研究。比如:研究正午12点时中、澳的天气、温度、太阳高度情况,作好记录,对比研究。

（二）多样植物课程

植物分类学是植物学科中最古老和最具综合性的一门分支学科,过去的经典分类大多依据外部形态和内部解剖特征去分,后来把孢粉形态、地理分布和古生物学等方面的内容结合进去后,有助于进一步对种类的鉴定和植物演化关系的探讨。学生在英国进行研学的过程中,我们教师可以指导学生进行植物的研究,特别可以进行英国皇家植物园的研究,因为特别有价值。

英国皇家植物园(Royal Botanic Gardens)是世界上著名的植物园之一,及植物分类学研究中心。英国皇家植物园包括建于 18 世纪位于伦敦西南部的泰晤士河南岸的邱园(Kew)和 1965 年扩建的位于苏沙(Sussex)的韦园(Wakehurst)两大部分,主园加卫星园共有 360 公顷。英国皇家植物园收录约 5 万种植物,是已知植物种类的 1/8,拥有几个世纪以来英国皇室收集的世界各地珍稀植物,其中包括超过 1.4 万棵树。2003年英国皇家植物园的邱园,以其丰富的植物物种、宏伟的规模、悠久的历史而成为联合国认定的世界文化遗产。在邱园内,有数十座造型各异的大型温室,还有 26 个专业花园。园内有与植物学科密切相关的建筑,如标本馆、经济植物博物馆和进行生理、生化、形态研究的实验室。邱园还有 40 座有历史价值的古建筑物。我们的学生可以研究中国本土植物与英国植物的异同。

(三) 独特动物课程

澳大利亚作为物种丰富和独特的国家,拥有良好的生态环境,是开展生态文化研学旅行的重要目的地。澳大利亚最著名的还是他们独有的有袋类动物,如:袋鼠、考拉等。

有袋类动物,指的就是长着育儿袋的哺乳动物。大多数有袋类动物肚子上都长着一个毛皮袋子,就好像口袋。它们的孩子出生后最初几个月就生活在这个袋子里。世界上有 250 多种不同的有袋类动物,大多数都生活在澳大利亚和南美洲。由于澳大利亚的地理位置很特殊,在几千万年前就已经与各个大洲分离,那时有胎盘的哺乳动物还没有出现,因此在以澳大利亚为代表的整个大洋洲就很少有有胎盘的哺乳动物。所以没有胎盘,低等一些的有袋类哺乳动物就在澳大利亚生存了下来。

澳大利亚人与自然和谐共存的自然状态是对我们参加研学的孩子生态文明教育的鲜活素材,是开展的重要资源。学生可以在研学过程中对澳大利亚独有的有袋类动物的生活习性进行深入的观察与研究,并且可以与我国独有的珍稀动物——熊猫进行对比研究。

四、体验技能课程

研学旅行是典型的体验教育方式,它与"生活即教育,社会即学校"理念相契合。研学旅行帮助我们的学生将课堂搬到了大自然、博物馆等更有趣味性、更有意义的地方,拓宽了学生学习知识与技能的场域,也促进了学生将书本知识与生活实践的深度融合,在这样的过程中学生能够更好地感受生活、感受社会、感受自然,为他们未来更好地学习和生活打下良好基础。

体验教育的理论渊源,可以追溯到我们中国古代的老子、孔子、王阳明等古圣先贤的思想源流之中,也可以追溯到古希腊的亚里士多德、西方思想家卢梭、杜威、皮亚杰等人的教育思想与观点之中。法国思想家、教育家卢梭认识到教育领域中生命所固有的价值,在个体的生命面前,教育不是万能的,是有局限的,教育必须听听生命的发言,甚至是借助于生命力量的显现。所以,以行求知,体验中学,是卢梭自然主义教育思想的基本点,也就是我们研学中所在做的事。我校学生在澳大利亚、英国、意大利、日本以及新加坡这五个国家进行研学活动时,我们根据不同国家的特点,设计了相符合的一系列的生活体验课程,从学生的心理需求和德育的生命成长出发,以活动为载体,用智慧与行动引导,促进学生在耳濡目染中不断生长、发展、提升自己的生活能力,提升他们解决生活中实际问题的技能。

(一)生活自理课程

生活自理能力,是指学生在生活中自己照料自己的行为能力。但是,如今,显然,孩子们的生活自理能力变差,而且已经成为一个严重的社会问题,应引起各方面足够的重视,并要多方配合,提高当下学生的生活自理能力。鉴于此,我们的研学活动其实为学生们提供了一个很好的提升自己生活自理能力的机会,也是对他们独立自主生活的一种考验。因为参加研学的集体活动,特别是国外研学活动,学生们远离了家人的照顾,自己跟着集体团队生活、学习,他们共同参加活动,解决研学中的很多问题,这样的过程就是学生成长的过程。所以,我们完全利用这样的契机,为学生设计一系列的生活自理课程,帮助学生更好地提高自理能力,相较于研学活动中的课程,生活自理课程更适用于研学前的培训活动。

生活自理课程主要训练学生的生活自主能力,课程可以分为一些小的板块,比如:安全知识课程,学习安全食、宿、出行知识,学习处理个人健康小问题;生活自理课程,学生学会折衣服、放鞋子、叠被子、洗衣服等;衣物收纳课程,学生学习衣物的搭配,学习物品的打包,学会生活必备品的准备等;合理消费课程,学生学会人民币与外币的兑换和使用以及合理花费生活费用等;时间分配课程,学习如何遵守集体活动时间,并且合理安排自己的娱乐、学习与生活时间等;机场规则课程,学习如何托运行李,学习如何登机,学习飞机礼仪等;与人交往课程,学习如何融入集体生活,学习如何参与小组活动,学习如何化解与他人的矛盾,学习如何展示个人才能。这一系列的课程板块能帮助学生快速学会生活自理,合理安排时间,提高团队合作意识,提高个人交际能力,拥有更多自我意识,得到更多的锻炼。

(二)英伦运动课程

英国的体育运动有着悠久的历史,为现代体育运动及奥林匹克的发展作出了不可磨灭的重大贡献,不少现代竞技项目均起源于英国。英国还拥有欧洲最好的体育场馆和体育设施,常会有一些国际性的赛事选择在英国举行。英超联赛是世界五大足球联赛之一;温布尔登网球赛是四大大满贯赛事之一,也是草地球场最重要的赛事;全世界的高尔夫球员和斯诺克选手,都以到英国比赛为荣。

英国的运动项目十分丰富,有足球、自行车、马术、板球、斯诺克、赛艇、高尔夫、网球、橄榄球、一级方程式赛车,在研学活动中,我们的学生可以体验到很多英国的运动项目,参加他们的比赛项目。学生还可以选择他们感兴趣的运动项目进行研究,比如:英国是马术实力最强的国家,学生可以研究他们的马术技术;板球在英国的历史很悠久,它已经不仅仅是一项体育运动,更是英国文化的一个内在组成部分,学生可以将板球与在中国受欢迎的乒乓球进行对比研究;学生还可以研究一级方程式赛车,这在英国也是十分受欢迎的体育运动,因为有人把世界一级方程式赛车与世界杯和奥运会一道称为世界最受欢迎的三大体育盛事,F1英国站是在所有F1世界锦标赛赛事中历史比较悠久的一个分站。

(三)探险与挑战课程

意大利研学活动中为学生们设计了好几类探索与挑战课程。其一,探索科奈罗山,学生们可以徒步行走在山间,比比谁的耐力好。站在山顶远眺亚得里亚海的美景,能让他们感到登高望远的征服感。其二,阳光足球运动,火辣辣的太阳底下,专业的足球教练指导学生足球运动,奔跑、踢球、合作、比赛,学生们能感受到挥汗如雨的满足感。其三,探险公园挑战活动,学生们学会使用滑轮、观察地形、适时调整身姿、深呼吸克服恐惧,每个人都有了挑战极限的经历。这样的探险与挑战课程都是为了激发学生的潜能,他们能在实际的体验过程中感受到自身的能量,并不断鼓励自己:"我能行!"

五、科技创造课程

从20世纪末开始,世界各国综合国力的竞争越来越取决于创新人才的竞争。自美国"2061年计划"公布后,欧美各国先后提出青少年科学素养基准,积极调整、改革基础教育课程计划,深刻变革教育观念和人才观念,掀起了一场波及世界性的以提高科学素养为主旨的教育变革运动。在这样的背景下,我们国家特别重视青少年科技后备人才资源库的建设。我国政府实施的科教兴国战略和人才强国战略,就是对当今时代特征和未来发展走向的准确认识,也是对经济、社会、科学、文化深刻变革的积极回应。鉴于此,我们开展的各个国家的研学活动为这样的科技创新型教育提供了契机,学生们能在不同的课程学习中,学习不同国家先进的科学技术以及创新理念,从而提升他们的科学素养,培养他们的科学精神。

(一)科学环保课程

近年来,环境问题已经成为世界性的热点问题,保护人类赖以生存的地球家园是世界各国人民的共同愿望。在中小学生中广泛开展环境保护教育,对于提高全民族的环境意识和科学文化素质具有重要意义。我们的学校教育也在想尽各种办法,不断增强学生的环保观念,不断提高学生的综合素质。国外研学活动也给学生们提供了学习他国先进科学环保知识的机会,提供了实践环保活动的机会。

在研学的五个国家中,日本的环保理念与做法无疑是值得我们学生认真学习的。在日本,无论繁华大街偏僻小巷,全部干净整洁,连最应该拥挤脏乱的市场里,也干干净净,甚至本该腥臭污水的鱼市里,也是纤尘不染毫无腥臭异味……整个国家像水洗过一样干净清洁。在全世界垃圾处理环境保护成为难题困境的现代当下,日本何以成为全球最干净的国家?这样的环境保护课程也是我们研学中的孩子们应该认真了解与学习的。首先,这源于日本法治的成功。日本对垃圾处理环境保护有三级立法:国家政府层面立法,就是《促进建立循环社会基本法》;社会企业层面立法,就是《促进资源有效利用法》;社会及个人层面立法,如《家电回收法》《汽车回收法》等。其实,这源于严格的垃圾分类,并且国民的高度自治。研学中对于日本垃圾分类做法的学习,不仅值得学生们学习,更值得学生们在学校进行宣传、在家庭氛围中宣讲,教育更多的人做一个有垃圾分类意识、保护环境的人。

（二）科技创新课程

《Economist》发表 2015 国家创新质量（Innovation Quality）报告：日本位列世界第三。创新质量的意思，就是你的创新到底有没有为经济的发展做出贡献——更能体现一个国家的创新实力。麦肯锡 2013 发布研究报告，罗列了有望改变生活、商业和全球经济的 12 大新兴颠覆技术。而目前日本就是全力投入上面这十二个方面，而且 90％已经做到了世界前三，甚至在大数据云计算、新材料、资源再利用、能源存储、机器人等领域已经做到了第一。这些都意味着日本整个国家对技术研发的重视，同时也告诉我们为什么日本科技能独步天下：那就是创新，还是创新，这是立足并生生不息的根本之策！

学生们在研学的过程中有一个体验课程就是去参观科技馆丰田会所。在那里学生们可以了解丰田的发展历史，观看丰田发动机生产展示，感受日本科技创新的魄力与魅力。学生们在意大利研学活动中，还有去参观法拉利工厂，了解法拉利工厂的发展历史，了解他们的创新亮点，这些都可以作为科技创新课程学习的内容。

国际研学的实施，相较于国内研学活动实施，是有其独特性的，在不断尝试、改进与再实践的基础上，我们根据不同国家的文化特点与资源特点，确定了不同的国际研学主题和研学课程框架。基于这一系列的前期工作，我们再进行不同研学方案的设计就变得水到渠成了。以意大利研学路线为例，我们可以为大家提供值得参考的研学方案。

意大利国际研学方案

一、研学活动意义与目的：

让孩子们体验意大利的各种生活，从各行各业和大自然学习中学习课堂中学不到的东西。

1. 让孩子们参与意大利的特色探险活动与体育活动,培养学生坚毅的自制力。

2. 让孩子们参加意大利研学中的集体活动,培养学生在活动中协同的行动力。

3. 让孩子们参与意大利的文化体验课程,并且参与意大利家庭的活动,培养学生的文化感受力。

4. 让孩子们通过各类创造活动,完成具体的课程活动,培养他们自由的创造力。

二、研学活动的具体安排:

2018意大利修学旅行	
D1	7/25 周三
19:00	抵达机场
20:30	入住哥伦布酒店-Hotel Collmbo
21:00	酒店晚餐
D2	7/26 周四
8:30	参观古罗马斗兽场
10:00	参观 Vittoriano 维多利亚诺-感受巴洛克式建筑的气势
11:00	参观梵蒂冈 圣彼得大教堂
13:00	午餐-中餐 你好
14:00	离开罗马前往友城马切拉塔,沿途风光欣赏
18:00	抵达营地-水上度假村
19:00	参观度假村,熟悉环境,开营介绍
19:30	晚餐
D3	7/27 周五
8:45	出发前往马切拉塔
9:30	穿越之旅-意大利文艺复兴时期的古城
10:00	Buonacosi 参观马切拉塔博物馆,课程-如何欣赏博物馆
11:00	市政府欢迎仪式,友好学校签约仪式-古图书馆(实验小学,交换礼物)
12:00	午餐-上海楼中餐
15:00	城市安全课-马切拉塔金融警察部
18:00	回到酒店
19:00	晚餐-酒店

（续表）

2018 意大利修学旅行	
D4	7/28 周六
8：30	意大利的农场体验，天然手工制作（花-香水，羊毛作品）
12：30	午餐-长城中餐
15：00	手工皮具制作过程- Giudi
16：30	亚得里亚海滨-海洋保护和安全课（邀请海警队官员）沙滩，带游泳衣防晒霜
18：30	海鲜晚餐
20：00	回酒店
D5	7/29 周日
9：00	每2—3个孩子一个意大利家庭，意大利家庭来接孩子们，体验一天意大利家庭生活
22：00	意大利家庭把孩子送回酒店
D6	7/30 周一
8：45	前往科奈罗山公园
9：30	探索科奈罗山
12：00	野餐
15：00	参观著名中世纪古镇洛雷托 Loreto，了解葡萄酒和蜂蜜制作过程
17：30	参观盖比隆尼橄榄油庄-有机橄榄油制作程序和作坊
18：00	农庄晚餐-烹饪体验-手工做，砖窑烤比萨 pizza
21：00	回到酒店
D7	7/31 周二
9：00	团队拉练-第一堂意大利足球课，营地足球场，穿好运动鞋
10：00	水上/游泳安全课，不会游泳的也能安全地在乐园玩
10：30	自由活动，以小组为单位，不单独行动，酒店午餐
D8	8/1 周三
9：00	烹饪学校课程
12：00	午餐
13：00	典型意大利购物中心
14：00	平凡的人做不平凡的事（当地励志人物，意大利小朋友互动）
18：00	烧烤晚餐
19：30	回酒店
D9	8/2 周四
9：00	石磨坊粮食加工厂

（续表）

2018 意大利修学旅行	
12：00	午餐-上海楼中餐
17：00	探险公园,挑战自己,穿舒服的衣服和鞋子
19：00	酒店晚餐
D10	8/3 周五
8：00	前往圣马力诺共和国
10：00	参观圣马力诺
12：00	午餐-圣马力诺广场
15：00	参观迷你意大利-缩影公园
18：00	麦当劳晚餐
21：00	抵达博洛尼亚市 Executive Fiorano 酒店
D11	8/4 周六
9：00	参观法拉利赛车博物馆
12：00	法拉利博物馆午餐
13：00	前往佛罗伦萨
16：00	参观佛罗伦萨古城主要景点
18：00	晚餐在 Mandarion 中餐馆
20：00	抵达托斯卡纳酒店 Parco Hotel Chianti
D12	8/5 周日
9：00	托斯卡纳一路欣赏风光,到达参观著名的中世纪古村 Monteriggioni
12：00	午餐 Monteriggioni
13：00	前往罗马机场 21：00 飞上海 MU788
D13	8/6 周一
14：35	抵达浦东机场

三、研学活动准备安排：

1. 五、六年级学生自主报名,年级筛选确定学生人员。

2. 意大利带队老师人员确定。

3. 带队老师进行家长动员会,确定学生需要上交的相关资料。

4. 带队老师帮助学生进行意大利研学的公证。

5. 带队老师签署签证申请表、上交单位证明表等资料。

6. 为研学团队学生购买研学研服。

7. 为研学学生进行行前相关课程培训,如:行囊准备、生活自理能力、知识储备、文化了解等。

8. 协同意大利当地团队、学校行政部门、带队老师、家长、学生等多方面,促进研学活动顺利开展。

四、研学活动组织实施:

1. 设计《致国际研学孩子们的一封信》,让学生对整个研学活动有认知:

致国际研学孩子们的一封信

亲爱的小朋友:

暑期研学活动又要开始了,我校是教育部研学旅行首批试点学校,2017年我校的研学课题《研学旅行课程的整合设计与协同实施》成为了全国教育规划"十三五"重点课题。老师们带领同学们通过"游、学、研、思、行",来学习书本以外的知识,提高自护力、文化感受力、综合探究力、协同行动力和自由创造力。

我们和你有如下约定:

出发前:

1. 提前一周列好物品清单,自己动手整理好行囊,遵循"够用精简"的原则,不增加旅途负担。

2. 做好行前攻略,对将要去国家的文化、历史、气候、饮食习惯等资料学习,提取有用信息给小伙伴一起分享。

3. 要和老师、小伙伴商讨修订研学旅行手册,确定研究的"小问题",达成的"小目标"。

研学中:

1. 全程照顾好自己,合理饮食,管好自己的安全和自己的财物。

2. 要有团队精神,主动帮助有困难的伙伴,上厕所、购物、回房拿东西等,要向领队老师请假并结伴而行,不单独离队。行走途中不玩手机,杜绝一切安全隐患。

3. 胆大心细,用眼、耳、鼻等多种感官去体验陌生世界,和伙伴一起探究研学中的问题。

4. 高度自律,会休息,按时睡觉,保证足够的体力行走。

5. 每天留出时间进行一天研学的反思,完成研学旅行的作业。

6. 每天在规定时间和父母联系,选择重点汇报,报个平安,不让父母担心。

研学后:

1. 整理好照片资料,完善研学手册,做一些创意作品。

2. 向父母或朋友讲述研学故事或趣闻。

3. 一周内回学校参加研学收获分享会,继续回味研学收获,开学和同学分享。

祝你研学旅行愉快!

太仓市实验小学少先队大队部

2019 年 6 月 26 日

回　　执

_____班_____孩子家长已经和孩子一起阅读了《致国际研学孩子们的一封信》。

家长签字:_____　　联系电话:_____

年　　月　　日

1. 设计研学手册,确保学生人手一份,根据研学手册内容进行研学活动与内容的学习,并且每天生程结束后进行开会交流,及时在群内上传相关学习资源与心得体会。

2. 设计相关行前课程,确保学生在研学活动前从生活、文化、学习、能力等方面都作好相关的准备。

3. 具体实施方式:学生到达意大利以后,由当地导游团队接洽,开展行程与课程活动,若有行程变更,及时进行沟通,带队老师主要负责团队学生的生活与学习活动。

4.资料汇总上交,学生在研学前,分小组进行活动,搜集有关意大利的资料,形成文本;在研学中,学会利用不同app进行资料的搜集,形成照片、视频、文字等资料;在研学后,上交各类学习心得与资料集,并且以小组为单位进行美篇的创作。

我们的意大利资料库

图 6-1　资源库的建设

意大利趣谈

　　如果有人打喷嚏,旁边的人马上会说:"**萨路德(SALUTE)!(祝你健康)**"。另外,**当着别人打喷嚏或咳嗽,被认为是不礼貌和讨嫌的事**,所以本人要马上对旁边的人表示"对不起"。据说是因为欧洲曾有过因重感流行而置死人命的先例,感冒在意大利人眼中也如洪水猛兽般恐怖,因为旁边的人马上会说:"萨路德(SALUTE)!(祝你健康)"。

意大利人热情好客,待人接物彬彬有礼。在正式场合,穿着十分讲究。**见面礼是握手或招手示意**;对长者、有地位和不太熟悉的人,要称呼他的姓,加上**"先生"、"太太"、"小姐"和荣誉职称**;在就餐、乘车、乘电梯等情况下,都会让女士先行。

和意大利人谈话要注意分寸,一般谈论工作、新闻、足球;不要**谈论政治和美国橄榄球**。意大利人**忌讳交叉握手,忌讳数字"17"**,意大利人忌讳**菊花**。

意大利人完全以家庭为中心,**祖母(nonna)非常受人尊重**——每年甚至还有一个"最酷奶奶"的评选(最近的优胜者因赤脚跳快速旋转的塔兰台拉舞而击败了其他竞争者,在比赛中胜出)。

由于现代意大利统一至今仅100多年,而且其南北经济发展水平相差悬殊,他们大多只说**自己是某某地区的人**。另一方面,意大利人又有极强的民族自尊心,他们对本民族悠久的历史津津乐道,**如有人对意大利往日辉煌稍有异议,都会令其怒发冲冠**。多数意大利人都不讲英语。由于受天主教的历史影响,许多重要的宗教节日,已逐渐演化为举国同庆的民俗性活动。**意大利人性格开朗、热情健谈,喜欢单刀直入,不拐弯抹角。**他们喜欢争论,易激动却不伤感情。

意大利人说话时喜欢靠得近些,间隔一般在30—40厘米,不喜欢别人直视。他们的面部表情丰富,爱做手势。如用大拇指和食指围成圆圈,其余三指向上,表示"好"、"行";竖起食指来回摆动,用食指按在腮帮上转动两下,表示赞美某位女士漂亮;用手轻轻捏下巴表示不感兴趣,请你快离开;耸肩摊手掌向上,表示"不知道";五指并拢手心向里,对着胃部转动,表示"饥饿";用食指顶住面颊来回转动,表示"好吃";用食指侧面碰击额头,是骂人"傻瓜"、"笨蛋"。

他们不太守时,常常迟到甚至失约。意大利有赠送礼品的习惯,以送纪念品为主,很少有送贵重礼品的习惯,可送鲜花、书画、酒、茶、巧克力、蛋糕、工艺品。他们讲究礼品的包装,习惯当面打开看,并说几句赞扬、喜欢或感谢的话。

(资料整理:陈文慧)

　　设计适合不同国家特色与课程内容的研学方案是研学有效实施的前提,多方的协同实施也是研学活动顺利开展的保障。不同国家的研学方案设计完全可以参考我校相对成熟的意大利研学方案思维图,借鉴运用于国际研学的其他国家。

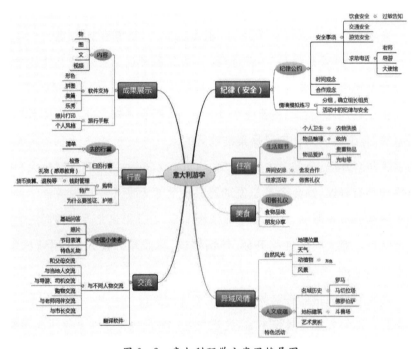

图6-2　意大利研学方案思维导图

<h2 style="text-align: center;">第三节　"迈向世界"的研学实施</h2>

　　依托国际研学旅行线路:澳大利亚、英国、意大利、日本以及新加坡这五个国家,我们学校根据这五个国家的研学路线与活动制定了相关的特

色体验课程,在学生们实践体验的过程中总结了一系列的研学方案,并且不断实施,不断改进,不断积累经验。

总的来说,由学校组织的跨国界的研学旅行,与学生随同家长前往的旅行不同,线路也不会是纯粹的游玩,可能会走访友好交流学校,可能会有同龄学生的互动交流,还可能深入当地家庭体验当地生活。也正因此,跨国界的研学旅行,在很多家长的支持下,成为学生非常难得的一种学习体验方式,需要一定的指导建议。就算暂时没有出国经验的学生,也同样可以在学校的研学课程指导中多加吸收,增强他的国际理解能力,为他之后研学经历提早准备。

我们学校制定的研学方案,最重要的应该是研学前的储备及规划活动以及研学中的实践与体验这两个板内容。

一、研学前活动:国际研学前的储备与规划

跨国界的研学课程规划的制订,由两方面来完成,一方面是国际交流管理处及旅行社根据实际情况给出的线路,另一方面是学校给出的课程体验需求,二者相互制约又相辅相成。我们的学生在国际研学前,还需要有丰富的知识与技能储备,主要分为四个部分:

(一) 最重要的是安全意识

中小学研学旅行的安全教育工作是构建研学旅行安全保障体系的重要内容。因此,落实研学旅行的安全教育,树立"安全第一"的意识是我校研学前规划的首要前提和重中之重。保障学生的安全意识,我们首先完善研学旅行课程体系,加强研学旅行教师朝专业化的方向发展,并且提升老师的应急能力。其次,我们注重学生的主体地位,加强学生的自我安全防范意识和应急处理能力的培养,提高学生的自我管理、自我服务和自我保护的能力。加强学生安全意识的第一原则是"学生的一切行动必须听从带队老师的指挥,有事脱离团队,一定要报告老师,绝对不允许擅自离

队"。学生需要在研学培训中了解出行安全、住宿安全、财物安全、活动安全等各个方面的相关知识以及具备解决相应问题的能力。

（二）最必要的是生活自理能力

生活自理能力,是指学生们在旅行生活中自己照料自己的行为能力。跨国界的研学课程整合,学生需要独立生活一段时间,短则三五天,长的十天半月甚至更久也有,对学生的生活自理能力是一个不小的考验。穿衣、梳头、洗澡、吃饭、整理、交通,没有家长的陪同,有的孩子甚至从没自己洗过衣服,老师也只是起到指导和从旁辅助的作用,学生每天都要自己解决这些问题。有些挑食的孩子会吃不下异国的食物,一路带着很多方便面的孩子,研学的价值大大打折,也有的孩子会因为在旅馆玩闹,把窗帘都拉扯下来。有孩子会水土不服或者过敏,夜晚踢被子感冒,各种小状况,老师会很紧张。去得太远了,还有时差的调整问题。师生的语言能力大多有限,言语不通,沟通难度大大提升,遇到问题,也更加不容易表达清楚,当然,不通的语言环境也是一个难得的学习机会。我们的研学培训,就会加入学生生活自理能力的培训,使学生具备研学活动必备的生活自理能力。

（三）最需要的是知识储备

头脑一片空白的旅行,我们领略不到异国的特色,研学的价值将被大大削弱。比如,日本研学,去往京都和奈良的时候,我们看那些古建筑,可以想象我们盛唐的辉煌,同时也可以了解一下,在二战末期是我国的建筑学家梁思成先生划出了京都奈良的保护区域,将这些珍贵的人类遗产保存下来。意大利研学,我们就需要了解一下罗马,了解斗兽场,了解达·芬奇、米开朗基罗、拉斐尔……,了解一下圣经故事,不然,那些静默的油画和雕塑你就只看得到没有穿衣服的人……去往英国,伦敦桥的魅力、大本钟的端庄、泰晤士河的静谧就在我们身边,我们可以走访常青藤名校,剑桥、牛津……站在圣三一学院前,畅想自己的未来学习目标。根据不同国家的研学地点和路线,我们的研前培训也会加入知识类、文化类的培训内容。

(四) 最基础的是项目式主题的确定

异国的风景,异国的动植物,异国的气候,异国的运动,异国的美食,异国的文化,与中国本土迥异的感受与体验,学生们都是愿意去进行项目式学习的,他们可以选择的范围也十分宽泛。我们的研学前培训就是为学生介绍关于项目式学习的内容,比如:指导他们选择的学习内容应与生活密切相关;指导他们在学习方式上应体现研究性与探究性;指导他们在学习结果上应有明确的成果指向。经过一系列的培训,学生首先可以按兴趣爱好分为不同的个人项目研究小组,确立研学中的项目式研究主题,再确定组长、组员及分工。其次,学生还需要学会进行项目式研究的方法,结合研学手册,下载并学习相关的 APP,学会在研学前与研学中查找资料,并进行筛选,形成研究资料,最终完成项目式研究的成果。

研学前的课程,无论是哪一个国家,我们通常会有这样常规的课程安排。当然,不同国家的带队老师也会根据各自目的地国家的特点以及所带孩子的情况进行相应的调整。

表 6 - 2　研前课程内容一览表

课时安排	培训主题	培训主要内容及学生准备
第一课时	研学动员会	根据不同国家的宣讲资料,确定自己想参加的研学目的地国家。
第二课时	生活技能提升培训	准备好自己的行囊清单、展示自己的生活技能。
第三课时	语言技能提升培训	不同国家语言的简单培训,特别是英语国家所需的语言储备。
第四课时	目的地国家知识、文化宣传分享会	学生根据自己对目的地国家感兴趣的一个方面进行深入研究,形成详细的文稿,进行全员交流。文稿收集成册。
第五课时	研学手册填写指导、研学拍照、摄影、美篇制作指导、研学分组、住宿分组指导、	学生确定自己分组的成员,下载好研学中所需要的各种 app,根据研学路线作好相应功课。

（续表）

课时安排	培训主题	培训主要内容及学生准备
第六课时	"我是文化小使者"	本土文化的再培训,学生提前学习中国本土文化知识或者太仓娄东文化知识,进行展示与交流,作好研学中交流准备。
第七课时	研学活动准备展示会	学生展示自己作好的研学准备工作、熟悉组内成员。
第八课时	临行前安全动员会	重点强调出行、住宿、财物、活动安全要点与规则。

二、研学中活动：国际研学中的实践与体验

国际研学前,学生们参与了一系列的研前培训,也储备了很多知识,提升了多种技能,但是在真正的研学活动中,学生的具体实践与体验还是最关键的。在研学活动中,我校各国研学团队从课程整合实施和多方协同实施两个层面,确保学生在活动中真实地体验,积极地实践,确保学生在研学活动中更有研学的目的性,也使得学生们在研学中实践得更多,感悟得更深。

（一）课程整合实施

1. 课程内容兼具规范与灵活

（1）在研学活动中,课程内容具有规范性与统一性。这里的规范指的是学生在研学的整个活动中需要完成一份统一的研学手册。每一个国际研学团队的学生在研学活动前都会领取到一本研学手册,手册的研制是集合家长、学校、学生等多个方面的力量编写的,其内容本身融合各个学科知识、文化知识以及课外拓展类知识,而且每一次研学结束后,领队教师和学生都会对本次的研学手册提出修改意见。也就是说每一次的研学手册既会匹配研学的地点与主题,还会适合学生们对研学地点有一个比较系统、深入的了解。

（2）在研学活动中,课程内容又具有灵活性。这种灵活性分为两个

层面的内容,其一是缘于每个带队教师的团队课程开发能力。在统一的研学手册的基础之外,带队教师还会根据带队目的地开发自主性的课程内容。比如:意大利研学团队开发的课程就以"每日关键词"为主题。在意大利为期十三天的研学旅行中,带队老师根据每日的行程,为学生确定了十三个"每日关键词",每一日关键词显化为一份系统的研究小方案或者小报告。

表6-3 意大利研学团队的"每日关键词"主题

意大利行程	每日关键词
第1天	气候
第2天	罗马和梵蒂冈
第3天	利玛窦
第4天	农场
第5天	交流
第6天	登山与古镇
第7天	美食与理财
第8天	平凡与不平凡
第9天	探险
第10天	圣马力诺共和国
第11天	法拉力
第12天	佛罗伦萨
第13天	我的研学之最

意大利研学"每日关键词"研究方案1:气候

日 期							
太 仓							
意大利							
日 期							
太 仓							
意大利							

• 比较太仓和意大利城市的气候

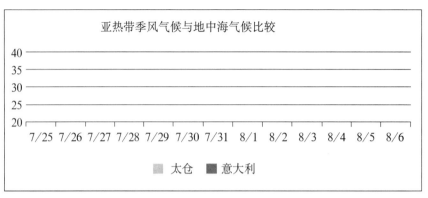

图 6-3　太仓和意大利城市气候比较

指导说明：

这一份关于两地气候对比的研究方案其实是贯穿整个研学过程中的，需要学生们当一个有心人，每日留心记录两地的天气情况：意大利天气由自己记录，中国天气可以询问家长或者上网搜索。在 13 天的行程过后，再通过表格对比两地的气候情况。这样细致的记录，严谨的对比为学生们今后的科学研究提供了一个很好的范例。这样的两地气候对比在任何一次国际研学过程中都具有实践操作意义。

太仓：东经 120.58 度，北纬 31.20 度。

对比两地气候，不同点在于：

图 6-4　太仓和意大利城市气候比较

其二是缘于每支学生研学队伍中的项目式学习小组的不同。每个项目式学习小组他们从组长到组员，从主题到方式，再到成果展示都展现出迥异的风格。有的项目式小组确立的主题是植物研究，有的项目小组的主题为运动项目研究，有的项目小组研究的主题为各种汇率研究。有的项目小组的研究方式以视频记录为主,有的研究小组以美篇记录研究为主,有的小组以图画形式记录为主。有的项目小组倾向于表演性质的课题汇报形式,有的小组倾向于演讲形式的汇报形式,有的小组更喜欢文字形式的汇报形式。

2. 课程实施的时间安排与时机把握

(1) 在研学活动中,课程安排因时制宜。在研学活动的过程中,不论哪一个研学团队都可能发生研学行程变更,研学方式调整,活动时间变化或发生突发状况等情况,课程的安排就需要因时制宜。因此,学生的研学体验与课程实施状态也可以因此变化,我们的学生需要有较强的调节能力与适应难力。若有突发状况的发生,学生碰到研学中实际的困难了,也为他们提供一次发现问题与解决问题的机会,有教师从旁指导,能激发学生的自主、合作、探究的学习方式,促进其学科能力和解决问题能力的真正形成。

(2) 在国际研学活动中,BUS课程地位凸显。国际研学活动较之国内研学活动有其特殊性,它在路途中花费的时间更多,这一段时间我们完全可以利用起来,为学生合理安排学习时间,我们称之为BUS课程时间。BUS课程实施与操作的主导者可以是带队教师也可以是当地陪同导游,两者之间可以相互合作、沟通与协调。当地导游可以向学生们介绍一些当地风俗人情的知识,比如:介绍澳大利亚有名的动植物,介绍日本的便利店文化,介绍英国的常青藤大学发展史,介绍意大利海边环保知识,介绍新加坡国家标志知识等。而作为团队的主体带队老师,我们也可以利用旅途中或长或短的时间,安排学生的文化才艺展示,安排知识的问答,安排话题的讨论,安排名人故事交流等。总体来说,BUS课程是一种主题式的交流与讨论活动,由导游或带队老师沟通把握交流的时机,即使是对话式的交流也充满智慧,对于学生来说也是一种新颖的学习体验方式。

(二) 多方协同实施

研学旅行是由教育部门和学校有计划地组织安排,通过集体旅行、集中食宿方式开展的研究性学习和旅行体验相结合的校外教育活动,我校所组织的国际研学活动更具有其特殊性。在课程实施过程中,我们需要的是多方协同,共同帮助学生顺利地进行国际研学活动。这里的多方协同包含的面更广,主要分为以下几个方面:

1. 学校统筹领导

我们太仓市实验小学作为国际研学活动的发起者、组织者与支持者,对整个的研学过程全程负责。因此,前往不同国家的研学团队受学校的直接领导。从研学前、研学中及研学后各个时间段来说,研学的整体进程与活动进程都需要做到每日定时汇报,特别是针对学生的安全、健康问题以及学生的研学效果等。若有意外或特殊情况发生,学校也应当第一时间知晓,并且统筹各个条线的力量,全力解决。

2. 家长支持配合

作为国际研学学生的监护人,家长不仅要配合学校、带队教师做好学生的安全、自理、心理、知识、能力等各个方面的准备工作,同时还应该听从学校与带队教师的各方面指导,对学生顺利进行研学活动提供助力,并且对于学生的健康方面的问题及时告知学校与带队教师。同时,家长对于学生在外的生活与学习情况也有知晓权限,带队教师应该安排每日规定时间,确保学生与家长沟通交流,汇报自己的相关情况。

3. 教师沟通实施

带队教师作为国际研学团队在国外的主要负责人,对学生的安全、学习、生活情况全权负责,角色更加多样化。其一,带队教师需要组织好学生每天的研学活动,主导与辅助学生的研学活动,并且对学生的自主式项目化学习提供必要的支持。其二,带队教师需要指导好学生在外研学的生活情况,包括安全、健康、心理、情绪等内容,最重要为学生在外研学树立遵守各种规则的意识,帮助学生更好地在研学中学习与成长。其三,带队教师还需要做好与当地导游的沟通交流工作,双方形成教育合力,合理分配好各自对学生的教育与指导工作,及时向导游了解每天的行程安排,并且及时告知学生,做好相关安排工作。其四,带队教师还应该充当好学校与家长的联络员,将学生在外研学的各种情况无一具细地向各方面汇报,做好信息的及时更新工作。

4. 旅行社协调保障

在国际研学中,当地导游的作用也显得尤其重要,他们不仅是学生每天研学内容的安排者、协调者还是语言辅助者,特别当学生们在日本、意大利国家研学活动时,导游的语言能力是十分关键的,能帮助协调好学生衣、食、住、行等各方面的工作。导游的沟通协调能力也十分重要,带队教师需要通过他们帮助更好地安排学生在外研学期间的生活与学习,甚至于 BUS 课程中导学也可以发挥主导作用。

5. 友校对接交流

国际研学活动中,我们学校在日本、新加坡、英国、澳大利亚和意大利都有相对的姐妹学校,也就是学生在他国研学时的对接学校。这些对接学校会根据他们学校的特色,安排我们学校的学生体验他们的特色文化课程,特色学科课程以及文化交流课程。在这个过程中,即使只有几天的学校交流活动也是十分有意义的,学生可以更加深入地接触到这些他国的学生,能与他们交流,更好地了解他们的风土人情与成长情况。

家长、学校、带队教师、导游、对接学校都是学生研学旅行中的教育力量,他们不仅要一致行动,要向学生提出同样的具有教育意义的要求,而且要志同道合,抱着一致的信念,始终从同一原则出发,无论在教育的目的上、过程上,还是手段上,都不要发生分歧,帮助学生在真实的研学情境中学习,帮助学生在不同的研学活动中收获更多的成长。他们都是研学旅行课程的开发者、辅助者与实施者,承担不同的角色、发挥不同的作用,让国际研学拥有更广阔的发展空间。

三、落实这些课程,国际研学中可能遇到的问题及解决方法

在国际研学的实施过程中,常常会出现很多意外状况,也会有一些突发事件,打乱研学的节奏,甚至是影响到研学活动的开展。在这些因素

中,安全问题是制约活动开展的重要因素,学生的健康状况、学生对研学目的不明确高年级学生的生理、心理和情绪问题等都是制约因素之一。所以,从学校到带队教师到当地导游到家长,再到学生层面,我们都需要对研学中可能出现的问题进行预设,想好应对方案,我们更需要对研学中实际遇到的问题有紧急应对能力,以确保学生的健康与安全,以确保研学活动顺利开展,确保研学活动的质量与效果。下面,以真实、具体的案例来阐述研学中遇到的实际问题以及解决问题的有效方法,形成经验,以提升其他国际研学团队的应对问题和解决问题的能力。

【案例1:丢学生】

丢学生,其实是十分容易发生在研学活动中的,几乎每次研学旅行都会有那么一个两个,不论旅行远近,都会有丢有捡,好在一般都是有惊无险,但是在国际研学中发生,会更加让人心惊胆战,一为人生地不熟,二为语言不通畅。为什么会这样?有人会事后诸葛亮,插着手在那里说:“为什么事先不……”但是,千金难买“早知道”,无论如何,把孩子全须全尾的带回来,是研学旅行中最最重要的一件事。

每一个带队研学的老师,必须学会一个重要的本领:数孩子。“1,2,3,4,5,6,7,……”好了,人到齐了,开路。你必须时不时的数一数,上车数一遍下车数一遍走路数一遍停下来数一遍……

脚长在学生自己身上,他们要走丢,太容易了。

转机时,嘭?? 娃呢?!

过关时,嘭?? 娃呢?!

上完厕所,嘭?? 娃呢?!

玩好游乐项目,嘭?? 娃呢?!

很佩服机场人员的笃定,他们耸着肩膀说“来得及”。前面的孩子过关了,在一个老师带领下先去找登机口,后面还有一批孩子,等最后一个过完,离登机时间只有10分钟。先遣队伍已经找到登机口,群里发过来消息说,“我们这里有13个孩子。”我数第二波娃:“只有14个!!”——我们一共29个孩子!!! 还有两个呢? 还有两个呢? 冷汗就是那个时候从背上滋出来的,偌大的机场,还剩 10 分钟,我去哪里找 2 个我们的孩子?而且人没汇合,连丢的是哪两个都不知道。

刹那间,几套方案在脑海中过一遍:1. 群里喊话,谁没跟大部队走,在群里自己举手;2. 汇合,知道丢的是哪两个;3. 打电话,马上联系丢的学生,如果他们能主动联系老师更好;4. 和机场联系,延迟登机;5. 最糟糕,其他人先飞,自己留下来找,我还不会意大利语……一大堆乱七八糟的念头还在冒出来,这时候,群里来新消息:"我们这里有 15 个,刚才数人的时候,他们乱动乱走,没数对。"

悲剧终于转成喜剧,我们第二波队伍在罗马机场狂奔,赶在登机时间最后一刻登上飞机。虽然这个班次又很正常地延误了一个小时才飞,而我这样经历了大起大落的老师,已经可以淡定面对,觉得这都不是事儿。

【事件反思】

面对,研学活动中"丢学生"的事件,我们还是需要反思的,我们还是有一些不一定有用但还是必须要做的事情:

首先,学生要分组,每个组最多 4—5 个学生,不能更多了,再多,彼此间一直相互数数,牵绊太多,要有一个脑子清楚的会数数的学生做组长。

其次,一定要有集合观念,要会看地图,解散前,一定要反复强调集合的时间和地点。最好是哪里解散哪里集合,让学生认准标志物。所谓的时间观念,不仅仅是至少提前 5 分钟到达集合地点,还要教会学生预估返程的时间,从什么时间开始,就要准备返回了。

第三,一定要有通讯工具。学生发现自己脱离大部队了,要学会马上打电话。实在没有电话的,要学会向附近的工作人员求助。如果可以,我真心希望给每个研学旅行的孩子装一个全球定位。有一次,我们一个老师和另一个老师走散,就是靠着微信的位置共享,重新走到一起去。

【案例 2:熊孩子】

相信在很多的研学团队里,总会有一两个甚至是好几个"熊孩子",他们不服从带队老师的管教,他们的情绪很难调控,特别是在国际研学活动中,我们研学团队的学生都是高年级的学生,他们的心理逐步趋向成熟,他们有自己的想法，他们不愿意听从集体的指挥。

在我的研学团队里，就有这样的一个学生，她总是不太服从团队的安排，也不服老师的正面管教。与她沟通交流，请她遵守规则时，她通常会翻个白眼，然后轻飘飘送过来一句话："关你什么事。"遇到这样的熊孩子，真的会觉得一股怒气，直冲天灵盖，还要硬生生把这股气压下去，每一个老师，都有练成大内高手的机会。

我也会在想：为什么，这么一个奇葩也会跟着团队一起出来研学旅行？上车听耳机下车听耳机，点名时候，别人喊"到"，她喊"活着"。研学课程中大家都认真听课，她的头点下去，再点下去，瞌睡瞌得拦都拦不住。老师请她把研学手册拿出来，答曰："丢了啊。"请她发言，她一脸无辜空白，回问："什么？"老师再问："你觉得这次研学旅行，你印象最深的是什么？"答曰："哦，太热了，热死我了。"

面对这样的学生，老师有时候真的需要到旁边去缓一缓，把怒气一压再压下去。一边在心里咬牙切齿地想，如果是我自己的娃，先把他揍服帖了，道理都不必讲；一边又在心里默念：这个娃已经在青春叛逆期，她就是来修炼你的涵养的，不要着了她的道。

可是，为什么老师要这样违背人性？龙应台有一篇文章在那里诘问："中国人，你为什么不生气"。我也要问："老师，你为什么不生气"？

【事件反思】

每一个孩子，有每一个孩子的样子。教育不是剪枝，把孩子修剪成木头桩子；教育也不是倒模，把孩子铸得仿佛从一个模子里刻出来。但是，当一个孩子自由地长成上面那样的，肯定也不对头。

她有那么多的不羁、不忿、不逊、不理，仿佛全世界在与她为敌，而"柔弱的"她，横眉冷对，竖起身上的每一根刺，扎出来，以此"保护自己"。她觉得她的父母不关心她，偏是她的父母交费帮她报上研学旅行的名额；她觉得和父母不能沟通，偏是她的母亲找老师哀哀私聊，"我的孩子研学这么多天，一次都没有和家里联系过，也联系不上她。"——全世界都在让着这只刺猬。

究竟什么样的孩子,才能跟着大家一起去研学? 像这样一个什么都顶着来的孩子,如果带出去研学,万一有老师控不住她,会不会有什么安全隐患? 我们的研学旅行,是对每一个孩子都敞开大门,还是需要设一个门槛,把一部分孩子拦住? 比如说,想出去研学旅行? 好的啊,先在我们当地的友好学校那边体验几天就近研学的课程,包括在友好学校的同学家住夜,观察这个孩子能否适应集体外出研学这样陌生化的活动。待到他能顺利完成就近研学课程了,我们就欢迎他参加更远地方的研学旅行。饭要一口口吃,路也要一步步走。

研学的团队里也是会有性格各异,家庭状况各不相同的学生来参加的,所以在面对"熊孩子"时,我们老师应该怎么做? 是一再被挑衅,冲到天灵盖的那股子气到底没有再压下去,和她找了个人少的地方,单独训话,从头发尖训到脚底板,训到这个孩子看到老师绕着走? 还是处处迁就他们的所作所为,是值得我们思考的。

【案例3:Q群里的家长发言】

家长,也是研学旅行进程有可能出现的意外因素,甚至是阻力。在我的研学团队中,有这样两个家长和老师,在研学旅行过程中,就起冲突了,冲突到剑拔弩张,家长不要看老师,老师不要看家长,甚至最后老师从群里退了出来,眼不见为净。

冲突到这个份上虽然不多,但在研学旅行过程中,老师需要面对的,确实是各种家长的各样要求,比如有的家长会说:

老师,天气这么热,可不可以改个行程啊?

老师,孩子睡觉太晚啦,每天都十一二点睡,可不可以活动不要安排那么满。

有没有拍到我儿子的照片? 照片里总找不到他的身影。

老师,我们家上网卡装不到手机里了,麻烦您帮他装一下。

老师,刚才我家小朋友把门卡忘记在房间里了,他不敢和你说,你可不可以过去看一下?

我们家娃打电话回来在哭,老师可不可以帮我关心一下……

国内时间凌晨4点的时候,有家长在QQ群里问:我们家的娃到现在还没有和家里联系,他今天好吗?

然而,我们可能没有注意到的最多的,家长们在说的是:谢谢老师,老师辛苦了。

【事件反思】

我们都理解,儿行千里母担忧,一个家庭,把他们最宝贝的孩子交到老师手里,带出去研学旅行,他们有各种牵挂,当然会在QQ群里反映出来。什么时候学会放手对于家长而言也需要学习。

而老师呢,当然也需要调整自己的角色定位,在外出研学旅行过程中,你不仅是个老师,同时,是他的生活指导、安全看护,帮助这群稚拙的孩子,小心翼翼地迈出独自旅行的第一步。

一项一项,相互理解的平和的沟通是非常重要的,在研学旅行中,我们确实也要倾听家长的声音,他们在和孩子单线联系的时候,可以获得老师在看顾全体时看顾不到的个人细节,及时沟通,可以让我们及时掌握学生动态。

但这样的联系也要有个度,学生在外研学旅行,他的个人体验是最重要的,而且还会有各种集体课程等,家长和孩子之间,也不能随时随地就联系、发消息,频繁地发消息、语音等,会牵制住学生的注意力,不能完全沉浸在研学旅行过程中。

我们可以大致定一个时间,比如学生早上起床后,可以和家长联系一次,告知一天的活动安排,晚上睡觉前,如果没有时差问题,也可以联系一次,与家长分享一天中的收获体会。在白天的整个活动时间里,如果没有特殊情况,就和学校里一样,不要和家长联系了。总之,理解万岁。

【案例4:小毛小病】

研学旅行出发前,不论是带队老师的行李还是学生的行李中,总会备有一些常用药品,学生个人行李中,家长还会备用一些学生个人所需的药物,如:过敏药等。特别是药品中常备的OK绷,我准备了很多,但是回来的时候,用得已经差不多了。有那么多会蹭破皮的地方:走走路,是会磨破皮的,拎行李,是会磨破皮的,还会勒到手,那个背包背带比较细,背着也不舒服,所以拎着居多。玩一个拓展,必须要磨破一下皮啊,不然怎么能体现出惊险？游个泳,数一下,磨破了 4 个娃的腿……游泳池边有救生员,旁边有医药箱,他们拿出碘酒喷一喷,关照一下:半小时不要下水。见怪不怪。我们的学生问:"要用 OK 绷吗?"他们觉得奇怪:"这么点小问题,为什么要用 OK 绷?"其实小小的磨破皮,确实不用 OK 绷,多透气,对于皮肤伤口的恢复反而是更快的,除非周围环境不够干净,为了防止伤口再次感染,可以适当隔离一下。

这些都是小小的磨破皮,但最严重的一次,有一个男生,可能人也有点胖,穿的裤子又有点紧,大夏天的,大腿内侧磨开了。开始还是小范围的,但他不知道是不是不好意思,总瞒着不说,咬牙坚持,直到坚持不住老师觉得他走路姿势别扭了,才发现,皮肤都溃烂了一大片了,化脓,出水,这还了得,赶紧上医院处理,苦头已经吃了不少。

又有一个学生,在澳大利亚研学,本来好好的,不知怎么身上就莫名其妙出现一些红色肿块,也不痒也不痛,就那么肿起来,一块一块的,在人生地不熟的地方,真的很让人担心。和大家吃得一样住得一样玩得一样,也不知道自己究竟有什么过敏原。去医院,过敏原一时半会儿查不出,后来怀疑,可能是在草地上打过滚,小草上的过敏。好在休息了一天,红肿退掉,松一口气。

同样的,有孩子皮肤过敏,不能暴晒太阳,需要随时喷水补水,这种情况,家长就要和老师沟通好,关注他的状态。

我们团队里还有一个小姑娘,本来就有流鼻血的毛病,外出研学旅行可能太累了,鼻血流不停,她自己还算镇静,拿出早早准备好的脱脂棉球,然而连自己准备的一袋脱脂棉球用光,鼻血还没停,周围一圈人都吓坏。后来终于止住,大家惊魂未定,一路盯好她的鼻子,随时戒备。

【事件反思】

研学过程中,学生总会能各种小毛小病,但是我们依然要重视,因为若因为一个小小的疏忽,小毛小病可能会发展得比较严重。还有研学团队中,不同的学生总会有一些特殊体质,家长一定需要早点和老师联系,指导带队老师，万一出现这种状况了，要怎样处理，孩子的过敏药，放在哪里，外出也要带好。在研学旅行前，一定要关照好学生，有特别的状况一定要和老师沟通，老师也要注意观察，学生是否有特别现象的发生。所以，对于老师而言，研学旅行，基本就没旅行什么事，就是24小时工作的状态。

所以当意外状况不可避免发生的时候，老师怎样处理，周围的伙伴怎样面对，家长如何安抚，都可以变成一种教育的资源，老师可以抓住这样的机会，进行正向引导。

我们的国际研学旅行，以暑期居多，在户外活动难免会热会干会渴，于是，中暑、发烧也屡见不鲜，尤其是体质平时就不怎么样的孩子。小朋友中暑，脸色苍白，有的会闭汗但体温升高，人非常难受，虚弱，走不动路，甚至会有呕吐。带队老师是需要有一些急救知识与临危不乱的应对能力的。

在我们学校的国际研学中，每一位带队老师都是有心人，都愿意将他们的研学故事与我们分享，将他们的研学反思与心得与我们分享。他们都不会讳疾忌医，把研学旅行描绘得一派祥和，他们都会真实地记录他们的故事，甚至还会追问，这些糗事背后，有没有我们老师做得还不够好的地方，有没有我们教育做得还不够好的地方？包括，有没有我们家庭做得不够好的地方。那些真实发生的研学旅行中的糗事，就在真切地折射出我们教育的短板，向我们发出反思和改进的信号。相信他们的故事与反思对未来将带队国际研学的人会有一些触动，会让你有一些收获，那就是一件很好的事情了。

希望，你们都能成为一个无所不能的战士，成为旅行中所有熊孩子们的主心骨，搞定所有莫名其妙砸过来的糟心事儿，然后，带着你的学生们，凯旋！

21世纪是相互联系、多元的快速变化的全球化时代，但也面临着地缘紧张局势、气候危机、全球互不信任、数字世界黑暗面及新冠疫情全球大流行五大挑战。在此背景下,倡导不同国家和地区、不同种族和宗教信仰的人之间相互尊重、理解、共生、合作和发展的国际理解教育愈发重要。我校坚持进行的国际研学课程的开发,国际研学活动的开展是极其有意义的,虽然现在由于疫情原因,我们无法实地实施国际研学活动,但是我们在之前不同国家中实施的国际研学路线开发,以及研学实际活动过程中遇到的各类问题以及解决方案都可以形成文稿,进行经验的总结。另外,我们对学生进行的行前培训中,特别是针对提升学生的信息搜集能力、生活自理能力以及学习能力,都能够帮助学生形成学习与文化资料库,帮助学生更深入地接触世界多元文化,了解世界的发展,结合我们研制的国际研学方案,为今后继续进行国际研学活动提供更多可能性,加强孩子们对于文化认同和人类命运共同体素养培养的关注,同时关注到目标设定的层次及各素养间的逻辑关联,进一步思考如何通过合适的内容和方式达成学生国际化素养的培养,更有效地开展国际研学活动。

第七章
评价与反思

研学旅行是提高学生能力素质、开阔思维视野的有效方式,是以中小学的学生为主体,以亲身体验为主线,以实现学生自主学习、团队合作、增长知识为目的的趣味教育活动。研学旅行作为一种新型教育方法,具有综合实践活动课程的基本特征,如自主性、开放性、探究性以及实践性等。研学旅行以综合实践活动课程的基本理念为基础,从不同层面深度挖掘学生内在潜力,对启迪学生的思维、丰富学习方式、培育学生健全的人格具有重要意义。对研学旅行课程进行系统、客观的评价,有助于建立研学旅行的评价反馈机制,为调整教育思路提供有力的依据。

第一节 研学旅行评价的目的与功用

以评促行是研学旅行课程评价的重要原则,也是一种方法引领。科学有效的评价是对实践的有效敦促,其以客观公正的评价结果精准针对实践中存在的现实问题,对具体的实践加以针对性的引导,可极大提高实践的效率,使实践有的放矢地展开。为学而评,强调的是研学旅行课程评价的终极目的,是在复杂的教育环境下,增强教育时代适应性、顺应教育发展规律,并有效增强教育实践与教育需求匹配性的有效方法。在研学旅行课程评价中,为学而评,鲜明地指出了研学旅行评价的目的是为了提高学生的学习效率,增强研学旅行教育的实效性。其最终目的是增强学生的学习能力,使学生在研学旅行的过程中学有所获、习有所得。因此,以评促行,为学而评,是研学旅行课程评价的重要原则,也是实施评价的基本前提和重要的精神条件。课程评价是研学旅行的终端部分,也是十分关键的研究分析环节。这一环节可充分地显现出研学旅行课程教育的实施情况、存在问题及具体成效,是对研学旅行课程进行整体评估,并提升研学旅行整体水平的重要条件。课程评价有助于使教师综合把握课程和教学计划中存在的问题及对旅行目的及教育目标的实现程度,并以此为依据,对研学旅行课程进行调节和优化,以提高教育主体、客体与教育体系之间的契合性。因此,小学研学旅行课程的评价需明确目的,坚持科学、公正、正确、严谨的原则,充分突出研学旅行课程评价的信息反馈、方向指引、细节调适、鞭策激励的功能和作用,从而把握学生在研学旅行过程中呈现出的成长特点、学习需求、情感体验与新的变化。

一、评价目的:为学而评

研学旅行课程由于突破了传统课程的时间与空间的束缚,进一步发展出了自身的课程特征。对研学旅行课程进行综合评价其本质在于全面把握学生参与研学旅行的表现及结果,明确学生知识产生与发展提高的过程。使学生学会独立运用其脑力劳动,继而实现"知识发现""方法习得"与"态度养成"的有机统一。研学旅行课程评价的实践性强,强调多元主体、过程跟踪及主体间的关联度,因此,针对研学旅行课程的评价应具有多元性、过程性、开放性评价特点。

研学旅行的课程评价是促进课程学习、调节、改进、完善的过程。游学是生活化学习的一种方式,它与我们的学科课程评价应该有所区分。

基于此,我们对游学的评价进行了改革,从游学前、游学中、游学后三个维度建构,在游学中这一维度,又细分了就餐、学习、住宿、乘车、交流等领域对学生进行评价,而在游学后,我们开展了以发展孩子个性的巡讲、大讲堂、手册展评、摄影作品、美篇、视频、游记等活动评价。在评价的方式上,我们将学生家长、教师、同伴、友好学校、学生自己都作为评价者,目的在于在注重知识获得的评价之外,能够进一步关注学生的全面发展与素质提升,使研学旅行的正确评价反哺教学,从而打开学生的思维视野、丰厚孩子的知识活动,使学生获得自我素养的内在修炼,实现研学旅行评价教育人、引导人、培养人的综合目的。

二、评价原则:定向、指导、客观、公正

在研学旅行课程评价的过程中,教师要以促进学生创新精神和实践能力为目的设计与实施研学旅行评价,需坚持方向性、指导性、客观性、公正性等评价原则。

(一) 坚持方向性原则使学生正确认识研学旅行的目的

研学旅行课程评价的方向原则是对评价的综合目标定位,即应以使学生正确认识研学旅行的目的为主线,教师要有目的地观察学生在研学活动中的实践表现,了解学生的基本思维方式、认知特点以及处理问题和矛盾的行事风格,突出对学生实践能力的评价。评价的目的在于让学生第一时间获得客观、全面的反馈,了解自身在研学旅行过程中在整体和微观层面的表现,以评价的结果为参照,及时改进自己的行为。要避免只看重研学结果、不关注学生活动过程的评价。同时,教师要认真对待、深入分析学生的研学成果,全面把握学生在研学旅行课程学习过程中体现出的思维方式、研学收获和创新点,避免简单、机械地对学生的研学成果进行单一化的排名及打分,而失去对研学旅行进行综合评价的现实意义。

（二）坚持指导性原则记录学生成长的精彩瞬间

对研学旅行课程的评价是一个动态的过程，评价需贯穿于研学旅行的始终。教师在出发前和研学旅行课程的各个活动中除自身需做好综合记录以外，同时还要及时提醒学生做好研学记录，包括小组研学课题、考察内容、数据记录以及调查结果等，不能进行文字记录的要采取拍摄、录音等方式进行视频、图片及语音记录，并进行存储，为研学旅行的课程评价提供有效的参考依据。同时教师要善于捕捉学生在研学活动中的精彩瞬间，例如学生提出的问题、合作完成任务的喜悦等等。坚持研学旅行课程评价的指导性原则，有助于从不同的角度对问题进行分析，以积极评价为主，表扬学生敢于质疑、积极参与、勇于挑战的精神，使学生在研学旅行过程中成长的精彩瞬间凝固在客观的评价之中。

（三）坚持客观性原则小小"档案袋"藏着大智慧

为每一位学生准备属于自己的研学旅行成长"档案袋"，可使学生研学旅行的记忆留存起来，不仅有利于为研学旅行的课程评价提供依据，更是对学生成长过程的永久珍藏。因此，在研学旅行课程结束后，教师要引导学生对研学旅行相关的内容进行分类整理，包括活动记录、事实材料等等。要结合研学任务提交研学旅行的学习成果，如研学旅行考察报告、旅行心得体会、小论文以及绘制的图表、画作等等，教师要对每位学生的研学成果进行综合评价与点评，整理汇总到档案袋，形成每一个学生的研学旅行课程档案。档案袋评价是集个人、小组成员和教师三个评价主体的综合评价方式，是多元主体智慧的集合，凝聚了教师、学生、家长等不同主体对研学旅行课程的思索、评价与建议，是学生实践力评价的重要参考。

（四）坚持公正性原则提升研学旅行课程评价公信力

研学旅行课程评价结果的公正性、权威性与精准性决定着整体评价的公信力。因此，在进行研学旅行课程评价的过程中，要结合研学旅行课程实践的基本目标,对学生在研学旅行中表现出的实践能力进行科学的划分与评价,平等对待每一位学生。开展研学旅行评价时应密切结合学生在研学活动时的表现,在知识、技能、人格情操以及价值观等主要方面进行系统的综合评价,以促进评价的科学性和有效性。

三、评价功用:以"评"促"行"

对学生研学旅行课程进行综合评价具有深远的意义和多重作用,高效、客观、详细的研学旅行课程评价可以有效查找研学旅行课程实践的缺失环节,使课程要素更加完备,指导教师们更加规范、积极地思考研学旅行课程中教师、学生的评价问题。与此同时,对研学旅行课程进行评价,能够引领教师们在开展研学旅行课程实践的过程中,获得更加准确、科学的参考指标和依据,进一步对研学旅行课程中诸多问题进行深入思考。其中,尤其关键的是研学旅行课程由于时空的变化,存在对传统课堂教学策略的变革甚至是颠覆的问题。体验式学习是研学旅行课程的亮点所在,而并非是从表面来看的教师带队"旅游",并在"旅游"的过程中穿插一些知识讲座、动手操作、新奇体验等肤浅的环节。因此,研学旅行课程评价的作用是优化环节、捕捉问题、强化体验及突出研学旅行教育模式的内在价值。

第二节 研学旅行评价的模式与内容

研学旅行课程是一个系统的、包含丰富教育内容及理念的动态教育过程,聚焦重点,以点带面,对研学旅行课程实施的重点内容进行着重评价,有利于协调研学旅行课程整体与局部的关系,使重点得到突出,次重点得到有效兼顾。与此同时,研学旅行强调的是在游学中传授知识,进行高质量的教育信息传递,整体教育过程均在动态的游学过程中开展,因此,研学旅行的过程评价尤其关键。关注过程,即是对研学旅行课程教学的跟踪观察分析、调研及定性分析。从当前看来,教育课程评价从关注结果正在向着关注过程转变,在一定程度上体现出整体教育理念的革新。关注结果的终结性评价,是对教育"过去"的一种分析,而关注过程的形成性评价,则是对教育"未来"的发展性评价和目的性评价。在关注课程结果的评价中,通常只参考学生的基本信息反馈及调研答案,而对学生的知识获得心路历程的关注较少,学生学习的过程中存在的问题、努力程度和学习动机等得不到充分地挖掘。因此,聚焦重点,关注过程是进行研学旅行课程评价的另一重要原则和科学方法,其以重点评价内容为牵引,对学习旅行课程进行全程跟踪、全维透视,将研学旅行课程评价的重心逐渐转向更多地关注学生求知、探究及努力的过程,并在这一过程中关注学生、教师和学校在各个教学阶段中的发展情况。研学旅行是学生、教师及家长等多元主体共同参与的学习实践活动,因此,研学旅行的课程评价主体结构具有多元性特点。研学旅行课程评价的基本内容提炼自游学过程,与研学方案具有同步性和交叉性。

一、研学旅行评价的模式

(一) 目标模式(用于目标设计、结果评价)

泰勒说:"评价是一个确定实际发生的行为变化的程度的过程。评价过程实质上是一个确定课程与教学计划实际达到教育目标的程度的过程。"在他看来,教育目标是课程评价的出发点和依据,是进行课程评价的决定因素。选择目标、表述目标的过程也都成了评价的一部分。强调目标在评价中的突出作用是泰勒评价模式的一个主要特征。

(二) 应答模式(用于研学过程)

应答模式是以所有与方案有利害关系的人所关心的问题为中心的评价模式。可回答所有其他评价模式所能回答的问题,包括目标达到的程度、决策、判断等。更适合多元的、复杂的客观现实和不同地位、观点的评价观众的需要,其结果富有弹性和灵活性。

（三）CSE模式（用于对研学旅行课程的整体评价）

CSE评价模式由斯泰克提出,古巴、林肯等进一步发展而成的课程评价模式。CSE评价是一种综合性评价,它具有以下几个特点:第一,这是一种旨在为职业技术教育改革提供服务的评价模式;第二,在这一评价中,评价的形成性功能和总结性功能得到了有机的统一;第三,这是一种动态的评价,评价活动贯穿于职业技术教育改革的全部过程当中,也是最重要的一点。与其他评估模式相比,它的优势主要体现在阶段性、综合性与全程评估相结合上。因其将整个培训的发生、发展过程分为阶段进行评估,从而有效地获取培训过程中的各阶段、各环节的可靠信息,不断控制、调整和改进培训工作。CSE评价是一种较为实用的评价模式。它包括四个活动阶段:第一,需要评价,自我发展需要评定,指对教师自我发展目标的认定也就是问题的选择;第二,自我发展方案评定,就是教师自己对实现自我发展目标方面成功的可能性进行评定,是计划的选择阶段;第三,形成性评定,指教师在实现自我发展性目标过程中发现成功和不足之处,及时修改自己的行动方案,从而保证发展目标的实现,是计划的修正阶段;第四,总结性评定,指教师对自我发展性目标的达成情况进行全面的调查和判断,通过反思,调整自己的发展目标,使自己的专业素养不断发展,是计划的批准或采纳阶段。

基于以上三种评价模式我校开展如下评价内容。

二、研学旅行课程评价的内容

研学旅行课程评价主要包括文化素养评价与拓展能力评价等。第一,在文化素养评价方面国际研学旅行的主要内容应包括对研学旅行目的地的经济、文化、生态、社会、人文、历史等突出知识点的把握和积累情况。要求学生在研学旅行的过程中强化研学旅行目的地的信息积累，拥有对目的地国家的综合知识，包括基本信息及特色文化的深入体验。第二，在拓展能力评价方面需包括学生在参与国际研学旅行过程中的认真参与程度、能否吃苦耐劳、毅力与坚持情况、抗压抗挫折能力、自我调节能力、团队合作意识、道德素养表现以及应急处理、沟通互动能力等等。

研学旅行课程评价的重点内容在于全面把握学生在研学旅行过程中在文化素养、内在品质、审美情操方面的主要表现，根据国际研学旅行的特殊性，重点对学生在异国他乡的独立学习、生活及适应能力进行综合考察与评价。其中对学生在跨文化环境中的体验进行真实记录，综合考察学生在多元文化环境中的自主学习能力及适应和融合能力的发展情况。

（一）文化素养是研学旅行课程设置的核心目标

在研学旅行课程评价中，对学生文化素养提升情况的重点把握，是科学评价研学旅行成效的第一步，也是研学旅行课程设置的核心目的。文化素养是新时代学生的必备素质，研学旅行是由艺术、表达、历史、知识以及情感、经验共同构成的教育生态圈，提升学生的文化素养是研学旅行课程实施的重要任务。要求在创造教学语言和关注学生全面发展的群体性思考的基础上，对学生的文化储备、知识结构、文化理解以及文化自信进行全面的教育和熏陶。对文化素养提升情况的评价是研学旅行课程评价的重点，也是课程的核心指向，是对研学旅行过程中，学生参与的片段性信息的整合与提炼。对学生在研学旅行中文化素养提升情况的评价，关键在于以此促进学生文化素养的提高，突出研学旅行课程内容的整体性和综合性，从知识、能力、过程和方法、情感态度、价值观等多方面，对学生的文化素养进行整体的、综合的考察。在以异国学习为主题的研学旅行中，学生在参观、实践和交流中，将极大地促进知识体系的丰富，开阔学生的文化视野。并在中西文化的对比中，把握人类社会文化发展的历史进程和地域差异，对这一变化过程的评价，有利于学生深入理解文化，并促进学生将历史文化知识内化成为主体思想。

（二）内在品质是研学旅行课程的精华所在

提升人的内在品质修为是中华优秀传统文化中关于育人的宝贵哲思，正如孔子所言"做人不学礼，无以立"，涵养学生的内在品质是研学旅行课程的精华所在，是研学旅行课程在精神层面上引领和启发功能的体现。近些年来，从国家到地方教育主管部门，对以研学旅行提升学生的文化素养均予以了高度的重视，越来越多的学生参与到研学旅行的乐享学习中来。研学旅行的根本目的和基本定位是有效满足"实施素质教育的要求"，这是对素质教育目标任务的回应和落实。在研学旅行的过程中，学生通过对不同国家、地域的历史文化与当代文化的观摩和学习，将进一步完善自身的文化结构，增强学生对文化的理解能力，提升学生的精神层次。与此同时，在研学旅行的过程中，学生通过团队合作、互动交流等方式，将碰撞出文化和智慧的火花，道德情感、公共素养、文化积淀等均会得到涵养。因此，对学生文化素养的评价是研学旅行课程评价在知识和精神层面上的一个关键点。此外，研学旅行课程评价可针对学生的文化收获、文化体验及文化理解和应用能力进行系统评价，激励学生在研学旅行的过程中，坚持自律、敢于担责负责，强化学生的合作能力，使学生的内在品质得到精准的评价，为学生笃学励行奠定良好的内在品质基础。

（三）审美情操是研学旅行课程评价的重要组成部分

对学生审美情操的教育和评价，是研学旅行课程评价的重要组成部分，也是对学生总体审美能力的系统总结与客观评估，其主要评价的是学生个体在研学旅行过程中，对自然、社会与艺术内涵的美的欣赏、向往、追求和创造情感，是对学生评价美、审视美和内化美能力的一种观察与评估。研学旅行中的审美情操评价，包含学生对美的体验以及学生创造美的一切实践活动的整体性评价。审美情操是学生对美的一种情感的释放，对学生在研学旅行中审美情操提升情况的评价，可以引导学生明确美的内涵，使学生通过评价结果，回顾感知美的过程，包括那些使自身感受愉悦的一切事物,涵盖研学旅行过程中的客观存在与直观存在,使学生掌握对一切事物的美丑进行理性评判的方法。因此,对学生审美情操的评价也是对学生心理活动过程的一种考察。是结合学生对研学旅行中对事物的感知和要求所做出的一种教育成果考量,既具有一定的偶然性、差异性,同时也具有情感性和自由性。可引导学生形成较完整的、个性化的审美标准,增强学生对现实生活中美的发现和解读能力。研学旅行对学生审美情操情况的评价,应是动态的、发展性的,既尊重学生的主体性,又需兼具研学旅行课程的引导性和启发性,做到审美情操评价主导性与主体性的有机统一。

三、研学旅行课程评价的主体

研学旅行课程评价的主体具有多元化的特点,来自不同主体和角色的客观、全面评价是了解学生研学旅行体验情况及学习成果的主要途径。小学研学旅行课程的参与者包括学生、教师、校领导、家长志愿者、导游以及医护人员等,不同的人看同一件事有不同的角度,因此从同一场研学旅行课程中也会有不同的评价结论。然而,有参与就有发言权,因此上述人员均是学生研学旅行课程评价的重要主体,只有充分考虑及融合了不同主体的差异性意见和建议,对研学旅行课程的评价才具有客观公正性。但不可否认的是,学生、教师和校领导是主要的课程评价者。在国际游学的过程中,教师对每位学生的研学手册进行评点,同时对学生在研学中的表现需作出书面点评。教师将学生书面呈现的对研学旅行的多种体验需进行评阅和表扬,同时,家长及导游等相关人员也可以用写"感想"的形式对研学旅行的课程进行了总结和点评。

第三节　研学旅行评价的方法与工具

苏霍姆林斯基曾言:"在每个孩子心中最隐秘的一角,都有一根特别的琴弦,拨动它会发出特有的声响。"因此,不同的学生在研学旅行中的学习和锻炼成果是不同的,对研学旅行进行课程评价必须要因地制宜,要包容差异性。研学旅行的课程评价要建立过程性评价和结果性评价相结合的评价体系,全面把握研学旅行课程实践的体验感受,从多角度、多方面展示学生的研学成果,并通过交流学习使研学成果得到升华,使自己的综合素养得到提升。《宋史·岳飞传》中载有"阵而后战,兵法之常;运用之妙,存乎一心。"意指运用的巧妙、灵活,在于善于思考。强调的是在方法应用时的态度和创新价值。在研学旅行评价中,也应坚持运用之妙,存乎一心的原则,即充分应用研学旅行课程评价的工具及调研资料和研学手册进行客观评价,并通过多元评价方式的整合,来挖掘学生的潜在价值。正确和严谨地应用评价资料,是得出科学评价结果的基本前提。由于研学旅行的课程内容涵盖广泛,涉及到历史、地理、生物、物理、心理健康等多个领域,在表现形式上体现出了多样性的特点,因此在材料整合和应用方面,应坚持运用现实手法,进行实录记述。坚持以评价资料为基本依据,包括文字资料、影音资料、图片资料及网络数据等,对资料进行采集、储存、管理和分析,使资料在评价过程中充分发挥出信息资源的整体效能。根据资料指向和课程系统信息,以科学的方法评估研学旅行课程的目标、规划设计和实施过程是否实现了教育目的,并据此作出改进课程的决策。此外,在评价中灵活应用多种评价方法,对学生的学习情况进行准确的思考和判断,以使评价结果作用于学生对生命意义的深入理解。因此,研学旅行课程评价的过程应是详实资料的支撑与创新方法的应用的有机结合,以保障研学旅行课程评价的科学性、有效性和内涵性。

研学旅行课程的终极目标指向学生核心素养的提升,要想有效地实现预期目的,需要巧妙利用评价杠杆,完善评价工具和方式,从多角度、多方面考查研学旅行课程的成效及其对学生发展的促进作用。

科学、精确的评测工具可以有效的确定研学旅行课程实施的基本成效。并能够明确活动的基本发展方向。评价研学旅行课程的关键在于关注研学"研"了什么,"研"的方式方法是什么,获得了那些新的发现,发现了什么、结果是什么,整体研学旅行过程是否体现了探究性、自主性、合作性等。同时,对学生的评价重点应放在学生的发展层次和水平上,即不过分强调结果的科学性和合理性,而是以"自我参照"为标准,看学生是否通过参与研学旅行课程,使情感、态度、价值观、综合实践能力等在原有基础上有所提升。

一、多元评价方式促进学生全面发展

将研学旅行的过程性评价和终结性评价全面融入到小学教学的综合评价之中,形成专题研学旅行评语及报告,真实反映研学旅行的基本成效对促进学生全面发展具有积极的现实意义。科学设计研学旅行评价指标体系,建立生生评价、教师评价、家长评价和社会评价的评价主体结构体系。同时需注重对学生研学旅行的表现性评价,包括学生的认真程度、吃苦耐劳、毅力抗压力、承受挫折的能力以及团队合作意识等等。

研学旅行凭借其独特的教学形式和学习方式,引导学生在实践中学习、在体验中成长。基于研学旅行课程的安排,研学前评价、研学中评价、研学后评价可以促进研学旅行活动的高效开展,提升学生核心素养。

二、探索"前-中-后"过程性评价

研学旅行是一门比较特殊的课程,也是一门综合实践课程。它不同于其他的学科中基于教材和讲义来传授学生知识,而是以社会实践的形式、操作性学习的方式引导学生自主学习和领悟社会这本活教材。研学旅行课程的评价目的在于全面认识研学旅行课程开设形式以及更好地了解研学旅行对学生核心素养提升的作用,进而为今后更好地开展研学旅行课程打下坚实基础。

(一)研学前评价

与研学旅行相关的准备工作和评定都是在活动开始前完成的,需要探讨开展研学旅行的目的是什么、评价方式是什么、评价结果怎么实现等。研学旅行以重实践、重体验的方式,引导学生利用社会中现有的资源进行反思。因此,在研学旅行前期,制定合理的教学实施方案是至关重要的,这样才能进行合理的评价。

研学旅行课程的目标指向学生核心素养的提升,要想有效地实现预期目的,需要巧妙利用评价杠杆,完善评价工具和方式,多角度、多方面考查研学旅行课程的成效及其对学生发展的促进作用。因此,研学旅行前期评价要关注两个方面。第一方面是研学方向。明确研学中"研"的方向很重要,在研学过程开始前,学生可根据喜好自主选择研究分支。在每个学生心中都有一根特别的琴弦,拨动它会发出特有的声响。而学生根据自己的兴趣和爱好选择的那根弦是关键。教师可制定研究方向评价表,评价学生选择的研究内容、预期的研究方法等,预先判断其合理性和现实性,这有助于确保研学旅行的"研"的品质。第二方面是准备活动。关于准备活动的评价形式多种多样,它必须具备科学性、合理性。例如一年级"弆山园"的研学旅行活动,目的在于引导学生自主探究中国文化的历史性和关联性,丰富学生文化学识,培养学生思考能力、人际交往能力和自信心。学生在教师的指导下选择自己所喜欢的方向进行探索,并做好各项准备工作。关于准备活动,教师可依据学生反馈的信息填写研学活动准备情况评价表(见下表)。

表7-1 一年级研学活动选择课程之弆山园评价表

活动名称	活动要求	活动评价	评价标准
弆山园研学物品准备	带好研学所需的东西:水、食物、餐巾纸、相机、桌布、垃圾袋等;穿舒适的鞋子、衣服等	1. 整班完成任务,能够做好所有准备工作 2. 存在个别未做好准备工作的学生 3. 班级大多数学生未做好充分准备	成功完成任务整班加20分,每1人未完成扣1分

研学旅行开展前的评价是为了促进和激励研学中项目活动顺利、高效开展。教师重视研学前评价是对学生负责的表现,也是对课程开设的

尊重。

（二）研学中评价

重视学生在课程中的表现是现代教育的发展趋势,注重培养学生的综合素质是新课程体系下的教学目标。在小学研学旅行中重视过程性评价是活动推动教学目标实现的关键。在就餐过程中学生是否懂得"谁知盘中餐,粒粒皆辛苦"的道理;在与人交往的过程中是否明白"亲善产生幸福,文明带来和谐"的道理;在学习过程中是否知道"敏而好学,不耻下问"等等。教师可从多方面对学生进行客观合理的评价。

研学旅行中的评价方式主要形式是表现型评价,以学生在研学中的表现情况对学生的研学旅行课程结果进行评价。所涉及的内容主要与活动的细节相关。教师可从学生的参观秩序、就餐情况、团队活动、互相交流等方面有机结合地进行评价。

研学手册是研学旅行过程与结果最直接的体现,是凝结旅游和教育协同育人的作用及智慧的成果,不仅为学生开展研究性学习提供方向性的指导,又提供必要的基础性资料,同时还能够成为记录学生成长足迹的别具特色的纪念物。

因此,对研学旅行课程的评价离不开对研学手册内容的评价。研学手册中行前准备与设计以及研学过程中的记录(内容包括见闻、个人感想)等,均被设计在评价表格中。教师运用学生自主评价、学生之间相互评价、教师评价或者家长评价等方式,可以给予学生公平、公正、合理的研学评价。（见下表）

表 7－2　研学活动评价表

评价内容	个人评价			集体评价			我们的不足
	☆☆☆	☆☆	☆	☆☆☆	☆☆	☆	
1. 我们能上网浏览游学活动信息,对上海欢乐谷有一个大致的了解。							
2. 我们能制定比较详细的游学计划,做好经费预算,自己整理好物品。							

（续表）

评价内容	个人评价			集体评价			我们的不足
	☆☆☆	☆☆	☆	☆☆☆	☆☆	☆	
3. 我们能遵守纪律，紧跟队伍不乱跑。							
4. 我们能爱护公物、文明参观。							
5. 我们能做到细心观察、及时记录。							
6. 我们能和同学互相帮助、互相合作。							
7. 我们能做到轻声说话，文明用餐，不浪费。							
8. 上车和回去时我们都有礼貌的和老师、导游和司机叔叔打招呼。							
9. 我们会为亲人精心选购礼物，送上我们的一片心意。							

研学过程是一个成长的过程，也是一个检验的过程，研学中的评价是为了更好地实现杠杆原理，平衡学生与研学之间关系，提升学生的综合素质。研学中的评价，对研学活动进行了深度分析，学生重新认识自己的行为，从同学的眼中认识自己，更让参与的教师明确了下一步研学旅行课程开设的目的及方向。客观、全面的研学评价是反映真实信息的最有效手段。

（三）研学后评价

研学旅行结束后迎来的是检验和总结。在这一阶段，我们更倾向于关注学生学到了什么。研学旅行作为课程活动，它包含着对学生研学成果的评价，这种评价是展现学生收获的最好方式，一般是以比赛、展示的形式开展。在研学旅行后开展的评价活动以提高学生核心素养为目的。

1. 研后课集体评价活动

每个班级结束研学后，会开展研后课活动，课中教师和学生会对研学的过程、成效等进行评价。课堂中还要开展研学手册展评，这不仅是为了检验学生在研学旅行过程中的收获，更是为了以优秀学生手册为榜样，吸引学生的目光,激发学生求知、奋斗、拼搏、挑战的心态,让评价促进学生的可持续发展。

2.年级组巡讲评价活动

草根大讲堂、摄影作品展等活动是在研学旅行结束后,学生在自己所在的年级组进行展示活动,每组成员代表分享自己在研学旅行过程中的收获。这样的展示活动主要是对研学中的收获进行梳理,并且对研后做一个综合考量的自我评价,这是一个展现自己价值观和认知观的过程。在此期间教师会邀请聆听的学生,对同学的展示做一个评价。

3.美美与共评价活动

每个班级会将研学手册展评、视频、游记等研学成果通过美篇的形式发送至朋友圈、QQ群,与家长、学生分享研学成果。学生、教师、家长利用美篇的回复功能,在留言区评价。研学旅行后所开设的一切活动评价最主要的目的有三方面。第一,对学生而言,提升学生的综合素养、使学生明确了自己的不足和所要发展的方向;第二,对教师而言,检验研学旅行"研"的方向是否正确,积累研学旅行课程设计和开展经验;第三,对家长而言,推动家校联合的高效性,提高家长对学生发展的关注度并帮助家长明确学生发展方向。

研学旅行课程的评价离不开学校、家长、学生三者之间的配合,因此,活动评价不仅是反馈信息给学校,也是在反馈信息给家长。学校通过评价结果让家长了解在研学旅行中所发生的故事,使家长明确研学旅行对学生的成长和发展起着推动性作用。研学旅行开展的最终目的应该与预期所设计的教学目标相结合,这才是课程开展成功的标志。研学旅行课程作为一种实践教学模式,具有发展性和可塑性。不同的学生在研学旅行中的学习和锻炼成果是不同的,对研学旅行进行课程评价必须要因地制宜,要包容差异性。基于研学旅行课程的安排,研学旅行的课程评价要建立过程性评价和结果性评价相结合的评价体系,全面把握研学旅行课程实践的体验感受,从多角度、多方面展示学生的研学成果,并通过交流学习使研学成果得到升华,促进研学旅行活动的高效开展,使研学旅行课程更好地建设和优化,促进学生全面发展。

难忘意大利

1. 最有意思——游览国中国圣马力诺

圣马力诺的国旗,主要由白色和蓝色构成,中间的图案代表着他们是一个国家。石头街道十分狭窄,跟中国的人行横道差不多宽,只有一个广场,自由男神广场,这是自由男神像。马力诺是圣马力诺的开创者,他对圣马力诺人民做出过贡献,受人敬仰。

2. 最伤心——手机掉海

在亚德里亚海滨,我走得比较远,手机不慎掉入海水中。失去了心爱的手机,我万分伤心。这件事给了我一个深深的教训,我十分感激那天帮我把手机带回岸边的同学,以后玩水也一定会注意安全。

3. 游后回味……(风景图、活动图、人物图、手册完成图)

这一次的意大利之行,它传递给我很多东西:勇敢、快乐、自律、宽容……每一天都令人惊奇和难忘,这是我在学校里和家里不能经历到的。当我细细回味这十三天,认真完成我的游学手册的时候,我有两点深刻感受:

(1) 世界真的很大很美

(2) 我还能更优秀

感谢一路陪伴我们的校长、老师、亚历哥哥、苏阿姨、达柳先生,谢谢你们的耐心、细心和关心,才让我们有了如此美妙旅程和成长。

探访"亚洲最美绿化城市"
——新加坡研学收获

在研学时,我们还发现,新加坡的很多建筑每隔几层就会有镂空的地方,这是为什么呢? 问了导游才知道,新加坡是一个岛国,缺少泥土,水泥等材料。进口呢,又需要很多费用,当地人就发挥了他们的智慧,用玻璃代替墙壁,在镂空的地方种植绿化,这样既节省材料又增添绿化,还提高了房间的亮度,真是一举三得啊!

新加坡人民用他们的聪明才智巧妙地解决了面临的问题,让我想到了我们中国人,也是用智慧与汗水创造了很多奇迹。一个优秀的民族都是在不断战胜困难中崛起的!

短短一周的研学,我找到了答案:尊重所有的动植物,和谐相处;用自己的聪明才智解决面临的问题;还有强烈的环保意识和坚持的行动,是新加坡赢得"亚洲最美绿化城市"砝码。

我知道,新加坡人和其他国家的人民一样,肯定还有很多"秘密武器"值得我们去探寻的。我开始期待下一次的研学!

三、关注"师-生-家-社"的主体性评价

(一)师生互评法

小学研学旅行活动课程对提高学生的综合素质,培育学生的社会主义核心价值观具有重要作用,也是完善课程体系和促进学生全面发展的必然途径。教师在评价中应该特别强调过程评价,要在学生自评和互评的基础上进行校级评比。由学生担任的评委组,对学生代表的汇报和学生作品进行点评。每个小组可以让各小组成员相互参观后评选出本组的优秀作品用来参赛。对于这些参赛作品,班级内可以组织学生评委小组,先由评委提出相对优秀的研学旅行征文、摄影等作品,最后让这些候选作品的制作者对作品进行讲解、说明和演示,学生可以在演讲中描述国际游学的整体体验,同时充分、全面地带着回忆介绍自己的作品。这种具有互动性和展示性的评价目的是重在考查学生对研学旅行过程的理解和记忆程度。注重学生的过程评价。然后由教师评价组及全班同学评议后产生最终优秀作品。

对此类评价方式的运用,可以避免教师独自评价的做法,同时可以让学生各抒己见。为了充分发挥这些研学旅行课程学习成果的育人作用,

在评比活动结束后,各班的优秀作品可以放在学校展览区中展览,学校可以安排每个班级按顺序看展览。展览中须有讲解员进行讲解,而这些讲解员可以全部由学生自愿报名,其中获奖作品的学生应优先。这样的"小小解说员"活动,既提高了学生的讲解技巧,也培养了学生相互交流的能力,还为其他同学提供了很好的学习榜样,在日后的活动中会更加积极地参与和深入探究。

1. 评价指向

(1) 具有民族情怀与全球意识,认同国民身份,热爱祖国、尊重中华民族的优秀文化成果,积极参与游学,认同世界多元文化,理解并自觉践行社会主义核心价值观;

(2) 友善待人,常怀感恩之心,遵守集体规则和公共秩序,具有团队意识和互助精神;

(3) 热心公益和志愿服务,关注人类面临的全球性挑战,积极履行小公民义务,有绿色生活方式和可持续发展理念及行动,在校内外红领巾志愿者服务中有突出表现。

2. 量化指标

(1) 有校志愿者证书并积极参与志愿服务的学生,被评为校"十佳好少年""美德少年"。

(2) 在国际游学活动中,担当责任,表现突出,被评为"游学之星"的同学;

(3) 获得太仓市级及以上"优秀小公民""美德少年""优秀志愿者"等荣誉称号的同学。

(二) 家社评价法

研学旅行课程评价主要依据研学旅行的活动成果展示进行定性评价,需家长及其他环节参与者包括导游、志愿者、合作单位等社会评价主体的积极配合。家长及社会评价有利于提高评价的全面性和有效性,家长以总结反馈的形式进行评价,其他社会参与评价人员采取星级打分形式参与学生研学旅行课程评价。附家长信息反馈感想如下：

走出去，海阔天空

六（4）　王之楠家长

　　孩子小的时候就知道学校有游学，她一直很期待，虽然我们也一直带孩子出去，但毕竟是和父母一起，她自己操心的事情不多，而且游学的安排和我们平常的也不同，孩子学到的东西会更多，所以毫不犹豫地就给孩子选了自己想去的国家。在二年级的时候，孩子就已经跟着舞蹈团的老师去过北京参加演出，也算是有一点集体生活的经验，不过这次毕竟是出国，虽然我们知道她跟很多同学和老师在一起，但心中仍然不免忐忑不安，担心孩子走散了怎么办，丢了东西怎么办等等，不过这些顾虑在学校给我们家长开了游前会议之后，发现老师们准备得很仔细，也很细心，我们没考虑到的他们都考虑到了，我基本放心了。直到她回到家开始滔滔不绝地谈论这几天日本之行的点点滴滴，我们才意识到这对她是多么的新鲜、多么的有趣。通过这次孩子游学，我有几点感受：

　　1. 学校责任感强。在越来越注重校园安全的今天，更多的学校是循规蹈矩地将孩子"圈"在了学校的围墙里面。实验小学却一直以国际化的视野培养孩子，让孩子们走出去，学校无疑承担着巨大的风险和责任，我们家长不得不佩服学校领导的魄力。带队的两位老师每天及时把孩子们的行程及游学情况的照片发到微信群，让家长们能实时地掌握孩子们的情况，感受到孩子们的喜悦与成长。五天后孩子安然无恙地回到太仓，达到预期的效果。我们更感受到学校老师组织上的严谨与严密，同时也能体会到老师的艰辛。

　　2. 带队老师细心陪同。通过游学的经历，作为家长确确实实感受到学校老师通过方方面面的工作，比如说，游学前给孩子们召开游前动员会，告知孩子们游学过程中的注意事项，鼓励孩子们独立准备游前物品，游学中让孩子们积极参与每项活动，每天坚持记录游学日记，游学后及时组织孩子总结游学活动。所有的这些都调动了孩子学习的积极性,培养孩子的学习兴趣,让每个孩子快乐的学习、主动的学习,寓教于乐、寓"玩"于学,让孩子不厌学,学得有效果。

3. 培养了孩子独立生活的能力。现在的孩子,都是父母的掌上明珠,爷爷奶奶的心肝宝贝,活像温室里的花朵,平时在家都是家人伺候。然而孩子最终要独立走向社会,离开父母,此次过集体生活是一个很好的锻炼。游学中,孩子除了每天管理好自己外,作为小组长,还要管理好小组同学,也锻炼了自己的能力。在游学生活中孩子们互帮互助,相互关心,共同克服了各种学习和生活的困难,获得了难能可贵的友情,同时他们丢掉"拐杖",接受风雨,是对孩子自我生存能力的一种历练。

4. 开阔了孩子的视野。少年儿童正是人生观、价值观大致成型的时候,我们就是想让她亲身体验一下其他国家的生活,知道我们国家和其他国家的差别,也想让孩子知道不好好学习知识是不能在未来的世界站住脚的,让所有的孩子为"中华之崛起而读书",为实现中国梦而读书。孩子们通过游学不论是今后学习,还是实践机会的积累,都促使他更加努力,以期回到梦想的学习殿堂。

5. 孩子懂得了回馈家人。孩子一直都是接受父母家人的爱,通过这次游学,他们知道会给家人同学带礼物,而且给每个人都带礼物。其实选礼物也是一门学问,她会根据家人同学的喜好挑选礼物,让我们真切的感受到孩子们成长了不少。作为家长,我们为孩子能够在这样的环境里接受教育而高兴,为老师的良苦用心表示感谢!

四、运用研学旅行课程的客观性评价

(一)调查法

对研学旅行课程进行评价离不开调查法的支持。调查法包括问卷调查和访谈,问卷调查与访谈法的配合有利于在真实数据的基础上,更进一步了解主体的内在思想。在研学旅行课程评价中,访谈被大量的使用。

在本次国际研学旅行课程中,由于教师不能无时无刻观察每一位学生的所有精彩的瞬间,因此教师需要对参与提供研学服务和配合教育活动的人员进行深层次的访问,了解某位学生的行为表现,从而对其在研学中的表现进行评价。对研学旅行课程的评价要注重形成性评价和终结性评价相结合,评价是贯穿于课程整体过程中的,在对学生进行评价时,选择合适的评价方式和评价方法,争取整合所有社会评价主体的力量,做到细致入微、全面客观。

（二）观察法

观察评价法是在研学旅行的各种实践活动中观察学生的表现,对学生在研学旅行过程中的主要表现进行跟踪记录和时时评价。研学旅行课程是将引导学生走出熟悉的环境,到异地感悟不同的文化环境。因此,必须要通过全过程的观察而非简单机械地询问来评价学生的行为和表现。如国际研学旅行中,学生对待同学及其他游客的态度、对待花草以及建筑物的行为等都可以作为评价的参考。除此之外,研学旅行课程结束以后,全体参与研学旅行的主要陪同人员均须填写研学旅行信息反馈表,获取包括收获体会、团队合作、行为习惯、调查访问、探究学习等多方面的研学旅行信息反馈。评价内容同时要包括课程实施过程中学生表现出的基本品质和基本能力。通过评价反思,促进研学旅行质量不断提高。

（三）记录成长过程的研学手册

研学手册是研学旅行过程与结果最直接的体现,是凝结旅游和教育协同育人的作用及智慧的成果,不仅为学生开展研究性学习提供方向性的指导,又提供必要的基础性资料,同时还能够成为记录孩子成长足迹的别具特色的纪念物。因此,对研学旅行课程的评价离不开研学手册的制作。从研学旅行开始到结束,研学手册要贯穿其中,从行前准备与设计(课题设想、课题预计成果)以及每天的记录。按照日期设计的表格中,每天要记录的内容包括课题进展情况、当天发生的主要事件(今日景观、整体评述)以及个人感想。研学旅行是一门综合性课程,因此课程设计要做到多学科并举、多专业综合、多知识贯通、多教法并用。通过研学手册的真实记录,全面把握学生在研学中的主要表现和获得的成果,对研学旅行课程进行客观、全面的评价,从而使学生从研学旅行课程中收获成长的力量。

总之,研学旅行作为一种传统而现代的素质教育方法,是落实立德树人的有效途径,而对研学旅行的客观评价则是提高研学效率、促进学生全面发展的必要环节。研学旅行目前已经成为中小学综合实践课程的重要组成部分,一些地区已经将研学旅行课程正式纳入学校课表。这表明对研学旅行的评价也应与时俱进、因地制宜地加以创新。教育评价体系是教育教学转变的核心要素。只有评价方式变革了,教学内容和教学手段才能彻底地变革,因此,用评价来促动对研学旅行课程的思考与实践具有重要的方法论意义。

结语:研学旅行的当下与未来

研学旅行课程的产生是基于中国经济社会发展与精神文明建设达到新高度而提供了丰富的教育资源,是基于中国基础教育课程改革不断转型和创新人才培养路径多元化的现实需求。笔者亲历1999年基础教育第八次课程改革在中国大地上轰轰烈烈推进,一大批"改革先锋"学校孕育而生。综合实践活动作为课程改革的亮点在中小学开始试行,中小学生的课程有了探究性、综合性、多样性和创造性,这为研学旅行课程的实施打下了基础。太仓实验小学紧跟时代要求,积极探索研学旅行课程,不断升级迭代,渐成体系。

一、在转变中提升:历程回溯

（一）古今中外游学中寻"道"——"行万里路"学会读无字之书

中国古代,孔子携弟子周游列国,宣传礼乐,考察风情;唐代高僧玄奘西去印度，克服万难险阻取回佛经；诗仙李白游历祖国大好河山，谱写了清新灵动、豪放飘逸的不朽诗歌；沈括从小随父游历，成人之后笔记游历所见所闻所感，聚沙成塔，集腋成裘，终成"中国科学史上的坐标"——《梦溪笔谈》；徐霞客胸怀"大丈夫当朝碧海而暮苍梧"的远大夙愿，足迹踏遍祖国的山山水水，一事一记、一景一画，著有传世之作《徐霞客游记》等等。

英国是现代旅行业诞生地，一直以来就有崇尚研学旅行的风气。被称为"大陆游学"的 the Grand Tour，实际上就是研学旅行。英国的"大陆游学"随着社会的发展，从最初的贵族化活动转变为大众化的教育活动①。

世界童子军始于英国，之后逐渐在世界各地开展开来。其中美国也是世界上童子军运动最为发达的国家。通过各式各样的活动，如露营、徒步旅行、水上活动、社区服务等，在"做中学"的过程中获得技能与知识，培养和满足青少年的兴趣，实现其促进品德发展、公民素养和个人身心健康这三个基本目标②。

欧美营地学起源于美国，至今有 150 多年的发展。1861 年夏天，一位来自美国康乃迪克州的教师弗雷德里克·肯恩率领学生进行了两周的登山、健行、帆船、钓鱼等户外活动，以均衡孩童身心。营地主题有体育、艺术、野外生存、职业体验、社区服务和特殊需要等类别，每一类别下面有数十种甚至上百种项目。

现代"修学旅行"一词则源于日本，明治维新时期经济上"殖产兴业"，文化上"文明开化"，发展现代教育，鼓励中小学生研学旅行，培养现代化人才。教学大纲规定中小学生借助当地的文化资源，从本市到全国、直至世界范围每年做一次为期数天的社会学习，提高文化修养，谓之"修学旅行"③。

---

①　李碧静.英国研学旅行:从贵族化走向大众化[J].今日教育,2017(05):22—23.
②　傅丽纯.美国童子军的课程与教学[D].华东师范大学,2016:2.
③　徐褒琳.研学旅行研究进展与启示[J].中国集体经济,2017(01):122—124.

新中国成立后中小学每年都组织放春假和秋假,让中小学生参加生产劳动。1978年改革开放后,中小学都组织春秋游,组织学生参观学习,游览祖国山河。一直到1999年新课程改革启动研究性学习和综合实践活动。从古今中外推行游学、修学旅行、营地学和研学旅行等,"行万里路读无字书"的道理可谓家喻户晓。

（二）在研学试点中寻"道"——深挖主题探究的育人价值

第八次课程改革的亮点是综合实践活动课程的设置,综合实践活动的转型与突破就是研学旅行活动的推行。为了扩大中小学生"研学旅行"综合实践教学活动,教育部门采取"先试点后推广"的举措。2012年以来,教育部在全国选取了8个省(区、市)开展研学旅行试点工作,同时选定了12个地区为全国中小学生"研学旅行"实验区。苏州有幸被教育部定为第一批试点的城市,太仓市实验小学又被苏州教育定为第一批研学旅行试点学校。

被定为研学旅行试点学校不是偶然的,太仓市实验小学是江苏省首批命名的省级实验小学,是江苏省教科院科研基地学校。学校的实验性、示范性决定其在新课程改革中的前瞻性与自觉性。2005年学校在江苏省率先完成了《草根文化关照下的学校课程规划》的研制,课程规划对所有开设的课程做了系统规划与整体架构。学校多次在省级层面做课程规划与实施经验的推介,为全省提供了学校课程规划制定与创造性实施的样本。学校以综合实践课程实施为突破口,以信息技术为支撑与引领,借助互联网为学校拓展了无限的物理空间,打开了通向世界的窗口。

2003年,学校和新加坡德义小学缔结姐妹学校,开始了长达十多年的研学旅行课程的共同开发与协同实施。中国太仓实验小学——新加坡德义小学校际研学旅行课程从察看中国新农村到欣赏新加坡现代城市建筑群,从中国植物的"土培"到新加坡植物的"水栽",从家庭环保、城市环保走向世界环保问题的探究,应运而生了"瓶装小花园"课程和"深度学习的自由课堂"的建设,"研前、研中、研后"三类课例的打样,研学成果的多样化表达与评价。从课内书本学习走向课外综合学习、从个体学习走向小组探究学习，从孩子的学习带动成人共同参与学习。随后学校与日本、英国、澳大利亚、意大利的研学旅行活动也频繁展开，国际研学课程的内容与实施逐渐丰厚起来。在2005到2018年期间，太仓市实验小学这所人数千人多一点的学校每年都有200多名学生参与国际研学，1—6年级学生中有国际研学经历的人数占到了学校总人数的35％左右。

　　与此同时，学校也开启了城乡学校之间的集团化办学，太仓市实小先后和太仓市新湖小学、太仓市新毛小学、太仓市九曲小学、太仓市直塘小学、太仓市科教新城实验小学、太仓市港区小学、太仓市沙溪镇第一小学、太仓市南郊小学、太仓市新区第四小学等小学组成了城乡教育集团。伴随着城乡教育集团建设，城乡校际之间活动增多，利用城与乡不同的学习资源，进行有组织的"交换场地"学习。城市学生走向农村种植采摘体验乡土乡风；农村学生走向城市，体验城市学校丰富多彩的校园文化节，体现快节奏学习和高效阅读；城乡学校小朋友互相到对方家庭寄宿，体验不同的生活环境与生活方式，于是创生了"校史主题课程""交友主题课程"和"太仓娄东风土寻根"等等课程，这些课程不仅为本国本土的学生提供学习机会，也为来中国太仓研学旅行的外国小朋友提供了学习的资源。

　　学校大刀阔斧推进试点工作，以江苏省十二五省重点规划课题《全球化视野下草根情怀教育的实践与研究》为抓手，主动邀请研学旅行课程实施的领导部门、保障部门和资源提供部门来校研讨，优化实施课程的外部环境；认真接待国外研修的师生，从外国人陌生化体验中寻找更有价值的研学资源；在学校内部，从校级领导到中层干部到组长到普通教师，人人参与其中，坚持不懈推进这项工作，把研学旅行工作"课程化"。通过集体研究，形成了《太仓市实验小学研学旅行课程实施纲要》，纲要最大的突破在于明确了研学的内容和探究主题，它包括四大板块——"日经历城乡浸润体验、家在太仓娄东风土寻根、长三角游历开放主题探究、国际游学多元文化理解"四大版块和"校园拾趣、生态探秘、跨校交友、走近圣贤、老街寻古、园林亲美、农事农活、红色追踪、科技畅想、登高望远、对话历史、动物世界、地标建筑、特色美食、人物印象、物候特征"十六个主题。这四大版块十六个主题的确立,可以让学生的研学旅行贯穿于校内到校外、校外到校内、城市到农村、农村到城市、场馆到户外、户外到场馆、国内到国外、国外到国内,进而在地球村中实现"行无疆"的理想。

确立了主题的学习与探究,在较大程度上克服了原来春秋游活动中学习的"碎片化"倾向。

（三）在课题研究中寻"道"——聚焦生活中的真实问题

2016 年,国家 11 部委联合发文《关于推进中小学研学旅行课程的意见》。2017 年在全国范围内兴起了中小学研学旅行的热潮,有专家称这是"研学旅行元年"。太仓市实验小学草根研究团队在华东师范大学础教育改革与发展研究所专家团队和江苏省教育科学研究院的专家团队的共同指导下,梳理了学校开展研学旅行活动试点工作的经验,组织课题组重新学习了国家各个层面关于推进研学旅行课程实施的各类文件,解读国家政策。课题组也找到了做基础教育的初心与使命,从激发学生热爱祖国大好河山到为国家未来培养更多创新型人才的高度,重新审视传统学校培养人的短板,对研学旅行课程的开发与实施的思路进行了优化与调整,开启了从"主题设计"转型升级为"系统的体系设计"。2017 年 7 月,由太仓市实验小学钱澜校长主持的课题《研学旅行课程的整合设计与协同实施》被正式立项为教育部"十三五"规划课题。一所小学校能够承担教育部立项课题,这是对前期研究的一种肯定,也给了课题组成员极大的鼓舞。

课题核心组成员主要包括了校长、分管副校长和德育主任、教导主任、教科室主任和少先队大队辅导员,整个行政团队参与其中。虽然期间因教育优质均衡的需要,行政干部需要定期交流,课题组研究成员为此较为频繁调换,但并没有影响研究的进程与效果。

如何把握研究重点? 专家和课题组共同定制的研究结构图,是一个非常好"拐杖"。

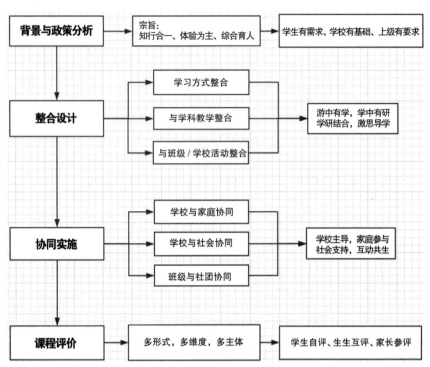

图 7-1 研学旅行课程研究框架

如何让研究走向专业？首先，理论学习是不可缺少的，我们从古今中外的思想宝库中寻找闪亮的"珍珠"。课题组仔细寻找有关研学旅行课程依托的教育理论，包括自然主义教育理论、休闲教育理论、生活教育理论、深度学习的理论与克伯屈的"主学习、副学习和附学习"理论等等；第二，我们高度关注国家政策的变化。2017年以来，国家基础教育改革得到了党中央和国务院的高度关注，相继出台了一系列推进研学旅行课程配套政策与文件，特别是2018年新颁布的《中小学综合实践活动课程指导纲要》。通过学习，课题组明确了研学旅行课程的性质，目标定位、实施价值与意义，围绕"研学旅行课程""整合设计""协同实施"关键词重新做了文献研究。第三，注重行动研究。课题组以研学旅行参与主体为研究的主要对象，跟踪研究研学旅行课程实施对学生学习方式变化与体质、心理和人格等方面的影响。我们对小学阶段的研学旅行课程进行了系统设计与整合设计，纵向关注1—6不同年段不同年龄孩子研学旅行中不同的学习方式和不同的行程范围；横向关注研学前、研学中和研学后的课程内容设计与组织方式；从时间轴关注一年四季的气候变化与学习资源的不同。五年的潜心研究，课题组确定适合小学生特点的研学旅行课程目标，建构一个比较系统、规范的研学旅行课程体系。在探索实践的基础上，形成比较规范的研学旅行课程标准、实施纲要、课程资源和各年段研学课程实施的系列案例，摒弃了研学旅行活动中的形式主义、随意化现象。

作为一个较典型的学校案例，太仓市实验小学每年全校100％的学生都能参与到各级各类的研学旅行活动中。每一次的研学就像参加一次仪式与庆典，大多数同学常常会激动兴奋，脚步变得轻快；老师们组织研学旅行活动的热情高涨，从未有推诿与厌烦；许多家长被卷入其中，协同组织，和孩子一样快乐。与此同时，教育行政部门、交通部门（包括车队）、公安部门、旅游部门等从不缺位，大力支持学校的研学旅行活动。

在这顺畅的运行机制背后，我们必须再次聚焦研学旅行过程中作为主体——学习者，他们的学习到底是怎么发生的？研学旅行中什么样的学习才是最有价值？

人类认识自然、改造自然、征服自然，某种意义上都是起源于"问题"。"问题"应该是学习发生的第一驱动力。研学旅行活动中问题在哪里？每一本《研学旅行手册》预设了一些问题，为学生研学旅行提供了"支架"。但我们会发现，计划常常不如变化，有时候一万遍叮咛不如一次真实体验的经历。在研学旅行过程中生成的生活化真实问题的解决才是最有价值的。譬如，学生外出经常会"丢东西"，这是小学生养成教育中存在的最大的问题之一，在研学旅行过程中会暴露得更加清楚。在研学旅行中如何做到"不丢三落四"，其实就是一个收纳习惯和安全自护的培养问题。采用军训式的集体生活演练后，多数孩子都能克服这个缺点，我校的研学队伍无论走到苏州、上海还是悉尼，都会受到当地居民的褒奖；再譬如，关于"塑料垃圾"的处理问题，在研学旅行的过程中，学生自己产生的生活垃圾的处理，旅程中沿途见到的新农村河道两边的生活垃圾等等，甚至在意大利的亚德里亚海边沙滩上，学生们依然可以发现许多塑料垃圾充斥在人们的身边……"塑料垃圾的形成与绿色处理"这个有价值的问题值得学生们去探究、去解决。

教育目的在某种程度上就是帮助学生实现社会化,教育过程就是帮助学生实现社会化的过程,人在旅途,人在野外,人在群体之中,人在陌生化的环境中,解决生活中真实的问题这是小学生实现社会化的最快速最有效的一种砺练方式。研学旅行在进行,有价值的生活化真实问题必定存在。指导学生正确处理好研学旅行过程中正确处理"玩与学""学与行""行与思""思与创"的关系,给予一定的时间与空间,让学生自己去发现问题、研究问题、解决问题。一切真正的学习都是学习者本身发生的,研学旅行课程创设了一种能够让真学习发生的情景。

二、在实践中收获:经验提炼

人类创造的经验是推动文明进步的宝贵财富,我们在研学旅行课程整合设计与协同实施中积累的经验,同样值得珍视。这是一所省级实验小学十多年实践探索,用心血与汗水换来的集体智慧与结晶。总结以下四条,供普通中小学批判中借鉴。

(一) 理念先行

"自由的灵魂,行动的脚步,生命的创造"这为研学旅行课程而定制的理念,并让其深入人心,解决了研学旅行课程建设的方向性和大局性问题。

课题组面对不同人群,包括学校的学科教师、社会上的旅游达人、参加过国际研游学的学生、教育部门的领导、支持研学的家长等开展了二十多场"草根化"学术沙龙,通过头脑风暴的方式,凝练确立了**"自由的灵魂,行动的脚步,生命的创造"**十五个字作为研学旅行课程的核心理念。我们把核心理念张贴在校园显眼处,走过路过熟悉一下。每一次研学成果表达会上,都做到理念先行。五年中反反复复呈现,研学旅行课程的核心理念不仅在校内被师生认同,而且在校外被家长与社会认同。

自由的灵魂是指引"行动的脚步"的思想前奏,是"生命创造"的智慧源泉。研学旅行课程在当下存在的价值就在于解放了学生的心灵,解放了身体、耳朵、眼睛、鼻子、手脚与大脑(陶行知六大解放的理论)。在学校教室里**快节奏、超负荷、高要求**的学科学习,让不少的中小学生压抑郁闷,灰头土脸,缺少思想自由驰骋和身体舒展放松的机会。研学旅行活动的推行无疑让学生的"灵与肉"都有了新的生长,学生们走到户外、走向大自然,走到陌生的社会空间去互相交往、体验生活、感悟人文、畅想科技,顺应了中小学生生命成长真实的需求。学生在起航旅行之前,自由的灵魂先行在路上,用大脑思索并预设:准备去哪里、与谁协同、观察什么、欣赏什么、探究什么,想象行走在研学路上的情景与画面。自由的灵魂为儿童的想象力插上了飞翔的翅膀,同时也能激发孩子热爱生活、思念亲人、关心同伴的情感。

行动的脚步可以让学生遇见千姿百态的真实世界、遇见生活化的真问题。"纸上得来终觉浅,觉知此事要躬行。""走出去,海阔天空。"研前的准备换来研中真情实感的体验。在研学过程中,有组织地集体出行,集体食宿,任务分工,协同探究,伙伴之间有了正常的交往,自然会生发各种矛盾,在现场"导师"或学生"领袖"的指导或协调下,自然而然地消化矛盾,完成正式学习与非正式学习的任务。在共同的生活和协同合作完成任务中,人与人之间常常会产生深厚的友谊,产生相互学习、自主学习、深度学习的冲动,唤醒中小学生的求知欲。"行动的脚步"受自由灵魂的支配,是生命创造的前提。

生命的创造伴随着研学前、研学中、研学后整个过程,特别是研学后设计的"回味"课程,向学生集体提出创生"公共学习产品"与"学习成果的创造性表达"的要求,更能激发学生团队的无限创造力。法国哲学家说"行走,就是一堂人生的哲学课。"如果说,课堂中教材的学习对学生的改变是"悄无声息、润物细无声"的话,而走向大千世界较长时间的研学旅行对学生的影响可能是"惊涛骇浪、波澜壮阔"式的"蜕变"。它常常会唤醒人生的梦想,可能让孩子们找到更加高远的人生目标,并愿意为之付出。譬如,在研学旅行过程中,我校的学生有的确立了做自由职业——当作家的梦想,有的确立了做国家领袖改变社会的梦想,有的确立了当运动员争冠军的梦想,还有的要做弹着吉他的消防员、做新农村里的第四代、第五代的村长等等。伴随着这样那样的梦想,在创生"回味课程"时,老师们适时给予学生点拨指导,明确要求,顺势激发学生为储备知识、练就本领、成就梦想而学,这就可以解决当下儿童自主学习动力不足的问题。生命的创造带来了思考的乐趣、情感的安放、技能的提升和生活的体验。生命的创造是自由灵魂的归宿、是行动脚步的价值回归。

"自由的灵魂""行动的脚步""生命的创造"三者是互相照应,构成了一个研学旅行理念达成的完整路径与价值体现。

（二）整合设计

这是我们当下研学旅行课程建设的关键举措与核心方法,于此而创生了以学校为组织实施主体的"研前、研中、研后"三个阶段与不断延展的"身边的校园、身处的家乡、自己的祖国到海外的世界"四个版块的研学旅行课程框架与内容体系。

研学旅行课程的性质是一门综合实践活动课程,是培养学生创新精神和实践能力的新课程。当下的研学旅行,没有现成的教材,也没有专门的评价机构,所以实施仍显得比较随意。有一些学校认为可有可无,不影响学生的学科考试成绩,忙起来就不组织了;也有的学校组织一下集体春秋游,没有课程意识,纯粹给学生放松放松,集体参观游玩就罢了。我们课题组把研学旅行课程建设纳入到学校整体的课程规划之中,减少了随意性;聘请国内顶尖的专家团队指导,减少了盲目性;坚持一年一年的研学旅行课程迭代研究,保证了研学课程的适切性。我们把全体老师、特聘专家、全体学生、全体家长和相关的11部委代表,一起带进卷入研学旅行课程的实施中,找到了"整合设计"这个关键举措与核心方法。

为什么要整合设计? 研学旅行课程不是个体发生的。教育部基础教育司王定华副司长曾说,没有集体的组织,没有集体的食宿、没有集体的活动,不能叫做研学旅行。整合设计关乎研学旅行课程实施的多个主体,因此需要参与的多主体共同设计。整合设计弥补了个人力量和少数人参与的局限性,有利于借助多方力量,把各种社会资源变成教育资源,实现综合育人。整合的思想更体现在学习者学习方式的整合上,鼓励开设的不同学科在研学旅行中贡献不同的学科力量与其不同的育人价值,并通过跨学科和跨界的学习,把多种学科的学习方式整合起来,形成"学科＋"的学习模式、情景化学习模式和各种联结的深度学习模式。整合的思想也体现了把古今中外多种教育理念的有机渗透,把零碎的东西有机融合,防止把研学旅行做成多种活动的拼盘,看看热闹收获甚少。设计的思想体现了人类的学习是有传承的,是可以通过智者与先贤留下的间接经验来指导研学旅行的顺利进行,并不是每一个人都要从原始的生活中再走过一遍去获取直接经验,在间接经验指导下获得新的直接经验,体验再创造的乐趣;设计的思想也体现了有创新与创造的目的驱动,我们实施的研学旅行课程是有目标指向性的,而不是随意的、毫无方向的。研学旅行课程既要重视预设又要重视现实生成。

如何整合设计呢?课题组在十多年的实践探索和研究中找到了整合设计的方法。主要有这样三种基本的操作方法:第一种方法是以年级组为单位组织跨学科教研活动,组织讨论如下问题:我任教的学科在研学中能够为学生提供什么样的知识储备与技能支持?可以在研学的哪个时段以什么形式呈现?研学后的成果如何体现学科特点?这样的问题设计,有利于各科老师参与其中,譬如,音乐老师会提议,在研学来回的汽车上一起唱一首流行的歌或者音乐课新教的歌;譬如数学老师提议,让每个孩子准备五十元零花钱,然后做一个预算,思考五十元钱合理分配与使用;美术老师提议,去参观沙溪古镇探究古街的建筑,在研后课上可以让学生画一下印象古街,举办古街印象的画展;体育老师提议,在野餐后可以组织学生做几个体育小游戏——贴大饼、捡豆子、"官兵捉崽"等。各科老师都发表意见后年级组组长把各科老师的意见综合起来,把大家认可的内容做到学生的研学手册里面。第二种方法,分年级组织家委会代表参与学校的研学主题沙龙。给予家长代表的问题设计如下:您最期待提高孩子在研学中获得什么知识、提高什么能力? 家长朋友在研学课程设计中可以做哪些事情、应该如何作为? 选择家长代表要考虑职业的广泛性、资源的典型性及其家长本身的学识。负责研学的学校部门主任要善于把家长的意见有机汇总,要善于捕捉家长建议中的亮点和可能拥有的研学资源,要善于激发家长一起参与研学旅行课程的设计。第三种方法,组织一次班队活动,学习和研讨研学手册的修订。我们把研学课程的设计体现在研学手册上,从学生视角提出研学手册的修改意见,弥补成人设计的思维局性。同时明确研学分组方法、小组的学习任务和注意点。在学生参与整合设计的班队课上可以讨论这些问题:研学手册中你最喜欢的环节是什么? 研学过程中如何分组学习效果会比较好? 到某个地方,你最想探究什么? 你认为研学手册可以做哪些调整? 为什么这样调整? 然后举手表决,老师可以基于学生的想法对研学手册进行重新调整。学生是研学旅行课程实施主体和受益者,让学生发表意见修订研学手册,坚守儿童立场,一般都会收到较好的研学效果。以年级组为单位的整合设计解决了学科之间的整合,从学科特点出发提出探究性学习的问题,帮助学生实现跨学科学习。以家长代表参与的整合设计借助家长不同职业的优势提供不同的课程资源,为学生跨界学习提供的可能。让学生参与整合设计,有利于整合"游、学、研、思、行"多种学习方式,实现已有生活经验与未来世界探究之间的链接,有利于学生自主探索与深度学习。这三种整合都要学校德育处或教导处去统整课程,针对不同年级的中小学生,设计不同的研学课程,既考虑横向统整的内容边际,又考虑纵向统整的年段梯度。

关于整合设计成果——经过十年的积淀,我们课题组设计了1—6年级一整套的研学手册,为"行无疆、学有道"的研学旅行提供了学习拐杖。不同的学校迁移借鉴也非常方便,只要切换地点,更换一些内容,成熟的研学手册立马就可以研制出来。主要有四种典型的研学手册的模板:城乡跨校一日体验研学手册、家在长三角日行一善研学手册模板、美丽中国华夏地域文化亲子研学手册、国际研学"背包客走世界"十天行研学手册，四个板块的研学旅行课程都以学生为中心，画不同半径的同心圆，从身边世界到不远的世界到遥远的世界，从校园到家乡到祖国到海外，公里数不断扩大，行程从一公里到五十公里到一百公里到几百年公里到一千里公里到几千公里，时间从半天到一天到三天到一周到半个月。在不断递增的距离中不断开阔视野，不断增加探究的主题与内容，不断锤炼学生的能力与胆识。

研学手册是一种显性的成果，而研学旅行课程整合设计的路径与方法更是一种内隐的成果。

（三）协同实施

这是研学旅行课程实施链中的重要环节与安全保障，于此产生了多主体协同治理的一种新局面。

研学旅行课程的"协同实施"是指在整合设计的基础之上，协调两个或多个不同的主体，有计划地实施课程，协同一致地达成"研学旅行"课程的预设目标。

首先，协同实施，是安全保障的需要。日本在民治维新期间就启动修学旅行，由于出现修学旅行途中火车出轨事件，曾一度十年停止修学旅行活动。我国从 2016 年 11 部委联合发文推进中小学研学旅行活动，事实上国家已经花大力气全方位为研学旅行保驾护航了。譬如，旅游部门负责审核开展研学旅行企业或机构准入条件和服务标准，交通部门负责督促有关运输企业检查学生出行的车、船等交通工具。公安、食品药品监管等部门加强对研学旅行设计的住宿、餐饮等公共经营场所的安全监管，依法查处运送学生车辆的交通违法行为。作为学校，要主动联系研学旅行的相关部门，做好安全检查与安全演练工作。

其次，协同实施，有利于研学经费的落实。常常有一些中小学校来访和我们交流研学经费的筹措问题，这是十分现实的问题，只要外出研学，都会产生必要的开支。"多种形式、多种渠道筹措中小学研学旅行经费，探索建立政府、学校、社会、家庭共同承担的多元化经费筹措机制。"这是政策中的指导性意见。如果调动多方认同中小学研学的价值,那么认同价值的多主体,都愿意为中小学生研学"开绿灯",能减免的减免,能折扣的折扣。譬如,教育部授牌的研学基地,政府本身就有拨款用于建设,所以减免门票、减免场馆参观费等也是情理之中的。另外,对于每一户家庭来说,都可能有子女就读中小学,为中小学生提供研学旅行的便利,其本质就是为每一户家庭提供学习的公益性福利。所以,在和多方沟通的过程中,学校总是能够成为受益者,研学旅行因多主体协同实施,多主体认同从而达成多主体支持,已经在当下的中国形成了良性发展的态势。

　　第三,协同实施,有利于研学课程的有效实施。在中小学全面推行研学旅行课程的协同实施是深思熟虑,全面谋划的结果,是大国崛起培养创新型人才的一种全国范围内的伟大创举。学校是具体组织研学旅行活动的单位,研学课程的开放性、综合性、实践性等特点,决定着研学课程的设计是多主体整合设计的,实施也必须多主体协同实施的。课程的协同实施,体现在师生之间、师师之间和生生之间的协同。研学旅行课程有校方组织实施,体现了学校独特的育人价值,有别于家长带学生的旅游,主要体现在教师在研学中的指导作用,点拨提升,让学生的研究性学习更有思维的含金量。研学旅行有一群不同学科的老师组织实施,教师与教师之间实现优势互补,让学生从不同学科老师身上得到不同的启发。生生之间的协同,体现在学生与学生之间在研学过程中分工协作,共同完成研学中的项目化学习。研学旅行课程,是在"天地大课堂"上的一种综合性学习、混合式学习,必须有师生之间多种组合的协同实施。

　　协同实施,从学校主体出发,有这样四种协同:**一是学校和社会的协同**,这是解决研学旅行的安全保障与研学资源的问题,需要学校主动伸出"橄榄枝",定期召开座谈会,或在研学旅行前,主动发函到有关部门,争取有关部门的支持;**二是学校和家庭协同**,这可解决外出经费、心理支持与生活帮助的问题。每一个孩子都有一个家庭,外出研学旅行,暂时离开父母和同学生活,需要家长的鼓励、帮助与一定的生活技能的训练。**三是学**

校与学校的协同,跨校研学旅行,这也是一种协同的方式。目前,中小学集团化办学,集团校之间学校的交流,利用不同学校拥有的特色课程与地方资源进行研学,既保证安全,又可以学到不一样的知识与技能,特别适合年龄低一点的学生。另外,中西部结对,国际研学,都会有异地结对的友好学校,不同学校的特色文化与课程,迥异的地域文化与资源为学生跨区、跨国研学提供了丰富的学习资源。**四是学校和机构的协同。**提前让机构介入,有利于研学旅行课程的高效实施。譬如旅游机构的介入,有利于从实现传统旅游向研学旅行的实质性转变。譬如主题博物馆的介入,有利于学校选择课程资源供不同年级学生享受,有利于学生进行专题探究。再譬如,教育部研学示范基地的授牌,更有利于进行较为成熟的研学课程的直接运用,省时省力,又有多方的保障。与机构协同,学校也应该积极主动,事先要组织老师与学生代表提前做一些功课,做好踩点与课程预设工作。研学结束后要主动把实施过程中的收获与不足反馈给这些机构,从而获得机构的持续支持。

调动多主体协同实施研学旅行课程,包括学校与社会、学校与家庭、学校与学校、学校与机构的相互联系、相互扶持、相互融合,是课题组解决的又一个十分重要的问题。太仓市实验小学的研学旅行形成学校主导、家庭参与、社会支持、互动共生、相得益彰的协同模式。

(四)聚焦能力

围绕"坚毅的自制力、文化的感受力、协同的行动力、自由的创造力"四大关键能力细分评价指标体系,在多主体评价中凸显了自评评价的独特价值。

研学旅行课程整合设计与协同实施是提升学生综合实践能力的需要,是国家培养创新人才奠基的需要。我们课题组根据研学旅行课程的性质与特点,课程内容与实施方法,情感态度与价值观出发,确立以"坚毅的自制力、文化的感受力、协同的行动力、自由的创造力"这四大关键能力为研学旅行的课程总目标。低中高年级又根据不同学生的年龄特点,设计了梯度目标,在要求上不尽相同。这些目标的确立,我们是通过年级组教师一同研磨"研前课例"来完成具体目标的设定的。譬如针对"坚毅的自护力",低年级的课堂上就是用儿歌的形式告诉学生,出行时要注意:手拉手,肩并肩,我们一起去出行;红灯停、绿灯行,遵守规则过马路;行路时,方向明,一心一意向前行;用餐时,不出声,一起分享不贪食等等。中年级的要求:自己整理行囊,不带刀具等不安全的物品出行;设置一定的行程,让学生远足,锻炼耐力;中途不拿出背包中的食物吃喝等等。高年级设计了长途跋涉的远足、设置攀岩、登山等对心理和体力挑战的项目,用较为安全的挑战极限项目来培养坚毅的自护力。譬如针对文化感受力,低年级学生只要能够认识事物说出事物的名称即可,中年级的学生可能要通过写话和画画来形象描画新奇的事物;高年级学生可以像解剖麻雀那样多方面、多维度解读事物、走进时间隧道去感受事物的历史文化带来的魅力。再譬如针对自由的创造力,低年级学生只需用一门学科的知识或来表达研学旅行的收获;中年级可能需要用2—3门的学科来表达研学旅行的成果;而高年级可能要用多学科、跨学科、超学科的学习理念来表达研学旅行的成果。

我们探索了基于目标达成的评价体系,评价学生在研学旅行活动中的表现、变化与收获。针对"坚毅的自护力",培养与考查小学生离开家庭、离开学校后的自我管理、自我控制和自我保护能力。具体操作性指标可以分为:行囊整理是否整齐有序、随身的财物是否保管妥当;就寝起床、活动集合是否守时;用餐是否按需选取、商品是否按需购买;活动时是否准守约定、活动时是否有耐力等。评估小学生的文化感受力,考察与培养小学生的观察事物的能力、鉴赏美的能力与理解事物内涵的能力。具体的操作指标可以分为:评价是否能够说出、描画或拍摄到最喜欢的事物(建筑、植物、动物、人物、景观等);评价是否找到最喜欢事物的多条理由;评价能否用至少三个以上维度(譬如事物的来源、特性、价值)描述最喜欢的事物等。针对小学生的协同感受力,我们主要评价考查学生在小组活动中的表现、问题的解决和对他人的关怀。具体操作性评价指标分为:是否与小组同学发生摩擦或争执、是否帮助组里同学一起解决问题、是否完成小组分配的任务、是否赞美了你同学的优点、是否与同学增进了友谊等。针对自由的创造力，主要考查与培养学生思维的灵敏性、思维的广度、思维的深度，细分的操作性评价指标有：是否在老师规定的时间内完成"回味课程"的作业；是否用三种以上的方式来表达研学的成果；是否有新的知识或技能的掌握；是否能够用多学科的知识来完成一项创意作业等等。

每选择一个新的研学地点，课题组都能提前设计相应的研学手册。研学手册既有导学的内容，又把过程性评价贯穿其中。研学带队的老师，每一天都会安排一定的时间让学生完成研学手册上的评价指标。每天适时组织学生自我评价，大大调动了学生研学的积极性。我们制定的各类评价指标指向性明确，简单易操作，无需花太多的时间，普通学生都能完成。根据小学生年龄特点和研学内容的不同，评价的方法略有不同。低年级学生常常用星星的颗数来评价指标的达成度。高年级则相对理性一点，则用五分制、十分制、百分制来区分达成度。评价过程中，我们比较重视学生的自我反思与评价，着力培养有"自知之明"的人，在学生的心中有机植入是非标准、道德标准、价值标准和审美标准。学生自我评价后，轮流选择小组活动中的同伴进行互评。同伴评价，便于给自己一个参照的标准，教师引导得好的话，往往会增进同学之间的友谊，有利于向身边的榜样学习，也有利于增强学生的自信。老师在评价中的作为我们课题组也是非常慎重地对待的，我们要求老师必须选择合适的时机组织好评价，明确评价标准，指导学生客观、公正地评价自己，评价他人，允许学生犯错误、有缺点，对学生不责备求全。多年带队研学旅行的老师一般都能积极主动参与评价，细致观察学生在活动中的变化、发展与进步，用好学校在研学手册中的评价量表，并能为课题组献计献策，让学校研学旅行的评价越来越完善。家长的评价也是不可缺少的。家长评价的依据就是学生的研学手册，当学生把研学手册送到家长手里时，家长只需打满意、较满意、不满意选项。家长的满意度主要来自学生的研学旅行的获得感。只有家长满意了,下一段旅程才能继续进行。

（五）动态调整

新冠疫情阻碍了研学旅行课程常态化实施,期待"云上游,云下研"。

2019年12月30日,武汉市卫健委发布了《关于做好不明原因肺炎救治工作的紧急通知》,武汉封城,全国的旅游景点全部关闭,国际航班停运。人们的生活空间与出行范围需要防控,中小学研学旅行活动暂时停滞。整整一年,学校工以防疫为工作重点,并用线上教学补充学校现场教学的不足。学校课题组成员在困难中寻找时机,认真总结以往的实践经验,撰写了从目标建构、课程设计、协同设施和有效评价一组系列论文,同时寻找在疫情时代研学的时机与方法。综合实践活动任课教师不定期地给学生推送了网上研学旅行的游览资源,譬如北京故宫、各地自然博物馆资源等等,让学生在家云游,受到了学生的喜欢与家长的支持。2021年3月,全国的疫情得到了有效控制,家长带学生的自主游渐渐开始恢复,我们学校又精心设计了春季研学旅行课程,在设计的课程中增加了《卫生防疫课程》《距离社交课程》《敬畏生命课程》,期待增强学生的自我保护意识。但这仅仅停留在设想层面。校方密切关注疫情,做好了随时外出研学,放飞学生身心的准备。但教育行政部门、旅游部门特别是防疫部门,并没有准行。6月底,暑期刚来,一些机构主动招募学生,组织红色旅游、军旅研学,家庭自主选择,吸引了一些学生参加。2021年7月,新冠毒株又从南京撕开一条裂缝,在5省29个市散点式蔓延,各地中小学师生接到了"非必要不外出"的通知。世界是不断变化,事物总是在发展。疫情如果得不到全球性控制,学生外出的安全性就无法保障。即便疫情控制,原有的大规模、大群体、大批量一起研学的局面是需要改变的。

课题组提出转为"云上游,云下研"。疫情期间,有故宫博物馆等推出了免费的云上游资源,受到了大批中小学生的青睐。但免费资源紧缺,有些云上游资源收费昂贵。多数家长对云游知名景点场馆需要缴费一时无法接受,认为无法见到真实的景观,竟然要收上千元的云游费,这是不值得的。这需要国家层面统筹资源花大力气改变的状况,呼唤整个中国拥有大批公益性的云游资源。云游带来的长时间注视电脑影响视力、影响身心等负面影响,也是一些家庭不能接受的另一个原因。

三、在危机中育新机:展望未来

(一) 线上线下混合旅行将成为一种新型的研学旅行的方式

本人曾两次游敦煌莫高窟,第一次跟着大的旅游团,和浩浩荡荡的人群直接到现场游览莫高窟的石洞,一次参观了八个洞穴,走马观花,回家后只记得洞穴陈旧、破落的样子。第二次游敦煌莫高窟,我和游客们先看了两场数字电影:主题电影《千年莫高》和精球幕电影《梦幻佛宫》,然后再去现场参观佛窟,并有敦煌研究院的研究生做导游,挑选了几个典型的石窟,对石窟中的画面、建筑、泥塑进行一一品味。我对中国佛学、敦煌学的发展史,有了清晰的了解,对敦煌的文化有了深刻的体验,对佛窟中的人物、故事有了进一步探究的欲望,我买了有关研究敦煌学的书籍,游后回味无穷,常常会和身边的家人和朋友分享研学旅游的收获。对比两次不同的旅游方式,我不禁想到未来的研学旅行,如果先通过数字化的影像资料的前期游览,再到实地去查看探究,一定比直接到现场走马观花要有意思、有价值。线上和线下混合研学旅行可能是未来研学旅行一种常用的方式。

(二) 国际研学转向国内红色旅游是一种必然的趋势

随着疫情在全球的蔓延,受病毒的威胁,中小学国际研学会有相当长一段时间得以严控。与此同时,2021 年正遇上中国共产党一百周年纪念。举国上下加强了对党史、新中国史、改革开放史、社会主义发展史四史的学习,建设了一大批红色基地,分布在中国的全部省份。960 万平方公里的国土,足以让中小学生迈开脚步,去感受红色文化的力量,在共产党开天辟地的创业史中接受精神的洗礼。随着中西部学校的结对交流，我们可以把过去做国际研学的经验，迁移到国内的红色旅游上去。进一步加强研前学习资源的收集整理和生活技能的培训，联合 11 部委一起，做好学生出游的保障工作。特别要学习国际研学中万无一失的安全保障措施，要学习国际研学中的不同文化的对比研究把华夏文明和不同地域的文化育人价值充分挖掘出来。

（三）个性化定制和网络预约让研学旅行更加安全有效

随着时代的进步，个性化与私人定制式将成为现代人学习方式转变的必然。我们会更加尊重不同学生的特点与差异，培养不一样的现代人。在学校研学旅行纲要与研学旅行指南的指引下，围绕研学旅行的"坚毅的自制力、文化的感受力、协同的行动力、自由的创造力"四大关键能力的培养，学生可以三五成群自主出游，学校帮助孩子们找到研学旅行在省外市外的住家，鼓励在当地小伙伴的帮助下，一起出游、一起学习、一起探索感兴趣的环保、气候、科技和生存问题。可以有教师带队，也可以有家长陪护。研学内容的选择，如果和学科学习整合，带着教材走华夏，家长的支持力度会更大。再往远处设想，每一个地区都可以选择一些研学旅行示范学校，组建研学旅行接待站，招募学生志愿者，主动接待远方来研学旅行的中小学生朋友。在方便他人研学旅行的过程中，为自己走出去研学提供了间接的便利，每一个地方都形成了主动接待伙伴，主动与伙伴同研、同学的风气与习惯，全国的研学旅行自然会有一个良性循环的态势。如果把各地建设的接待站的信息放到互联网上，通过网络预约信息多向沟通，自主形成研学旅行的网络，可供选择的范围和可能性增大，研学主题和研究问题的选择性更多，学习挑战性和创造性也会随之增强。

（四）组织亲子共游共学，家长与学生共同成长也会是研学旅行
　　　　的一种选择

目前的亲子旅游，父母带着孩子的亲子游，大多以休闲为主，举家到

另一个陌生的地方玩玩,缺少研究性学习的目标。如果把研学旅行定位为让家长和孩子共同成长,当然作为学校主体,也需要有机介入。我们可以在家长学校的建设过程中,加入研学旅行课程实施的培训与指导,必定会收到较好的效果。我们把原本给学生的研学旅行手册重新研制,保留学生独立完成的探究任务,加入家长的成长目标与任务,重构亲子共同成长的目标。尽量设计生活化的目标,确立一种新型的学习任务,而不是重复学科教学的内容,外出时切忌逼着孩子带着课本做大量的书面作业。亲子研学的任务不宜过多过重,以短频快和小微目标达成为主,增加趣味性,提高共同生活的情趣。默契后可以适度增加难度。

行无疆,学有道,未来是我们共同创造的地方!

图书在版编目(CIP)数据

行无疆 学有道:研学旅行课程的整合设计与协同实施/钱澜,查人韵著.
—上海:上海三联书店,2022.

ISBN 978 - 7 - 5426 - 7784 - 6

Ⅰ.①行… Ⅱ.①钱… ②查… Ⅲ.①教育旅游—教学研究
Ⅳ.①F590.75 - 42

中国版本图书馆 CIP 数据核字(2022)第 135085 号

行无疆 学有道
——研学旅行课程的整合设计与协同实施

著　　者　钱　澜　查人韵

责任编辑　钱震华
装帧设计　陈益平

出版发行　上海三联书店

　　　　　(200030)中国上海市漕溪北路 331 号

印　　刷　上海昌鑫龙印务有限公司

版　　次　2022 年 8 月第 1 版
印　　次　2022 年 8 月第 1 次印刷
开　　本　700×1000　1/16
字　　数　300 千字
印　　张　21.25
书　　号　ISBN 978 - 7 - 5426 - 7784 - 6/G・1643
定　　价　88.00 元